U0442767

上海市哲学社会科学规划智库
课题（2020TCT009）结项成果

孙伟平　尹帮文　等　著

当代社会思潮批判

广西人民出版社

目 录

导　言 / 001

第一章　当代社会思潮概说

第一节　社会思潮述要 / 007

第二节　近年来活跃的主要社会思潮 / 013

第三节　当代社会思潮的主要动向及其应对策略 / 018

第二章　新自由主义思潮新动向及应对策略

第一节　新自由主义的历史沿革与基本主张 / 027

第二节　新自由主义思潮的新动向及新特点 / 033

第三节　关于新自由主义思潮的反思及应对策略 / 038

第三章　普世价值思潮新动向及应对策略

第一节　"普世价值"及其渗透路径 / 052

第二节　近来"普世价值"的新动向 / 061

第三节　走出"普世价值"的误区 / 071

第四章　历史虚无主义思潮新动向及应对策略

　　第一节　历史虚无主义及其基本特征 / 083

　　第二节　历史虚无主义的新动向 / 091

　　第三节　历史虚无主义新动向的应对之策 / 098

第五章　民族主义思潮新动向及应对策略

　　第一节　民族主义的内涵与外延 / 108

　　第二节　民族主义的当代复兴及其新动向 / 117

　　第三节　当代民族主义新动向的反思及对策 / 125

第六章　民粹主义思潮新动向及应对策略

　　第一节　民粹主义及其本质特征 / 134

　　第二节　民粹主义的新形态：网络民粹主义 / 140

　　第三节　网络民粹主义负面影响的消解途径 / 148

第七章　新左派思潮新动向及应对策略

　　第一节　中国新左派思潮的产生背景 / 156

　　第二节　中国新左派思潮的当前主张 / 161

　　第三节　中国新左派思潮的发展趋势 / 166

　　第四节　当代新左派思潮的应对之策 / 172

第八章　消费主义思潮新动向及应对策略

第一节　消费主义的"源"与"流" / 180
第二节　当代社会中消费主义的新变化 / 186
第三节　消费主义新变化的反思与应对策略 / 196

第九章　新儒家思潮新动向及应对策略

第一节　新儒家思潮的来源与传统 / 206
第二节　新儒家思潮的现代化及最新动向 / 214
第三节　对新儒家新动向的科学认识与应对策略 / 224

结　语 / 235

附录　构建社会思潮预警指标体系 / 239

参考文献 / 258

后　记 / 271

导　言

　　21世纪以来，全球化、信息化和智能化潮流突破了传统意义上的时空壁垒，推进了全球范围内人才、资本、技术与商品的流通、交换，深刻变革了人类的生产、生活和交往方式，极大地促进了民族、国家之间思想文化的交流、交锋与融合。正是在国内外环境发生深刻变化、中西方思想文化频繁交流互动的现实情境下，源自西方资本主义国家的各种社会思潮纷纷传入我国。与此同时，具有本土特色的各种社会思潮在激烈的思想文化碰撞交锋中也纷纷粉墨登场。这些社会思潮形形色色，大体上包括新自由主义、普世价值、历史虚无主义、民族主义、民粹主义、新左派、消费主义、新儒家等，其主张涉及经济、政治、文化、社会、生态等领域的诸多理论和现实问题。一些源自西方的社会思潮往往是西方发达国家工业化、现代化、信息化的"残留物"和"次生品"，它们在中西社会和文化交往中，往往会随着我国各种本土社会思潮的当代复兴而进一步"变异"，令我国各种本土社会思潮的来源、表现和特征变得极其复杂。

　　社会思潮是社会生活的"晴雨表""风向标""指示器"。不同时期的社会思潮是当时社会存在的一种主观映照，对广大民众的社会心理和行为存在着或直接或间接的影响。富有生命力的社会思潮总是依附于各种载体不断传播和延伸，与时俱进、与势俱进，其本身不断创造新内容、变换新形式、催生新问题。一般而言，社会思潮总是以潜移默化的方式渗入人们的日常生活，进而重塑人们（特别是青少年）的思想观念，对不同群体的思想和价值观产生影响；有些错误社会思潮引发的思想和社会问题甚至将阻碍中国特色社会主义建设事业的推进、中华民族伟大复兴的中国梦的实现。所以，国内外社会思潮的这种潜移默化且持久深远的影响不可不引起我们的高度重视。

开展当代社会思潮的考察和分析，关乎社会主义意识形态安全，关乎国家思想安全和稳定大局。党的十八大以来，以习近平同志为核心的党中央高度重视意识形态工作，高度重视社会思潮的研究和引领工作，反复强调用社会主义核心价值观引领社会思潮，凝聚社会共识。习近平总书记指出："在国内，一些错误思潮和观点不时出现，有的人以'反思改革'为名否定改革开放，有的人借口现实中存在的问题攻击我们党的领导和社会主义制度，有的人极力歪曲、丑化、否定我们的党、我们的国家、我们的军队和革命、建设、改革的伟大实践，有的人大肆宣扬西方的价值观，有的人恶意编造、肆意传播政治谣言。国际上，西方敌对势力一直把我国发展壮大视为对西方价值观和制度模式的威胁，一刻也没有停止对我国进行意识形态渗透，千方百计利用一些热点难点问题进行炒作，煽动基层群众对党委和政府的不满，挑动党群干群对立情绪，企图把人心搞乱。""对各种错误思想必须敢于亮剑，帮助人们明辨是非，牢牢掌握意识形态主动权。"[①]

"中国特色社会主义进入了新时代，这是我国发展新的历史方位。"[②] 目前，中国正处于中国特色社会主义事业稳步推进、实现中华民族伟大复兴的关键时期，又恰逢当今世界正经历百年未有之大变局，国际环境日益复杂，不确定性因素与日俱增，国际力量对比正在深刻调整。新一轮的科

---

① 《习近平关于社会主义文化建设论述摘编》，中央文献出版社，2017，第52—53页。
② 《习近平谈治国理政》第3卷，外文出版社，2020，第8页。

学技术革命深入发展，引发了一场深层次、全方位的产业变革和社会革命。现代交通运输业与以互联网为代表的新兴传媒技术成为全球沟通的主要中介，"地球村"成为事实。中国与世界各国的交往联系愈发密切，国家之间一方面展开经济和政治方面的合作，以实现共同利益；另一方面，经济和政治上的往来必然推动不同国家、民族和区域间思想文化的交往、碰撞，促使文明的交流与对话日益深化。在新的国际环境和经济新常态背景下，中国进一步全面深化改革、全面建成社会主义现代化强国，碰巧又面临新冠疫情带来的重大隐患，经济发展面临重重挑战，人民生活面临诸多困难。在这种形势下，人们的思想状况和社会心态出现了前所未有的复杂状况，各种新旧社会思潮纷纷乘机兴起，交织激荡。特别是，社会思潮往往表征着特定阶级、组织和团体在经济、政治和文化等方面的利益需求，与主流意识形态往往产生一定的矛盾和冲突。它们在百年未有之大变局中趁机"出场"，努力以其"救世良方"表现其自身的相对独立性，试图获得其存在的合理性。

尤其值得指出的是，新冠疫情的大暴发、大流行加剧了大变局之"变"，也为各种社会思潮开拓了新的表演舞台。2019年底暴发的新冠疫情在短时间内席卷了全球。这场公共性灾难是前所未有的严重，对人类社会造成沉重打击的同时，也在不断重塑整个世界的政治经济格局，使现有的国际秩序面临重重考验。此次疫情深刻暴露出国家之间的恶性竞争，以及由此引发的国家和民族矛盾等消极后果，启示人类自我反省，从而不断加强国际交往、联系与合作。另外，疫情大流行显现中外国家治理方式、治理水平对比悬殊。中国制度在疫情治理的"大考"中优势显著，在国内疫情防控取得突出性成就的基础上，为全球疫情治理提供了中国智慧和中国方案。而以美国为首的西方发达国家摆脱不了资本的控制，不愿意牺牲经济利益抗疫，令民众付出了惨痛的代价。同时，他们立足意识形态和国家制度之争，既不肯承认自身的失败，还嫉妒心理膨胀，通过妖魔化、污名化中国转嫁国内矛盾。通过一些西方政客的"鼓吹"，通过一些西方媒体煽风点火，国外的反华仇华情绪迅速滋长。其中，他们的目的有不少是依靠社会思潮的研究、传播等途径实现的。这在当前国外反华势力的表演趋于疯狂的情形下，令当代中国社会思潮表现出隐蔽性、多样性、复杂性和易变性等时代特征。

诚然，先进的社会思潮在反映社情民意、预示社会发展方向、凝聚和汇集人民力量等方面可以产生积极影响，但我们也应该看到错误社会思潮对人们的思想文化产生的不良影响，特别是要重视它们可能导致各种社会问题，激发各种社会矛盾。习近平总书记在党的十九大报告中明确要求："必须推进马克思主义中国化时代化大众化，建设具有强大凝聚力和引领力的社会主义意识形态，使全体人民在理想信念、价值理念、道德观念上紧紧团结在一起。"因此，我们必须开展深入的调查研究，透过各种复杂的社会现象，对各种社会思潮的本质进行学理性和批判性分析，建设具有中国特色、中国风格、中国气派的社会主义主流意识形态。而这也正是本书的任务：以习近平新时代中国特色社会主义思想为指导，扼要梳理和总结中国社会思潮的整体状况、基本特征和发展趋势，以及其对全面建设社会主义现代化强国和构建人类命运共同体等的影响，深入分析当前社会思潮带来的问题、挑战和风险点，以及主流意识形态与各种社会思潮"一元主导、多样共存"的复杂局势及其张力，提出有效应对各种社会思潮、提升社会治理水平和能力、增强主流意识形态主导权的对策建议。

第一章 当代社会思潮概说

改革开放以来，我国在经济、政治、文化、社会和生态文明建设等领域取得了历史性成就。与此同时，随着思想氛围相对开放宽松、文化输送载体愈发多样，中国与世界各国的思想文化交往也越来越密切、频繁。这让许多源自西方国家的社会思潮乘机进入我国，并迅速找到与之相适应的社会群体作为生存土壤和养分，在中国大地传播开来。在各种思想文化的冲击下，中国本土的一些社会思潮也蠢蠢欲动，逐渐复苏过来，与西方社会思潮一道，重塑着当代人们的世界观、人生观和价值观，影响着人们的思想观念、社会行为和生活习惯，滋生了诸多深刻的理论和现实问题，这些棘手的问题不得不引发我们对社会思潮进行深入思考和研究。那么，关于社会思潮是什么，其主要观点和基本特性为何，在新的社会环境和时代条件下有何动向，而我们又应该如何应对和引导社会思潮等问题，就构成了本书的主要研究内容。

第一节 社会思潮述要

社会思潮作为一种社会意识现象由来已久，但由于社会思潮种类繁多，各种社会思潮的内容和形式相差甚殊，因而，关于"社会思潮是什么"这个问题，学术界一直没有取得基本的共识。所以，有必要对社会思潮的概念进行学理性梳理，并对其基本含义加以扼要阐释。这是本书研究的逻辑起点，也是问题本身的现实基点。

（1）什么是社会思潮？

由于存在意识形态上的根本性差异，中西方理论界对"社会思潮"概念的认识和界定往往也相去甚远。在西方社会中，社会思潮（Social Thoughts 或者 Social Trend）往往指带有某种趋向性的思想体系[①]。严格来说，它并不是一个含义明确的学术范畴。这是因为，当前人们所论及的社会思潮事实上很多都是源自17世纪至18世纪西方资产阶级革命的思想产物。社会思潮作为意识形态的诸形式是资产阶级产生和发展历程的精神反映，它本来就是与资产阶级保持内在一致的。所以，西方学界并没有跳出这种桎梏，自觉从外部来反思和批判各种社会思潮，就如同"当局者迷"。他们思考问题的范式是如何利用社会思潮强化和巩固资产阶级的经济发展和政治、文化统治，而鲜有揭示出社会思潮的局限性及其社会危害者。如西方社会所倡导的自由主义思想，无论是所谓高度的自由还是政府干预的自由，其落脚点都在于通过政治上程序更加民主、经济上竞争更加自由，来确保资产阶级统治的社会稳定和无限制地积累资本主义社会财富。

近代西方列强的军事入侵和文化输送，一方面导致近代中国以半殖民地半封建的形式被动卷入全球化运动，成为世界市场的一部分；另一方面，西方发达国家的意识形态以各种社会思潮的形式传入近代中国，对彼时中国人民的日常生活和思想意识产生了巨大影响。如梁启超所言："今之恒言，曰'时代思潮'。此其语最妙于形容。凡文化发展之国，其国民于一时期中，因环境之变迁，与夫心理之感召，不期而思想之进路，同趋于一方向，于是相与呼应汹涌，如潮然。"梁又说道："凡'思'非皆能成

[①] 参见林泰、蒋耘中：《社会思潮概念辨析》，《思想教育研究》2016年第5期。

'潮'；能成'潮'者，则其'思'必有相当之价值，而又适合于其时代之要求者也。凡'时代'非皆有'思潮'；有思潮之时代，必文化昂进之时代也。"①显然可以看出，早期的知识分子和民主人士已深受西方社会思潮的影响，并试图利用"西学"去认识和解释一些社会问题和现象。梁启超的确阐明了社会变革与社会思潮的内在关联，认为社会思潮是社会革命现实的主观映照，但是他把所有社会思潮归结为社会进步的思想反映，并断言社会思潮是文化进步的判断标准。这种认知结果是由当时落后的中国现状与西方社会政治、经济和文化全面领先的历史现实造成的。梁启超澄清了社会思潮作为社会意识与客观事实的基本关系，但是忽视了社会思潮深刻的社会历史性、隐蔽的阶级性和意识形态性，对社会思潮的认识具有不可避免的片面性，致使他没有发现社会思潮的消极意义。

随着时代的发展，我国学术界对社会思潮的认识也在不断深化。一般来说，思潮是"①某一历史时期内反映一定阶级或阶层的利益和要求的思想倾向。②涌现出来的思想感情"②。而从哲学意义上讲，社会思潮是"反映特定环境中人们的某种利益或要求并对社会生活有广泛影响的思想趋势或倾向。社会思潮有时表现为由一定理论形态的思想作主导，有时又表现为特定环境中人们的社会心理，是社会意识的综合表现形式……每一种社会思潮一般都有其代表人物，但它并不是某个个人的创造。一定的社会思潮是在当时社会的政治经济条件之总和的基础上，从群众的社会心理中自发形成的。社会思潮的根源在于社会的经济生活，它是当时经济发展所引起的社会生活中突出矛盾的反映"③。这一界定方式是基于马克思主义立场的，它揭示了社会思潮所具有的强烈时代感和历史特性，也说明了构成社会思潮的诸要素，以及要素之间的内在联系。除此之外，对社会思潮的看法、观点和概念还有很多，在此不再一一赘述。

---

① 梁启超：《清代学术概论》第1卷，中华书局，1954，第1页。
② 《辞海》，上海辞书出版社，2019，第2111页。
③ 《中国大百科全书·哲学卷》，中国大百科全书出版社，1985，第765—766页。

概而言之，社会思潮是在特定历史时期内，反映某一特定阶级或阶层、社会组织和团体的利益和诉求，具有一定传播范围和扩张趋势，并对人们的精神状态与社会生活产生某种现实影响的思想潮流。我们通常所说的社会思潮，往往主要是指西方社会思潮，当然也包括产生于近现代中国本土的社会思潮，如新儒家等。

（2）社会思潮的基本特性

一般来说，社会思潮总是因时代变迁、社会物质生活和精神生活的不断发展而流变不居。但是，抽去这些变动的、不稳定的外部因素，各种社会思潮实质上具有一些普遍的共性。全面地认识并总结社会思潮的这些特性，有助于我们更好地把握和理解社会思潮。

一是社会历史性，即时代性。这是社会思潮的基本特性，在任何情况下，我们都不能脱离具体的历史客观事实和物质精神条件去讨论空洞的社会思潮。首先，社会思潮作为社会意识的主要形式之一，构成了社会心理形态和观念意识形态，是一定社会中物质生产条件、生产方式内部矛盾等社会存在的主观反映。因此，特定的时代产生与之适应的社会思潮形式，任何社会思潮都不能摆脱客观的物质基础及生存于该时代人们的认知方式。其次，社会思潮的社会历史性决定了即使是同一种社会思潮，其具体内容也会随着历史发展过程中社会矛盾的转化而产生相应的变化。如自由主义在资产阶级革命时代更强调政治上的自由；在资产阶级革命胜利后它更关注发展社会生产，倡导经济自由；当面临大量生产过剩、经济危机频发之际，它又以新自由主义的形式主张国家干预等等。

二是鲜明的阶级性。马克思和恩格斯曾在《共产党宣言》中明确指出："至今一切社会的历史都是阶级斗争的历史。"在阶级社会中，所有社会思潮总是直接或间接反映特定阶级、组织或团体的利益需要和思想倾向。社会思潮的这一特性是不以人的意志为转移的，它始终或多或少具有一定的阶级性。社会思潮作为一种代表阶级利益的意识形态，既有理论形态，又有心理形态，是社会意识的综合表现方式。这种意识形式有别于一般意义上学术性、艺术性和宗教性的思想流派，它具有强烈的政治倾向；而为了让一些政治观点和主张更具合理性和科学性，它也积极借鉴和引用学术的、艺术的和宗教的观点来支撑和丰富自身。社会思潮作为这样一个综合的思想体系而存在，构成了政治上层建筑的重要组成部分。

三是广泛的群众性。这是工具论意义上社会思潮的又一主要特性，它旨在尽可能多地影响人民群众，使其对特定阶级或组织的相关利益与指导理论产生认同，从而以实际行动参与到该阶级的思想倡导或现实运动中来，以达到相应的目的。这一特性内在规定了社会思潮的双重主体，一个是以少数理论家或思想家为代表的"精神领袖"或"思想先驱"，他们主要负责以系统的理论或思想形态总结出特定群体的利益需求，并用人们可理解、可接受和可传播的形式表达出来。但是这种需求能否演化出实际功效，还要依赖于社会思潮的另一主体：广大群众。只有得到群众的广泛认可、支持和参与，理论家们制订的思想计划才能在现实层面产生实际功能与效用。当然，需要注意的是，传播媒介在这场思想流动中扮演了至关重要的角色。

四是当代社会思潮往往还具有虚假性和隐蔽性。回顾历史，我们不难发现，不同的社会思潮在中国社会产生过一些积极效应，甚至最初的马克思主义也是作为一种"思想潮流"被引入中国的。但是，与其他社会思潮遮遮掩掩的表达方式不同，马克思主义公开宣称代表人民群众的根本利益，其所指导的在世界范围内的无产阶级运动和社会主义革命证实了这一点，因此赢得了人民群众的广泛支持和参与。加之马克思主义内在的系统性和科学性使其能与中国实践巧妙结合，并战胜封建主义的和资本主义的思潮，最终成为主流意识形态。而当代的各种社会思潮仅仅代表极少数群体甚至个人的利益诉求——尽管一些诉求是扭曲的、非法的和非理性的——内部又存在诸多的理论缺陷，导致这些思潮具有虚假性；同时，它不可能战胜以马克思主义为指导的主流意识形态，只能以隐蔽的方式对主流意识形态进行诽谤、非难与攻击。

（3）社会思潮的主要功能

人们之所以对社会思潮的研究如此重视，从实证的角度来说，是因为社会思潮的功能和作用最终会导致一系列现实的社会影响，具有重要现实意义。这些功能主要包括客观反映功能、评价反思功能、警示预测功能和社会重构功能。

一是客观反映功能。唯物史观认为："意识［das Bewuβtsein］在任何时候都只能是被意识到了的存在［das bewuβtesein］，而人们的存在就是他们的现实生活过程。"①作为社会意识诸形式，尽管社会思潮对社会存在的反映不总是同步的，有时甚至以这样或那样的方式对社会现实状况进行歪曲和杜撰，但是立足整个社会系统和历史整体视域，社会思潮之所以存在，这是由社会存在的客观性决定的。这种客观性决定了社会思潮内容的相对真实性，也决定了社会思潮总是能在一定程度上客观地反映社会现实状况。

二是评价反思功能。胡适曾认为，社会思潮无论怎样表现得不相一致，在根本意义上都具有某种评价的功能。完整的评价活动包括评价的主体、客体和价值标准三个要素。在这里，非主流意识形态的社会思潮扮演评价主体的角色，而主流意识形态往往是被评价的客体，评价标准包括社会思潮诉求的物质精神需求及其价值观念体系。这种评价功能的有效与否，取决于社会思潮的思想观念、言论和行为所导致社会影响的大小。如果某种社会思潮在短时间内分布范围广、传播速度快、认可群体多，并且引发了繁杂的社会问题，那么就表明，该时期内社会思潮的评价是有现实意义和有效的。这种评价带来的影响也会促使主流意识形态进行深刻的自我反思，并不断自我革新和自我完善。

三是警示预测功能。社会思潮是社会发展和历史变迁的"晴雨表"和"指示器"，社会思潮作为思想趋势能够预示社会发展的可能方向。如果说

---

① 《马克思恩格斯选集》第1卷，人民出版社，2012，第152页。

哲学是"把握在思想中的时代",那么社会思潮则是时代中呈现的一部分思想。哲学诉诸理性和澄明,思潮则是感性与理性的交织,因为它更多地渗入了思想主体(群体)的主观意志。这种思想趋势在一定程度上代表了社会特殊群体对社会发展的期望方向,不过,需要引起注意的是,这些方向不一定全部是指向好的,也很可能将社会的发展引入歧途。这也是为什么对于社会思潮我们总是保持着"批判"和"引领"的态度。

四是社会重构功能。任何社会思潮都不是以一种空洞的观念形式而独立存在的。为了实现自己的需要、诉求和期望,社会思潮就必须争取现实的人的力量来达到目的,将利益、立场和态度相同或相近的人们笼络到自己旗帜下。其结果是,社会成员会因为代表不同利益的社会思潮而分化成不同的群体或组织。社会思潮通过这一方式,使在社会系统中处于相似结构位置的群体能够联合、组织起来,同时迫使相反的利益群体加入某种与之抗衡的思潮,从而不断地重建整个社会结构。

第二节 近年来活跃的主要社会思潮

当前国内外比较活跃的社会思潮种类很多,形式多样。初步梳理,我们不难发现,国内比较流行的社会思潮包括新自由主义、普世价值、历史虚无主义、民族主义、民粹主义、新左派、消费主义和新儒家等。这些社会思潮一方面承袭了其内部的基本价值理念、态度和立场,另一方面,它们积极适应时代之变,主动汲取最新的时代内容丰富和发展自身,在更广的范围和更深的层面影响人的思想观念,并诱导人们产生相应的社会行为,引发相关社会问题。

一是新自由主义。新自由主义源自西方的自由主义,也称为新保守主义。一方面,它秉承自由主义经典的价值理论基础,主张以完全市场化、自由化、全球一体化和私有化形式来推动经济发展;另一方面,不同于传统自由主义极力反对政府对经济活动的干预，并以政府对经济干预的多寡来评价政府优劣的做法，新自由主义倡导国家和政府积极地、合适地对经济进行干预，从而实现个人自由和社会发展的主要目的。新自由主义这种关于个人和社会发展的目的是具有限制性的，主要是针对资产阶级和资本主义社会而言的。甚至为了达成这样的目的，新自由主义不断向全球扩散，企图将其他国家的资源和市场纳入资本主义的发展链条，以此来不断强化和壮大自身。新自由主义对近现代中国产生的影响远远超出了经济领域，曾试图引导近代中国推行西方三权分立式的民主政治。之后，新自由主义在中国改革开放进程中也产生过巨大影响，但随着新自由主义在其他国家和地区的改革实践中遭受挫败，其影响力逐渐衰弱。近年来，新自由主义借助自由、平等的民主口号试图重塑我国青年思想，屡次制造"涉港""涉台""涉疆"事件等，其恶劣影响仍不容忽视。

二是普世价值。普世价值思潮在我国的产生和流行经历了一个不断演化的历史过程。早在2005年10月，境内外敌对势力和个别自由派知识分子就以西方民主的所谓普世价值为理论武器，试图攻击和否定我国的社会主义民主政治建设。从2007年秋天起，在某些报刊和网站的刻意推动下，普世价值观开始在我国扩散、传播，并在2008年下半年引发了一场关于"普世价值"之争。该事件直接起因为《南方周末》2008年5月22日发表的编辑部文章《汶川震痛，痛出一个新中国》。文章称："国家正以这样切实的行动，向自己的人民，向全世界兑现自己对于普世价值的承诺。显而易见，这是一个拐点，执政理念全面刷新的拐点，中国全面融入现代文明的拐点。"这个判断将"普世价值"当作一个普适的政治原则来阐释中国理念、解决中国问题，并赋予它以极高的地位，因此引来了强烈的质疑和批判[①]。对于西方的思想理论，我们应该时刻保持警惕，必须以批判性的态度对待之，正如鲁迅先生所说的，"拿来主义"是

---

① 参见李德顺：《怎样看"普世价值"？》，《哲学研究》2011年第1期。

要不得的。即使在今天，我们仍很难确定到底哪一种或哪几种价值是全球普遍适用的。

三是历史虚无主义。"历史虚无主义"作为历史理论术语，是指缺乏事实根据、不加具体分析就盲目否定社会历史发展过程中的历史人物、历史事件、历史观点和历史理论，进一步解构具有民族特色的历史文明，包括民族文化、民族传统和民族精神等等。习近平总书记扼要地指出了历史虚无主义的实质，揭示它往往是通过拒斥历史上尤其是中国共产党领导全国各族人民在革命、建设和改革历史中的具体事实，以此否定马克思主义的指导地位，拒斥社会主义中国走向共产主义的历史必然性。历史虚无主义总是根据现实状况不断产生新的变化，但其背后的政治意图并没有改变。例如，当代历史虚无主义借口所谓生物科学的依据，歪曲邱少云等英雄烈士的光辉事迹，实质是否认中国共产党和民族战士在抗美援朝反侵略战争中的历史性地位。可以看出，历史虚无主义抱有明确的政治意图，反对中国共产党的领导和中国特色社会主义制度，本质上是一种反动的政治思潮。

四是民族主义。民族主义思潮发源于近代欧洲，是欧洲民族国家兴起的标志性产物。中世纪的欧洲国家起初并不是政治共同体和有着强烈自我意识的帝国，而是一个以封建割据为基础的统一的基督教世界。文艺复兴运动彻底改变了这一封闭状态，在中世纪的欧洲一方面建立了主体的个人，另一方面推动了作为主体的民族国家的建立，国家得以破除宗教的宰制，成为严格意义上具有共同意志的政治共同体。在民族意识觉醒的基础上，经过"千千万万个学者、思想家和政治家对于民族、民族利益和民族关系问题所作的理论思考"[①]，进而产生了一种适应当时社会历史发展需要，尤其是建立民族国家所需要的思潮形态，这种思潮极力维护本民族的

---

① 宁骚：《民族与国家——民族关系与民族政策的国际比较》，北京大学出版社，1995，第93页。

利益和需求，曾一度发展为帝国主义。自20世纪80年代以来，民族主义思潮越来越盛行，与之相关的新理论也不断涌现。在当代，民族主义在世界范围内进一步演化成一种回应人类社会某些更深层次的，对社会公正、国家安全和民族认同等方面迫切要求的意识形态和社会运动。

五是民粹主义。民粹主义又译作平民主义，是产生于19世纪俄国社会的一股社会思潮。基本观点包括：强调平民大众的价值和理想，把平民化和大众化作为政治运动和政治制度合法性的最终来源；依靠平民大众对社会进行改革，并把普通群众当作政治改革的决定性力量；通过强调诸如平民的统一、全民公决、人民的创制权等民粹主义价值，对平民大众从整体上实施有效的控制和操纵[①]。近年来，随着特朗普政府的上台，民粹主义在美国大行其道。美国民粹主义政治往往以激进、极端的政治手段参与竞选，组织社会生产和社会管理，同时，对以中国为主要对象的发展中国家进行各种制裁和打压，严重影响发展中国家的合法利益。当前，极端民族主义与民粹主义合流趋势猛烈，民粹主义在意识形态领域积极寻求话语整合，又与保护主义、极端主义形成合力。在民粹主义和极端民族主义合流的强大攻势之下，这样的趋势进一步向发展中国家蔓延，甚至一度出现向恐怖主义转化的势头，成为一大全球性并且具有较长时间跨度的思想潮流[②]。

六是新左派。新左派产生于现代中国社会文化环境与全球化潮流，大多主张科学社会主义，反对资本过度扩张和社会贫富分化，"同情"劳苦大众，追求绝对平等。中国的新左派普遍提倡人民主权原则，重视社会公平正义，支持国家对经济的宏观干预，反对庸俗的自由市场理论，反对官僚主义和贪污腐败，重视广大工人和农民利益，批判经济全球化的负面影响，批判自由主义和帝国主义的世界霸权、文化垄断、政治独裁和社会虚

---

① 参见《什么是民粹主义》，《环球时报》2005年6月29日。
② 参见王妍卓、潘丽莉：《2019年度重大社会思潮研判》，《人民论坛》2019年第35期。

无主义。新左派的理论陈述，似乎并不具有理论上高度的一致性，但它比较"接地气"，符合社会部分群体的现实需要，有一定的感染力和号召力，并以同情大众的叙事风格占据了一定的舆论市场，不可小视[①]。但是它过分追求所谓绝对公平的平均主义，实质是在人道主义论域下关怀普罗大众，常常忽视经济发展的客观规律，这就注定了在其内部存在无法克服的乌托邦属性。

七是消费主义。消费主义本为西方资本主义国家为叠加资本积累而过度提倡消费的特定文化形态、价值观念和生活方式，是资本主义社会思潮的重要组成部分。随着经济全球化趋势不断深化，消费主义以不可阻挡的势态向全球蔓延，并结合当代网络信息技术，在网络行为多样化的过程中，经传统媒介发展至网络消费主义，已形成消费主义文化新形态。网络消费主义除承袭消费主义的各种消极意义外，由于其与网络信息技术的充分融合，使得网络行为承载的被赋予的社会功能经数字机器的转译被不断抽象化和符号化。在数字符号的刺激与引诱下，消费主体更加难以把握真实的需要和商品的使用价值，被商品的符号价值所迷惑，消费因此成了一种欲望性消费。这种被异化的消费活动从根源上看，应归咎于维护消费合理性模式的符号价值及其背后所附带的单向度消费思想。

八是新儒家。新儒家思潮产生于五四运动前后东西方文化论战期间，是对当时全盘反传统思想趋势的一种回应。在全盘西化思潮日益扩大的新文化运动中，一批学者认为中国传统文化尤其是儒家文化仍有其存在价值，由此产生了新儒家主义这一谋求中国传统文化和社会现代化对话融合的学术思想流派。它一方面反思"全盘西化"，另一方面又与马克思主义冲突博弈，与新左派、自由主义一起构成了近代中国的三大思潮[②]。学界对新儒家主义的概念与内涵并无统一定义，一般认为现代新儒家可以划分

[①] 参见王炳权：《新左派的表现、趋势及应对》，《人民论坛》2019年第2期。
[②] 参见杜运辉：《从"三大思潮对立互动"说到"马魂中体西用"论——访中国社会科学院学部委员方克立教授》，《马克思主义文化研究》2018年第2期。

为以牟宗三、杜维明等海外新儒家为代表的心性儒学，以蒋庆、张祥龙、康晓光、陈明等"大陆新儒家"为代表的政治儒学，并且普遍认为现代新儒学的发展已经从"心性儒学"走向"政治儒学"，从"儒学"走向了"儒教"①。

如果我们进一步细致地梳理，当代中国流行的社会思潮还有不少。大致看来，这些社会思潮的思想主张、认同群体和价值旨归不尽相同，并一直伴随时代、社会实践的发展而不断变化。它们有时还会彼此影响和支撑，甚至相互演化，呈现出许多新的表现形式和特征，对当前中国经济、政治、文化、社会和生态建设产生了深刻影响。从整体上看，社会思潮既有积极和消极之分，又有先进和落后之别，甚至同一种社会思潮在不同的历史时期往往具有不同的作用与意义。积极、先进的社会思潮由于在一定程度上反映了部分群体的物质精神需要，往往能够推动个人与社会的发展。而消极、落后的社会思潮则会给主流意识形态建设、思想文化建设和社会治理等带来大量尖锐的问题和挑战，这值得我们高度警觉、谨慎应对。

第三节　当代社会思潮的主要动向及其应对策略

新一轮科技革命方兴未艾，全球化趋势进一步深化；与此同时，当今世界正处于"百年未有之大变局"，特别是在国内外经济政治环境复杂多变，各种社会思潮风起云涌，纷纷登台。各大社会思潮借助新媒体大肆传播，彼此相互影响、相互支撑、相互融合，在思想文化领域形成了比较复杂的局面。

---

① 参见张世保：《"大陆新儒家"与马克思主义关系探论》，《马克思主义研究》2008年第6期。

一是传播方式上社会思潮与传媒技术的深度融合。在当代，基于互联网技术的信息科技所打造的虚拟交往空间，在一定程度上突破了人们在交往活动中的时空限制，实现了人与人之间的互通、互联，也意味着人们可以随时随地相互分享信息、观念和思想。只要人们踏足网络社会，海量数据信息扑面而来，其中就掺杂着各种社会思潮的内容。随着基于算法技术、大数据技术和神经网络技术等人工智能科技的发展与应用，网站平台能够通过数据采集、整理和分析，实时测探到人们的物质和精神需要，社会思潮也因此能够更加精准地识别并凝聚与之对应的社会群体。

二是形式上各种社会思潮之间相互融合、转化，理论之间相互借鉴与支撑，各个社会思潮之间的边界逐渐模糊。随着二战后全球经济与技术的迅猛发展，尤其21世纪以来，全球一体化趋势的不断加深、西方社会和文化的进步繁荣、新兴交叉学科的出现等因素，共同导致了各种社会思潮内部、思潮之间互相拉拢，实现了思想理论上的交流和对话，出现了社会思潮之间不断交叉、融合和分化的趋势。各种思潮演化出多种形式，甚至同一思潮内部又以多种派别的方式而广泛存在。例如，随着社会的进步与科技的发展，后现代主义不再局限于科学与人的关系问题研究，而是普遍关注现代人生活状态的各个方面，涉及政治、社会、人的生存、文化和生态等领域，所使用的研究方法也结合了哲学、社会学、心理学和符号学等多学科的综合性方法。

三是内容上社会思潮由学理性、学术性向大众化、非理性的转变，与部分社会群体的现实利益和直观体验相关联。20世纪初期的社会思潮往往强调思潮内部的体系化、科学化和精确化，这与当时各门学科走向科学化、精确化和理论化的发展趋势密切相关，也与当时社会经济与科学技术的发展有着直接联系。社会思潮沿用了这种可计算、可阐释和可还原的理论构建范式，产生了计量经济学、行为主义政治学和分析哲学等来为自己的思想理论作辩护和说明。随着新科技的快速发展与普遍运用，人与技术的矛盾重新被推到极端，新兴技术对人类生存的变革似乎难以计算和还原,于是建立在情感主义和经验主义基础上的存在主义获得了广泛的支持,在这些社会思潮的影响下,20世纪下半叶在美国产生了"垮掉的一代"。同样,人与技术的矛盾在当代中国也在一定程度上重现了,当代的数据主义更是导致了中国社会普遍存在"佛系青年""青年宅"等社会怪象。

四是后疫情时代社会思潮的过度泛滥。2019年底暴发的新冠疫情全球大流行对人类社会的影响之大,毫无悬念将载入史册。一方面,新冠疫情在全球范围内造成了新的公共卫生安全问题,对传统世界格局产生巨大冲击,可能重塑整个世界秩序。另一方面,疫情作为全球性重大公共事件无疑为社会思潮的传播与交流带来了机会,在这一场人类共同体验的世界性事件中,社会思潮趁机营造共同话题与价值,在短时间内获得广泛认同。例如,在由于疫情治理不力而引发大范围社会恐慌的西方国家,人道主义思潮趁机上台,多次抨击西方社会国家治理的内在缺陷,试图引发新的社会变革。又如,新冠肺炎极强的传染性和极高的死亡率,引发了社会焦虑和混乱,为西方民粹主义与保守主义结合,进一步壮大逆全球化趋势的势力提供了契机。

如上所述,社会思潮的变化既是历史性的,也是时代性的。这些变化涉及各种社会思潮的内容、形式、对象和传播途径等。面对社会思潮的新变化、新动向带来的新问题和新挑战,我们既要积极主动适应,变革和创新观念、思维和认知方式,也要秉承基本的立场、观点和方法,"以我为主"地积极应对。

首先,始终坚持马克思主义在意识形态领域的指导地位。马克思主义在意识形态领域的指导地位,是时代和人民的选择,是其体系内部的科学性、包容性和革命性自我发展的必然结果,也是辩证唯物主义、历史唯物主义的世界观和方法论不断中国化时代化大众化的应有之义。面对百年未有之大变局带来的国内外社会思潮此起彼伏、意识形态安全问题频发,试图撼动马克思主义的历史性地位的现实,我们"必须不断提高运用马克思主义分析和解决实际问题的能力，不断提高运用科学理论指导我们应对重大挑战、抵御重大风险、克服重大阻力、化解重大矛盾、解决重大问题的能力"①，不断开辟当代中国马克思主义、21世纪马克思主义新境界，并始终坚持马克思主义在意识形态领域的指导地位。

其次，坚定维护中国共产党在政治建设和思想建设中的领导核心地位。"坚持党的领导是方向性问题，必须旗帜鲜明，立场坚定，决不能羞羞答答、语焉不详，决不能遮遮掩掩、搞自我麻痹。""党政军民学，东西南北中，党是领导一切的。"②中国共产党的领导地位必须贯穿于中国特色社会主义事业建设的全过程、全方位。改革开放40多年来，我国在经济、政治、文化、社会和生态各领域取得的历史性成就，进一步巩固了党的领导地位。但在社会思潮的侵蚀下，党内一度滋生了形式主义和官僚主义，使我党面临"四大考验"和"四大危险"；社会上个人中心主义和自由主义风气盛行。因此，全党必须胸怀"两个大局"，增强"四个意识"、坚定"四个自信"、做到"两个维护"，加快推进马克思主义学习型政党建设，自觉学习并运用马克思主义基本原理，从而提高与各种非马克思主义的社会思潮进行斗争的本领，维护中国共产党在政治建设和思想建设中的领导核心地位。

再次，以社会主义核心价值观凝聚社会力量。社会主义市场经济体制的确立，一方面进一步解放和发展了社会生产力，极大丰富了社会物质精神财富；另一方面，资本准入使得西方社会思潮趁机渗透，社会主义精神文明建设由此受到了诸如拜金主义、享乐主义和个人中心主义等西方社会思潮的冲击。这些因素曾一度引发了不同程度的价值观异化、社会道德滑坡、精神文化危机和荣辱观迷失等社会问题。为此，党的十八大提出，要倡导富强、民主、文明、和谐，自由、平等、公正、法治，爱国、敬业、

---

① 《习近平谈治国理政》第3卷，外文出版社，2020，第74页。
② 《习近平谈治国理政》第3卷，外文出版社，2020，第85页。

诚信、友善，积极培育和践行社会主义核心价值观。在国家、社会和个人层面凝聚社会共识和社会力量的过程中，努力克服各种非主流意识形态和社会思潮的消极影响，创造、凝聚和实现共同价值。

再其次，以民族精神和时代精神培养新时代青少年。中华民族之所以能够生生不息，延续几千年中华文明，得益于深深扎根在民族内部的、以爱国主义为核心的民族精神，以及产生于改革开放进程中以改革创新为核心的时代精神。21世纪以来，中国共产党领导全国各族人民在自然灾害和重大事件面前彰显了抗洪精神、抗震救灾精神和抗疫精神等新的精神风貌。这些精神都是当代青少年精神建设的宝贵资源。我们应该通过民族精神和时代精神的内化和培育，使新时代青少年不断增强归属感、认同感和自豪感，自觉抵御错误社会思潮的侵袭，在社会主义现代化建设事业中不断实现自身价值。

最后，引导社会思潮关键在于科学治理媒介载体。当代社会思潮之所以以前所未有的速度、广度和深度向全球蔓延，重要原因之一就是网络化、数字化和智能化技术变革了人们的生存与交往方式。新技术一方面推进媒介载体的进化，提高人们接收、处理信息的能力和效率；另一方面，大大加速的信息化交流导致数据信息质量参差不齐，而资本的牟利性质使一些媒介载体本身发生异化，使人们身陷海量数据和爆炸信息所包围的数字化环境中。因此，习近平总书记在党的十九大报告中指出，要"加强互联网内容建设，建立网络综合治理体系，营造清朗的网络空间"，并在致首届中国网络文明大会贺信中进一步强调，"各级党委和政府要担当责任，网络平台、社会组织、广大网民等要发挥积极作用，共同推进文明办网、文明用网、文明上网，以时代新风塑造和净化网络空间，共建网上美好精神家园"。

事实上，马克思主义创始人在阐发共产主义一般原理和领导无产阶级革命时就与民主社会主义、保守主义、封建主义等思潮展开过思想交锋和理论争鸣，这为我们提供了可借鉴的认识和实践方法。当今世界正在经历百年未有之大变局，各种社会思潮"你方唱罢我登场"，正在社会生活的各个领域产生深刻影响。它们的出现和"表演"，在一定程度上也反映了我国正面临的国内外深刻矛盾和突出问题。因此，在推进中国特色社会主义伟大事业的建设和实现中华民族伟大复兴的中国梦的进程中，我们必须坚持马克思主义在意识形态领域的指导地位，对各种社会思潮开展深入的调查研究，探索科学认识、正确应对各种社会思潮的实践路径和政策方略。

第二章　新自由主义思潮新动向及应对策略

新自由主义是一种主导资本主义社会的经济思潮、政策主张和意识形态。从社会背景上看，它总是与世界市场中出现的危机，如世界经济危机、凯恩斯主义危机、福利主义危机、国家干预主义危机、国际金融与债务危机等相伴始终，共同见证了经济新自由主义的兴起、鼎盛和衰落。从理论传承上看，新自由主义继承了古典自由主义关于自由放任的基本主张，突破了古典自由主义政府干预和自由市场的界限，并将市场进一步推崇为社会治理的唯一组织。面对新自由主义下国家干预与自由市场之间的矛盾，以及资本全球统治的意识形态本质，精准表达和分辨新自由主义思潮的多重面孔和现实冲突，并对之进行理性的反思，将有助于我们在中美贸易摩擦以及受新冠疫情影响的背景下，澄明不同经济制度下的国家治理效能及其价值立场，把握国际政治经济形势及未来的发展趋势。

第一节　新自由主义的历史沿革与基本主张

新自由主义是一种复杂而影响深远的西方社会思潮，它是"在继承资产阶级古典自由主义经济理论的基础上，以反对和抵制凯恩斯主义为主要特征，适应国家垄断资本主义向国际垄断资本主义转变要求的理论思潮、思想体系和政策主张"①。

　　首先，作为经济思潮的新自由主义主要产生于20世纪二三十年代，兴盛于20世纪80年代。面对1929年世界经济危机，凯恩斯的国家干预主义适应了当时资本主义世界的需要，成为美国及其他西方国家主要依靠的经济理论，并主导了二战后的经济社会发展，迎来了资本主义发展的黄金时期。到了20世纪六七十年代，由于垄断资本主义不可避免地造成生产过剩、积累过度等问题，资本主义经济很快就陷入了经济停滞和通货膨胀共存的尴尬局面，凯恩斯主义也由此失灵，并引发了滞胀危机。同一时期，以货币主义和供给侧经济学为主要代表的新自由主义经济思想得到了西方主流学术界的认可，哈耶克、弗里德曼也因此获得诺贝尔经济学奖。1979年，美国联邦储备委员会（简称"美联储委员会"）决定上调利率至遏制通胀所要求的任何水平的时候，象征着新自由主义进入新的发展机遇。冷战结束后，苏联东欧地区也被迫实行了新自由主义的经济政策。20世纪80年代可谓新自由主义的鼎盛时期，在当时的资本主义国家里，逐渐取消了政府对各类市场的管制，并加强了各种经济活动私有化的程度，加剧了国际竞争，为社会成员中最富有的阶层减税，大量削减了社会开支。经过这些经济政策的推行，新自由主义正式登上了历史舞台。

　　经济新自由主义在批判凯恩斯主义的过程中逐渐发展成为西方主流的经济学思想，主要包括奥地利学派、芝加哥学派、理性预期学派、新制度学派以及公共选择理论、产权经济理论、新增长经济理论等新兴经济学分支②。以弗里德里希·哈耶克和米尔顿·弗里德曼、罗伯特·诺奇克为代表的思想流派具有明显的"市场原教旨主义"倾向，其极端主张是把社会生活的全部领域还原为市场和资本的逐利原则，把"市场经济"膨胀为"市场社会"。这种倾向于古典自由主义的自由放任原则由于极力宣扬自由

---

① 中国社会科学院"新自由主义研究"课题组：《新自由主义研究》，《马克思主义研究》2003年第6期。
② 参见刘迎秋：《国际金融危机与新自由主义的理论反思》，《经济研究》2009年第11期。

化、市场化和私有化，以至于许多人往往把新自由主义等同于古典自由主义。但在米歇尔·福柯看来，这种一体化、同质的宏大叙事体系将问题现状淹没在了历史发展的进程之中，不仅没能解释或质疑现实，反而掩盖了其真实面目。所以，区分古典自由主义和新自由主义，对于明晰新自由主义的独特表现尤为重要。

一方面，经济新自由主义延续了以亚当·斯密为代表的古典自由主义的基本原则，倡导自由放任的资本主义市场经济，奉行价格机制，认为市场通过自由竞争能够实现最有效率的资源配置方式并促进经济的长足发展。由此，它反对一切对经济自由的限制，反对政府干预经济生活和社会生活，要为资本流通和自由贸易清除所有可能的行政障碍和贸易壁垒。

另一方面，经济新自由主义是以古典自由主义为思想基础建立的一个新体系，而非对古典自由主义的完全复归。它重新确立了国家干预的方式，即新自由主义的政府为了把市场规律上升为使社会生活的各个方面都隶属于它的法规，为了让竞争机制在每时每刻、每个社会领域都能够发挥调节作用，就需要在深度和广度上对社会进行干预。在这里，国家干预的目标完全不在于"调节"市场，不在于把某种社会或政治理性和经济理性相对立，不在于以伦理道德或社会公正的要求去阻止竞争的正常运行。相反，它的目的是确立市场对社会的全面调节。福柯认为，这就是新自由主义的独特之处，它带来了新的政治经济体制、新的概念和观点，并在其指导下创建了关于国家、市场和自由等的新观念。

新自由主义主导的市场自动调节机制缓解了凯恩斯主义带来的经济滞胀危机，并且通过一系列金融及衍生产品调节了资本的流向。但是在资本主义固有矛盾的作用下，以及国际金融与债务危机、中国经济快速崛起的冲击下，西方出现了背离新自由主义宣扬的"完全自由市场"的经济现象。例如，市场在资源配置中的作用仍然受制于国家和政府的政治目的，贸易自由化对发展中国家和社会主义国家仍然存在歧视和非对等，以及单边保护主义阻碍经济全球化进程等。尤其是2018年以来，中美贸易摩擦上升为中美贸易战,美国这种国家霸权主义再次增长了发达国家的贸易保护主义和强烈抵制新兴国际经济秩序的态势。这表明,新自由主义思潮出现了持续衰退的迹象。

其次,作为政策主张的新自由主义以"华盛顿"共识为典型表现形式。诺姆·乔姆斯基认为,新自由主义是建立在古典自由主义思想基础之上的"一个新的理论体系……该理论体系也称为'华盛顿共识'。所谓华盛顿共识指的是以市场为导向的一系列理论,它们由美国政府及其控制的国际组织所制定,并由它们通过各种方式进行实施——在经济脆弱的国家,这些理论经常用作严厉的结构调整的方案。其基本原则简单地说就是贸易经济自由化、市场定价、消除通货膨胀和私有化"[1]。

"华盛顿共识主要由三大方面内容组成:一是三项改革措施,主要包括加强财经纪律,把政府开支的重点转向经济效益高的领域和有利于改善收入分配的文教卫生和基础设施建设领域,开展包括降低边际税率和扩大税基的改革等;二是四项市场开放原则,主要包括实行利率自由化和更具竞争性的汇率制度以及贸易自由化和放松外国直接投资限制等;三是三个'去政府'干预要求,主要包括国有企业私有化、放松进入与退出的政府管制以及有效保护私人财产权等。"[2]华盛顿共识的形成和推行,意味着新自由主义从学术理论嬗变为国际垄断资本主义的经济范式和政治性纲领。正如罗伯特·W.迈克杰斯尼所言,新自由主义是我们这个时代明确的政治、经济范式,它指的是这样一些政策与过程:相当一批私有业者能够得以控制尽可能广的社会层面,从而获取最大的个人利益。华盛顿共识的出笼及其推行,意味着新自由主义已从发达资本主义国家蔓延至发展中国家,成为国际金融垄断资本掠夺世界财富、掌控世界经济命脉的工具。

---

[1] [美]诺姆·乔姆斯基:《新自由主义和全球秩序》,徐海铭、季海宏译,江苏人民出版社,2000,第3页。
[2] 刘迎秋:《国际金融危机与新自由主义的理论反思》,《经济研究》2009年第11期。

新自由主义的政策主张在资本主义国家内部,表现为反对"凯恩斯式干预主义"的福利国家制度及其职能。凯恩斯主义支持下的福利国家在原有资本主义国家传统职能(包含垄断合法暴力、保卫领土完整、对货币的最终担保)的基础上,还增加了国家在收入上的社会化(保障社会补助、社会保障、失业津贴、退休金、劳动资格统一化、确定最低报酬和法定作息时间等方面),以及社会规范化(对人口强制监管、指导领土治理和城市化形式,将被管理者变为合同雇员,对文化、教育和培训的有选择的支出等)的功能。这样一来,在社会进行国家化时,主张重新分配的左派凯恩斯策略对国家进行"民主扩大",再加上工人运动介入公共制度,进一步加强了国家干涉主义。而这也成为新自由主义所极力反对的做法。

新自由主义者从"高效率市场"的意识形态和货币化经济学说出发,以反对"僵化呆板""行会保护主义""重新分配的平均主义"为名,反对凯恩斯经济调节框架下的"社会团结一致"的目标。凯恩斯使一种为失业者提供新的经济补助的观念合法化,主张通过公共投资保障就业、通过减少失业者数量降低社会补助数额,即对总体就业水平进行国家干预,将全职政策等同于福利国家。与之形成鲜明对比的是,在新自由主义看来,福利国家不仅助长了行会主义,而且会导致资本主义进行调节的宏观经济效率模糊不清,导致决策的不透明或独裁主义、官僚主义,甚至是个人主义。因此,"福利国家的所有方面均成为新自由主义现代化伺机攻击的对象:福利国家被攻击、贬损,被控诉恶贯满盈"[①]。在这种情况下,社会福利政策的私有化构成了新自由主义的战略目标。

最后,作为意识形态的新自由主义是在适应新自由主义经济发展的需要,批判马克思主义、共产主义、社会主义和凯恩斯主义等思想的过程中形成的。和古典自由主义者不同,新自由主义者拒绝接受社会主义对于创

---

① [希腊]米歇尔·瓦卡卢利斯:《后现代资本主义:社会学批判纲要》,贺慧玲、马胜利译,社会科学文献出版社,2012,第166—167页。

造政治和哲学乌托邦的垄断,他们想让自己的理论成为一种激进的革命理论。比如哈耶克在《知识分子和社会主义》一文中致力于确立"自由主义乌托邦",即"一种规划,它并非仅仅在于保卫现状,也不是某种弱化的社会主义,而是一种真正的自由派激进主义,此激进主义并不照顾强有力人物(包括工会)的敏感性,实践上并不过于生硬,而且并不局限于今天在政治上看来可行的东西"。再比如,代表新自由主义极端观点的诺奇克,在其著作《无政府、国家和乌托邦》中指出,只有最小国家才具有正当性。

为了实现新自由主义的乌托邦,新自由主义旨在确立一种真正的政治和法律干预主义,即哈耶克所提出的价值法或"法治"。通过实施建立"游戏规则"对"与国家方案完全相反的正式经济立法",以防止任何偏离商品交换或资本主义竞争逻辑的行为发生。这种干预主义必须在密度、频率、活动性和持续性上保障经过重组的新自由主义秩序。由此,国家只有在它代表价值法则的时候才是至高无上的,政府的干预也只能局限于维护法治和社会秩序的范围之内,除此以外的任何干预都被看作是对市场高效率运转和健康运行的潜在威胁。也如迈克尔·博兰尼在《自由的逻辑》中的看法,"现有自发的管理秩序就是管理经济生活中的自发秩序……而法律制度所要形成和执行的是生产和分配体系正常运行必须遵守的规则"。事实上,以私有制为前提的资本主义法治,在实质上只是维护了社会中少数资产阶级的利益,对于被统治阶级而言,服从已经形成的社会分工格局和资本主义法律制度才是自身生存和发展的前提。这种情况下,以经济职能为服务指向的资本主义法治,在本质上表现为资产阶级进行合法化社会统治的意识形态。

在国际垄断资本主义的视野中,新自由主义在市场和资本无限向外扩张的过程中成为全球劳工套利和商品链的体系,并经常假借"自由、平等、人权"之名,推广所谓的普世价值。以产权改革为核心的"私有化"从根本上否定生产资料的公有制以及集体主义价值立场,所以,在新自由主义的影响下，东欧和苏联1985年开始了一场反中央集权、反官僚主义、反民主化的运动。其结果最终导致了苏联解体、东欧剧变，瓦解了社会主义国家阵营。因此，新自由主义的文化和价值观渗透动摇着其他国家的经济制度和政治选择，也成为资本主义进行和平演变，从而把其他国家引向资本主义道路的意识形态。

第二节　新自由主义思潮的新动向及新特点

近年来，保护主义、单边主义抬头，逆全球化思潮不断发酵，发展空间不平衡等成为全球治理面临的突出问题，世界正遭遇着治理、信任、和平和发展的四大赤字。国际格局以西方占主导、国际关系理念以西方价值观为主要取向的"西方中心论"已难以为继，西方的治理理念、治理体系和治理模式越来越难以适应新的国际格局和时代潮流，各种弊端积重难返。在这种背景下，新自由主义思潮呈现出政治实践与其理论主张越来越背道而驰的趋势。

首先，新自由主义的内在矛盾集中体现在政治上不断加强的资本主义国家干预，违背其口头上自由放任的市场期待。新自由主义和国家垄断资本主义以强化政府干预的手段，来确保资本利益集团的长久特权。在20世纪，里根总统任期内放弃了经济自由主义的原则，实行强制性复苏措施——财政赤字的增加导致了研发、信息和休闲娱乐等相关服务行业需求大幅增长，这一财政赤字机制也造就了美国1983—1989年的经济鼎盛。因此，"80年代经济高潮的真正缘由主要是不断强化的国家干预以及美国公共开支和财政赤字的增长"[①]。这种由国家内部运用行政手段干预、矫正

---

① ［巴西］特奥托尼奥·多斯桑托斯：《新自由主义的兴衰》，郝名玮译，社会科学文献出版社，2012，第58页。

市场的做法，与理论上倡导"小政府大市场""小政府大社会"的主张是相背离的。值得注意的是，国家干预市场自由贸易的行为，并没有按照新自由主义的设想真正为全球的贸易流通清除障碍。

相反，在全球化已经深入融合发展的21世纪，"国家"仍作为发达国家垄断资本的代言人在国际贸易中设定壁垒。2008年国际金融危机的爆发，使我们所处的经济全球化阶段呈现新的历史特征。马克思曾指出："世界市场危机必须看作是资产阶级经济一切矛盾的现实的综合和暴力方式的平衡。因此，在这些危机中综合起来的各个因素，必然在资产阶级经济的每一个领域中出现并得以展开。我们越是深入地研究这种经济，一方面，这个矛盾的各个新的规定就必然被阐明，另一方面，这个矛盾的比较抽象的形式会再现在并包含在比较具体的形式中这一点，也必然得到证明。"[①]金融危机后，由于经济社会问题频现，各国政府都寄希望于通过政策调整来维持稳定的经济社会秩序。这本来是应对问题与挑战的积极行动，但一些国家在政策调整过程中只顾自身利益，催生了各种形式的保护主义。

全球化在贸易、跨境资本流通、人员流动、信息传输以及多边机制化建设进展等方面仍步履蹒跚。据全球贸易预警（Global Trade Alert）统计数据显示，2008年11月至2018年7月，二十国集团中的19个国家成员累计出台保护主义政策近8000项，其中美国出台1492项，居全球首位。2018年3月，时任美国总统的特朗普签署公告，对进口钢铁产品征收25%的关税，对进口铝产品征收10%的关税；同年7月，美国对从中国进口的约340亿美元的商品实施加征25%的关税措施；同年8月，美国对自中国进口的160亿美元产品加征25%关税。美国政府还宣布对自中国进口的2000亿美元产品加征关税。尤其是对全球的主要经济体而言，其政策的溢出效应和回荡效应很强，在出台政策调整措施后往往导致他国采取相应的应对

---

① 《马克思恩格斯全集》第34卷，人民出版社，2008，第578页。

措施，这反过来又使该国不得不采取进一步的政策调整。在这种恶性循环中，各国被迫加大政策调整的力度和频率。政策调整引发的连锁反应，不仅破坏了各国政策的延续性和可预期性，也侵蚀了国际合作和经济全球化的根基。

其次，新自由主义的内在矛盾集中体现在经济上的资本全球化控制，也与其鼓吹的全球自由贸易南辕北辙。以跨国公司为主要中介的资本全球扩张，彻底打破了西方古典自由主义所虚构的自由平等交换外观。在国家垄断资本主义向国际垄断资本主义转变的过程中，新自由主义仍然积极拥抱垄断权力，在追求全球贸易霸权的过程中造成了巨大的不平等。在全球分工格局形成后，资本、劳动力、商品等要素在全球范围内向使用效率最高的国家或地区聚集，加剧了国际竞争和世界经济的不平衡与不平等。尤其是在不公正不合理的国际经济旧秩序未能得到根本改变的情况下，不同国家和地区、不同阶层、不同群体也难以平等地享受全球发展红利。

新自由主义全球化的首要特征是对外贸易的扩张。马克思指出："对外贸易和世界市场既是资本主义生产的前提，又是它的结果。"[①]自2000年以来，西方金融机制进入了一个更加迅猛的扩张阶段，自由贸易、资本在全球范围内的自由流动，以及金融机制与货币机制的全球化皆是新自由主义全球化的重要支柱。但是，随着资本输入国经济崛起对美元霸权地位的冲击，以及技术创新对既有垄断格局的重组，贸易保护主义开始在全球蔓延并导致了反全球化或逆全球化的社会运动。正如马克思在19世纪指出的，关税保护意图在于"他们要求实行保护关税，不过是为了用机器挤掉手工劳动，用现代的生产代替宗法式的生产。一句话，他们是想扩大资产阶级的统治，特别是大工业资本家的统治"[②]。

而今的贸易保护主义只是变换了扩大资产阶级的统治手段，其巩固垄

[①] 《马克思恩格斯全集》第35卷，人民出版社，2013，第226页。
[②] 《马克思恩格斯全集》第4卷，人民出版社，1958，第282页。

断集团的利益本质仍然没有改变。这种做法和趋势既违背了西方国家曾推行的华盛顿共识这种新自由主义的政治主张，也暴露出新自由主义的真面目——新自由主义时代自由竞争的市场，是被跨国公司垄断利益所操控的。具有讽刺意味的是，在新自由主义的语境中，这些垄断和寡头行为非但没有被认为是违反竞争原则，反而被冠之以"自由竞争维护者"的"美名"。马克思在《关于自由贸易问题的演说》中谈到自由主义及其本质时提出："先生们，不要一听到自由这个抽象字眼就深受感动！这是谁的自由呢？这不是一个人在另一个人面前享有的自由。这是资本所享有的压榨工人的自由。"[1] "自由主义的词句是资产阶级的现实利益的唯心的表达。"[2] 在古典自由主义基础上发展起来的新自由主义，虽然在具体经济制度和国家治理方面有所突破和创新，但是私有制基础上资本无限增殖这一资本主义生产方式的绝对规律却一脉相承。

新自由主义试图通过高速的资本流动和商业繁荣转移来掩盖阶级矛盾，但是，不断扩大的全球贫富差距，以及"东方从属于西方"的历史事实也非常明朗。从全球范围来看，据有关统计，2016年世界基尼系数已经达到0.7左右，超过了公认的0.6这一"危险线"。英国《经济学人》杂志的一项分析显示，世界最富的8.6%的成年人口拥有世界85.3%的财富。而个人财富在1000美元以下的成年人口占世界人口总数的比例为69.8%，其拥有的财富占世界的份额为2.9%。同时，新兴市场国家和发展中国家同发达国家的南北差距仍很明显，新兴市场国家和发展中国家成为世界经济体系的附庸，他们处于全球产业链的最底端，在经济生产和交换中依靠廉价的资源、能源和劳动力优势换取少量的经济增量；而发达国家则凭借先进技术、知识产权、管理等优势，在生产资本、产业资本、借贷资本的输出中获取高额的垄断利润。

---

[1] 《马克思恩格斯选集》第1卷，人民出版社，2012，第373页。
[2] 《马克思恩格斯全集》第3卷，人民出版社，1960，第216页。

这种情况下，新自由主义国家和市场之间的矛盾非但没有解决，反而形成了市场对国家的"全面挟持"局面。以亚当·斯密为主要代表的18世纪古典自由主义是围绕"自由放任"展开的，试图建立经济自由空间并且让监督它的国家为其划定范围，即在一个既有的政治社会内部分割和安排出一个自由的市场空间。然而，"新自由主义不是亚当·斯密；新自由主义不是商品社会；新自由主义不是资本主义之隐藏范围内的古拉格……新自由主义的问题是弄明白如何以市场经济原则为模式来调控政治权力的总体运作"①。它要使政治理性，包括社会的所有其他方面，都隶属于经济理性。对此，新自由主义的目标是明确的，即建立一个由自由竞争占主导地位的彻底商品化的社会，把市场推广到一切地方，甚至连社会和国家本身都不能脱离于这种市场。

新自由主义的国家不仅必须为了市场而治理，而且还必须按照商品逻辑的要求行事——国家于是处于市场的监管之下。正如福柯所言，与传统自由主义要求政府尊重市场并且对其放任自由不同，新自由主义所要求的市场就像一个树立在政府面前的"永久的经济法庭"，"在这里，人们把放任自由转变为不要对政府放任自由，要以市场规律的名义来评定和评估每一个政府行为"②。这种市场对政府的"反制"，也体现为新自由主义者主张恢复以"自发支配"为基础的市场规律代替福利国家的"再分配"的改良主义，以"现代化国家"取代"保护性国家"，以"为企业家服务"的国家取代"企业型国家"。

---

① ［法］米歇尔·福柯：《生命政治的诞生：法兰西学院演讲系列（1978—1979）》，莫伟民、赵伟译，上海人民出版社，2011，第116页。
② ［法］米歇尔·福柯：《生命政治的诞生：法兰西学院演讲系列（1978—1979）》，莫伟民、赵伟译，上海人民出版社，2011，第220页。

第三节　关于新自由主义思潮的反思及应对策略

由于新自由主义对国家与市场关系的重新确定，以及国际垄断资本对世界市场和国际关系的主导，使得新自由主义的影响从经济领域延伸至社会各领域，从地区扩展到全球。习近平总书记在2018年亚太经合组织工商领导人峰会上的主旨演讲中指出：一个时代有一个时代的问题，问题本身并不可怕，关键是采取正确的办法来解决问题。走保护主义、单边主义的老路，不仅解决不了问题，还会加剧世界经济的不确定性。面对发达国家在中美贸易摩擦问题的"逆全球化"态势，以及新冠疫情带来的发展不确定性，我们有必要对新自由主义思潮的社会影响进行全面的认识和评价，进而坚定不移地走中国特色社会主义道路。

首先，新自由主义引领的国际贸易仍是对发达国家的利益倾斜，这是对新自由主义资本逻辑的反思。虽然新自由主义在过去数十年推动经济全球化进程中，为世界经济增长提供了强劲动力，促进了商品和资本流动、科技和文明进步以及各国人民交往，对世界经济发展做出了重要贡献，但由发达国家主导的国际垄断资本主义始终占据全球产业链和价值链的顶端。国家作为市场霸权的最终保障，极尽可能地将更多地区纳入全球市场和货币、金融体系，进而建立起以发达国家为主导的全球秩序和资本积累秩序。正如列宁所言，"资本主义把这些市场联结起来，把它们结合成一个巨大的国内市场，以后又结合成世界市场"[①]。因此，从经济上讲，新自由主义是一个垄断金融资本时代的历史性和结构性产物。它所宣扬的自由市场由此也不是公正的竞争环境，而仍然是垄断资本的狂欢。

在巴西著名理论家特奥托尼奥·多斯桑托斯看来，新自由主义和恐怖主义使拉美等发展中国家沦为全球化的附庸，它"害苦了我们的国家和人

---

① 《列宁全集》第3卷，人民出版社，1984，第344页。

民，使它们处于经济依附、劳动者遭受过度剥削、财富高度集中、贫困和边缘化的境地"①。当世界经济处于下行期时，增长和分配、资本和劳动、效率和公平的矛盾更加尖锐，一些国家经济结构失衡、贫富分化严重等问题更加突出。这也暴露出新自由主义主导全球化的负面效应。

在此背景下，改变不合理、不对等的全球利益格局，积极应对全球化的机遇和挑战成了资本输入国必须面对的问题。"全球经济治理应该以共享为目标，提倡所有人参与，所有人受益，不搞一家独大或者赢者通吃，而是寻求利益共享，实现共赢目标。"②这既是全球经济治理的中国方案，更是推动建设开放、包容、普惠、平衡、共赢的经济全球化的根本途径。换言之，"坚持多边主义，谋求共商共建共享，建立紧密伙伴关系，构建人类命运共同体，是新形势下全球经济治理的必然趋势"③。在新的历史阶段，全球经济治理应该以平等为基础，更好地反映世界经济格局新现实，增加新兴市场国家和发展中国家的代表性和发言权，确保各国在国际经济合作中实现权利平等、机会平等和规则平等。全球经济治理应该以开放为导向，坚持理念、政策、机制开放，适应形势变化，广纳良言，充分听取社会各界建议和诉求，鼓励各方积极参与和融入，不搞排他性安排，防止治理机制封闭化和规则碎片化。全球经济治理应该以合作为动力，全球性挑战需要全球性应对，合作是必然选择，各国要加强沟通和协调，照顾彼此利益关切，共商规则，共建机制，共迎挑战。

其次，新自由主义主导下的国家并非以增进全体人民福祉为最高宗旨，这是对新自由主义国家职能的反思。作为西方主流的经济学思想，新自由主义旨在把自由市场视作国家的组织和治理原则，并根据新生产秩序的要求和资本主义竞争逻辑重新确定国家职能，计划要建立一个由竞争占

---

① ［巴西］特奥托尼奥·多斯桑托斯：《新自由主义的兴衰》，郝名玮译，社会科学文献出版社，2012，第14页。
② 习近平在2016年9月3日二十国集团工商峰会开幕式上的主旨演讲。
③ 习近平在2017年11月10日亚太经合组织工商领导人峰会上的主旨演讲。

主导地位的新社会。在此框架下，国家的社会公共服务职能逐渐让位于经济职能。

这意味着"市场"作为新的机构代替了福特制时期的社会保障制度，即对医疗、教育、养老、交通、能源等民生领域推行最大程度的商品化。社会福利政策私有化的结果之一是，市场的过度私有、医疗资源的非公平分配最终都指向了社会弱势群体的生存权被漠视。在新冠疫情流行期间，这些弱势人群不仅得不到及时的救治，而且在呼吸机等重症医疗资源严重短缺的状况下被排挤在"值得救助"的价值序列底层，甚至成为"群体免疫"中被淘汰的对象。新自由主义的政治逻辑助长了政府的不作为，其倡导的"群体免疫"是建立在"放松对其管制"的假设之上，从而将社会责任和政府担当私有化，利用自由市场政策取代了国家主导的公共福利政策，利用市场这只无形的手将政府本应承担的责任和义务推卸给穷人去买单。这种自由放任的贫富差距加剧的社会达尔文主义，不但是错误的，更是灾难性的。

新自由主义在公共空间中"不可救药的私有化"主张，既对其把控下的西方国家社会治理职能提出了挑战，也对西方社会长期引以为荣的福利国家制度进行着近乎反讽的拷问。在新冠疫情中，养老院触目惊心的高死亡率，也显露出了新自由主义冲击下欧美福利国家的真实面目。这些做法削弱了资本主义国家的社会职能，消除了有利于大众的社会福利。在这种情况下，国家成了服务于资本增殖的赤裸裸的工具，而非增进人民福祉的公共权力机构。

相比之下，中国不惜一切代价抢救每一个生命，不遗漏任何一个感染者，不放弃每一位病患，做到应收尽收、应治尽治。上至百岁老人，下至初生婴儿，确保一个不落。治疗费用方面，从2019年底新冠疫情暴发到2020年5月底疫情得到有效控制期间，全国确诊住院患者结算人数5.8万人次，总医疗费用13.5亿元，确诊患者人均医疗费用约2.3万元。其中，重症患者人均治疗费用超过15万元，一些危重症患者治疗费用高达几十万元甚至上百万元，全部由国家承担①。这再次表明，涉及民生领域的企业或机构不能实行彻底的私有化和商品化。同资本主义国家名义上"民有民治民享"，实质上"以金钱资本为中心"不同，中国把人民的生命安全和身体健康放在第一位，在人民生命和经济利益之间果断选择生命至上，这是中国特色社会主义制度的本质特征所决定的。新冠疫情一开始，习近平总书记就明确要求各级党委和政府及有关部门要把人民群众生命安全和身体健康放在第一位，我们宁可一段时间内经济下滑甚至短期"停摆"，也要对人民生命安全和身体健康负责，这才是真正的人道主义，也是作为公共权力机关的政府所应尽的社会职能。

再次，新自由主义以保护私有制为前提的政府不能充分调动社会资源应对突发公共事件，这是对新自由主义经济基础的反思。许多欧美国家的养老院都是私人所有，或者仅仅是提供医疗护理帮助的私营机构。所以，当新冠疫情席卷全球时，养老院中的老人立刻滑到了西方社会救助体系的边缘，只能依靠社会捐赠或自筹防护设备和检测试剂来救急。可想而知，低下的效率、紧缺的资源导致快速传播的新冠病毒更容易夺走弱势群体的生命。在2020年3、4月疫情集中暴发时，北爱尔兰养老院的死亡病例占到了其全国新冠死亡病例的一半，德国养老机构的死亡比例占到了其全国死亡总人数的三分之一，英国养老院的死亡比例占到了其全国的四分之一，美国的养老机构也成为新冠病毒爆炸式传播的"中心点"。这些有限的公共医疗资源在突然来袭的病毒面前没有被及时有效地整合起来，所以出现了私营机构抗击疫情时的人手紧缺、资源不足、无力应对等现象，而这也是私有制前提下资本主义国家的根本性弊端。新自由主义倡导的资本私有化加剧了社会资源分配的不平衡和社会矛盾的激增，导致政府在处理疫情危机时显得无能为力。

疫情发生后，在中国特色社会主义制度的坚强保障之下，我们充分发

---

① 参见中华人民共和国国务院新闻办公室：《抗击新冠肺炎疫情的中国行动》白皮书。

挥了集中力量办大事的显著优势和强大效能。党中央发挥总揽全局、协调各方的领导核心作用，从而具有超强整合力、强大动员力和高效执行力；公有制占主体地位，从而能够充分调动各方面资源；坚持以民主集中制为根本组织原则，从而确保全党服从中央、地方服从全局。这些都确保了全党、全社会能够做到上下一条心、劲往一处使。我们开展了全方位的人力组织战、物资保障战、科技突击战和资源运动战，全力支援湖北省武汉市等地抗击疫情。截至2020年3月，政府迅速从各地和军队调集346支国家医疗队、4.26万名医务人员和近千名公共卫生人员，奔赴湖北抗疫最前线，19个省份以对口支援、以省包市的方式支援湖北省除武汉市以外的16个市州；从全国调集4万名建设者和几千台机械设备，仅用10天建成火神山医院，仅用12天建成雷神山医院。汽车制造商转产口罩，服装产业制造防护服，生活必需品稳定供应，战"疫"期间，中国经济展现出强大韧性。国内企业在极短时间内生产出数十亿只口罩、数千万套防护服、数百万支病毒检测试剂。危难之际，我们调动资源的力量和化解危机的效率，体现了坚持全国一盘棋，统一指挥、统一行动，举全国之力，集优质资源发挥强大合力作用具有非常重要的意义，也进一步彰显了以公有制为主体的经济制度所具有的优越性。

疫情影响下的世界经济陷入持续性衰退，与此相伴随的则是日益恶化的就业形势。据2021年10月国际货币基金组织（IMF）发布的《全球经济展望报告》，2020年世界经济同比深度下滑3.1%。其中发达经济体下滑4.5%，新兴市场和发展中经济体下滑2.1%。新冠疫情已经造成世界范围内大量人口死亡和患病，深刻改变了世界经济的运行方式，各国人民的经济活动和收入增长可能因此受到长期抑制，导致数百万人陷入贫困。美国经历了经济发展的"至暗时刻"，2020年一季度美股一度暴跌超37%，遭遇4次熔断，失业率升至14.7%，创1948年该数据发布以来最高水平。尽管后来情况有所好转，但直到2021年2月，美国的失业率仍然高达6.3%；而日本经济更是雪上加霜，在疫情和奥运会延期举办的双重打击下，消费者消费意愿创30年来新低。经济形势的总体下滑带来的高失业率无疑需要政府强有力的干预，而新自由主义所倡导的市场自由配置在扭转劳动力供求关系方面的作用将会非常有限，由此带来的社会不稳定以及经济复苏乏力也将持续下去。

面对疫情给世界经济发展带来的不确定性，2020年，中国没有确定全年经济增速具体目标。时任国务院总理李克强在十三届全国人大三次会议闭幕后表示，"保居民就业、基本民生、市场主体等'六保'的目标任务，这和GDP经济增长有直接的关系"，"实现了'六保'的任务，特别是前'三保'，我们就会实现今年中国经济正增长，而且要力争有一定的幅度，推动中国经济稳定前行"。作为"六保"中的"首保"，保居民就业关乎国计民生，更关乎千家万户。就业决定收入，收入决定消费，消费作为经济增长最重要、最基础的力量能带动投资、扩大进出口量，可谓一子落而满盘活。因此，习近平总书记强调，要把"全面强化稳就业举措"作为统筹推进疫情防控和经济社会发展工作的重要任务。通过"紧盯需求，着力帮扶重点群体；政策发力，援企稳岗促进就业；多措并举，支持多渠道灵活就业"等方式协同发力，我国就业形势总体稳定。国家统计局网站2021年2月28日发布了我国2020年国民经济和社会发展统计公报，公报显示，2020年全年城镇新增就业1186万人，比上年少增166万人。2020年末全国城镇调查失业率为5.2%，城镇登记失业率为4.2%。这里，我们看到了央企、国企等所发挥的表率作用：国有企业连续2年扩大招聘毕业生规模，2020年"三支一扶"项目招募了3万多名毕业生到基层从事支教、支农、支医等服务工作，各地拟招收40多万毕业生补充中小学和幼儿园教师队伍，升学、征兵规模都进一步扩大，硕士研究生扩招18.9万人，普通专升本扩招32.2万人。这些关乎民生的就业问题得以缓解，离不开政府以人民为中心的价值立场，以及对市场失灵时的及时干预，这能够成为新自由主义国家履行社会治理职能时的重要借鉴。

最后，新自由主义思潮虽然表面上推行个人主义的价值立场，但其绝不可能真正实现实质性的个人自由,这是对新自由主义价值观层面的反思。从话语体系的角度来看,"自由"始终置于新自由主义社会思潮价值序列的首位。这不仅体现为奥地利学派在经济领域对自由市场的绝对推崇,而且体现为利己主义价值观影响下的日常生活之中。

在价值取向和行为方式上标榜自由的部分西方新自由主义者,在疫情暴发初期,对新冠病毒的危害置若罔闻,对专家的居家隔离建议表现出了过激反应和强烈抗拒。无论是轻视疫情并像往常一样正常工作、娱乐,还是游行抗议反对戴口罩,他们沉迷于语言上的"绝对的自由",却忘却了与此相伴而生的、社会协作层面上的"自由的代价"。德国哲学家黑格尔曾经指出:"当我们听说,自由就是指可以为所欲为,我们只能把这种看法认为完全缺乏思想教养,它对于什么是绝对自由的意志、法、伦理等等,毫无所知。"[1]当新冠疫情持续升温,相当一部分人为此付出了沉重的生命代价。当新冠病毒切实威胁到自身生存和社会稳定时,新自由主义者才不得不去反思自由的限度——或许要想在自由社会中维护人们最基本的价值观,首先就需要认识到自由社会的这种脆弱性。

所有的制度都内嵌着价值观,都有着对"自由"的各自解释和实践。不同制度下的国家治理效能对疫情的抗击程度有别,不同价值观影响下的民众对疫情传播的影响也不尽相同。马克思认为:"只有在共同体中,个人才能获得全面发展其才能的手段,也就是说,只有在共同体中才可能有个人自由。"[2]面对新冠疫情,西方国家坚持的是"价值观挂帅",抗疫决策时在资本利益和人民利益之间进行了隐性的价值排序。国家和政府并未把民众的生命权和健康权放在第一位,反而优先考虑资本市场的反应,从而把民众推向感染和死亡的边缘。这种以政治或行政的方式在宏观领域履行各种职能的结果,是社会成员在微观生存领域以个性化的生活方式与病

---

[1] [德]黑格尔:《法哲学原理》,范扬、张企泰译,商务印书馆,1979,第27页。
[2] 《马克思恩格斯选集》第1卷,人民出版社,2012,第199页。

毒共处，以及感染人数和死亡病例的迅速飙升。

与之形成鲜明对比的是，我国始终坚持集体主义的基本价值立场，秉持人类命运共同体理念，全国各族人民在党的领导下齐心协力、守望相助、携手应对疫情。在抗击新冠疫情的过程中，社会主义核心价值观成为凝聚社会共识、全国统一部署的重要思想力量——"我是党员，我先上""随时听候调遣，服从组织安排""不计报酬，无论生死"……这些精神凝结了各个阶层的抗疫力量。我们看到，经过改革开放40多年来"解放思想、实事求是"的熏陶，中国民众高度尊重专家的科学建议，积极配合政府的抗疫决策，主动在家采取隔离措施，自觉戴上口罩出入必要的公共场所。这些看似独立的个体行为，以社会联动的方式发挥了整体功能的效应，有效地阻断了病毒的人际传播。所以，在较短的时期内，中国实现了对疫情全面、有效的控制，社会经济生活秩序迅速恢复，在2020年第二个季度扭转了经济下滑趋势，实现了2020年度经济正增长的奇迹。

在注重整体社会利益和个人价值相统一的中国特色社会主义社会中，人们在疫情防控常态化的形势下已经能够顺利地复产、复工、复学，在牢牢确保生存权的同时不断扩大发展权的相关内容。这是一种真正意义上的、不断发展的"自由"。这种自由的获得是以个人价值与集体价值的内在契合为前提的，个人生命安全的基本价值以集体协作的方式得到最大程度地维护。新冠疫情下中国人民协同一致的应对方式，非但没有在生存权的层面上有悖于个人自由，而且在社会共同体的层面上为长远的自由发展提供了坚实的基础。

综上所述，作为经济思潮的新自由主义，它是在继承和批判古典自由主义基础上产生的、主张扩大市场权力的思想理论，在此过程中它要求国家干预要以服务市场需求和资本扩张为标准；作为政策主张的新自由主义，它以华盛顿共识为典型表现形式，推广国际自由贸易以扩大世界市场，攫取全球范围内的垄断利润，同时，它在国家内部反对凯恩斯主义福利国家对市场的分配干涉，强化市场是资源配置的最优选择；作为意识形态的新自由主义，它为资本主义国家经济职能的合法化提供法律依据，服务于资产阶级专政和巩固资本主义私有制的经济目的。在国际垄断资本主义的背景下，新自由主义成为发达国家主导经济全球化的价值观武器和意识形态工具。从新自由主义发展的历史进程和未来趋势上看，正如美国俄勒冈大学社会学教授J.B.福斯特所言，新自由主义是与垄断金融资本崛起相关联的统治阶级政治意识形态一体化过程。它在倡导全球资本主义化的过程中，不断推行超级大国主导的全球政治、经济和文化一体化，并不断巩固国际垄断资本及其政党在国际政治经济秩序中的领导地位。

应对新自由主义思潮在全球政治经济秩序中的深远影响，我们既要看到新冠疫情中以私有制为基础的资本主义生产方式的弊端，也要警惕政府在被市场主导后社会治理和服务职能的失效，从而坚定不移地支持和巩固公有制为主体的社会主义市场经济，以社会主义核心价值观凝聚社会全员共识，继续发挥中国特色社会主义国家的制度优势，从"加大宏观政策调节力度"等方面统筹推进疫情防控和经济社会发展工作①。

面对新自由主义的衰退，我国为"逆全球化"开出了"一带一路"的良方。它是为全方位、多层次的国际经济合作搭建的一个崭新平台，是参与全球治理体系变革的中国行动，它的出发点和落脚点是所有参与国家的共同繁荣。在当前世界经济形势下，"一带一路"建设对于经济全球化的重大意义在于，它"有利于推动经济全球化向包容普惠方向发展"。美国经济学家帕拉格·康纳在《超级版图》一书中认为：未来40年人类对基础设施的投资金额将超过过去4000年，发展中国家受制于基础设施短板，发达国家受制于基础设施老化。"一带一路"建设着力推动陆、海、天、网四位一体联通，聚焦关键通道、关键城市、关键项目，联结陆上公路、铁路道路网络和海上港口网络，正在治疗新自由主义全球化顽疾，引导"热钱"流向实体经济，消除全球金融危机之源，让全球化惠及更广泛的民

---

① 参见《习近平谈治国理政》第4卷，外文出版社，2022，第93—97页。

众。据专家估算，过去以关税减让为特征的经济全球化方式，最多能推动世界经济增长5%，而今以互联互通为动力的新型经济全球化，能够推动世界经济增长10%—15%。"一带一路"将给全球化提供更强劲的动力，并推动传统的全球化朝更加开放、包容、普惠、平衡和共赢的方向发展，有效地应对保护主义、民粹主义、逆全球化。

"一带一路"的理念、内容和实现途径所拥有的全球性意义，使之远远超出区域合作的范畴，并成为塑造经济全球化新动力和构建人类命运共同体的重要抓手——共同构建公正高效的全球金融治理格局，维护世界经济稳定大局；共同构建开放透明的全球贸易和投资治理格局，巩固多边贸易体制，释放全球经贸投资合作潜力；共同构建绿色低碳的全球能源治理格局，推动全球绿色发展合作；共同构建包容联动的全球发展治理格局，以落实联合国2030年可持续发展议程为目标，共同增进全人类福祉。这是为当今世界面临的全球治理困境贡献的中国智慧和中国方案。

第三章 普世价值思潮新动向及应对策略

伴随着经济全球化、政治多极化、文化多样化、社会信息化的持续推进，面对"百年未有之大变局"的中国正处于现代化发展和社会转型的重要战略机遇期。日益繁荣和开放的中国既逐渐接近民族复兴的伟大目标，也在对外开放和文化交流过程中被迫接纳了形形色色的西方社会思潮。"普世价值"就是其中扎根时间较长，对人们影响较深，渗透范围较广，意图消解社会主义意识形态的一种典型西方霸权主义政治社会思潮。当我们从哲学理论、政治目的、社会现实等多角度揭开"普世价值"的面纱时，不难发现，关于普世价值思潮的争论不仅仅是学术问题，更是意识形态领域的斗争问题。"普世价值"常常披着所谓人权、民主、自由的外衣，在全世界推崇和宣扬资本主义价值观，为以美国为首的资本主义国家推行经济霸权和政治霸权铺平道路。

自从新冠疫情暴发以来，滋生于资本主义历史文化土壤的"普世价值"便失去了其自我标榜的"普适性"，不仅无法团结各国力量共同抗击疫情，更是引发了严重的社会危机，将美国推向西方文明的悬崖。"普世价值"失灵的现实已经证明，其本质是资本主义国家为巩固世界霸主地位而精心编织的骗局。美国企图借用国家力量打压文化多元化的目的已被证实破产。只有从全体人类的利益观照和价值追寻出发，兼顾不同价值主体，包容世界多元文化，构建全人类共同价值，才能解决复杂多变的价值冲突，破解由"普世价值"所制造的价值困境。

第一节　"普世价值"及其渗透路径

"普世价值"作为西方学界长期鼓吹的价值观念，主要是指适用于任何宗教、社会、民族和国家等一切人类文明背景，符合全人类良知和理性的基本价值共识，主要包括和平、正义、平等、自由、民主、人权等内容。因此，"普世价值"也常常被称为"普适价值"或"普世伦理"。从字面意义上看，"普世价值"意指此类价值观能够在各个国家和民族、各个社会领域和群体中得到普遍接受与认同。目前，学术界尚未形成对"普世价值"定义的共识。由此，对于"普世价值"的完整认识需要通过多个方面进行理解：一是从时间维度看，部分人认为，"普世价值"应是贯穿整个人类文明的永恒价值，能够持续满足任何时期人的生存发展需要；二是从空间维度看，"普世价值"具有超地域性，可以体现人类社会所有国家和民族的价值追寻；三是在哲学意义上，"普世价值"是指具有普遍必然性，囊括价值主体所有内在需求，联系价值主客体关系的理想价值观念。自从"普世价值"被西方社会提出以来，尤其是于1946年得到联合国大会承认后，其影响范围不断扩大，甚至成为具有全球性、权威性、底线性特征的共同价值原则。

（1）"普世价值"的历史观照与现实情境

事实上，对于何为"普世价值"的回答主要包括以下三个层面：第一，在大众生活话语体系中，"普世价值"是指人对真、善、美等美好事物的普遍价值追寻和共同遵守的基本规范。例如，人们普遍承认平等、正义、和平等价值目标对于全人类来说是必需的、美好的、有益的。同时，此类价值目标也成为人们判断是非、曲直、善恶的前提和标准。第二，在学术研究层面，"普世价值"是人们在面对全球问题时所采用的共同价值取向和价值准则。在学术研究及探讨过程中，"普世价值"作为学界求同存异、相互协商、共同交流的思想基础，在合作探索诸如环境恶化、资源短缺、恐怖袭击、核威胁、道德滑坡以及金融风险等现代性问题的解决方案上具有不可忽视的重要作用。只有在全球范围构建一套学术界普遍承认的共同价值规范，人们才能打破文明冲突的困境，完成现代社会发展附加于人类的挑战。第三，在政治或意识形态层面，"普世价值"成为西方资本主义国家本着满足资本扩张需要，实现利益最大化的目的，对其他国家和民族进行侵略和剥削的幌子和借口。被赋予了政治色彩后的"普世价值"，对不同于西方资本主义的社会制度和意识形态进行追击和抹黑，并竭力丑化其他国家和民族的人权、平等、自由、民主等价值观，试图用西方文化与社会制度统治其他文明。

如今，"普世价值"在政治和意识形态层面的功能被不断放大，已经可以被视为一种源于近代西方社会，极具扩张性和侵略性的社会思潮，其试图与任何领域都建立一种彼此融合的联系，借此来规范和评判全人类的行为方式。

最初，"普世价值"概念降生于宗教神学领域，以信仰的形式呈现，与基督教的产生和传播具有密切关联。在中世纪，基督教为了协调内部流派的分歧和矛盾，更好地推崇教义，试图寻找一个不可推翻的宗教术语以平衡各流派争议，宣传基督的"福音"。而这一"普天之下"都能适用的"术语"在《圣经》中被誉为"神定秩序"，也就是上帝所设定的处世原则。例如，孩子必须服从父母，妻子从属于丈夫，任何违背"神定秩序"的人都将受到处罚。基督教将所谓上帝制定的"神定秩序"视为解救全人类而应当遵守的共同价值信条，并竭力推行基督教普世化运动，力图建立一个超时代、超民族、超国家的普世实体，即教会。值得注意的是，"一切宗教都不过是支配着人们日常生活的外部力量在人们头脑中的幻想的反映"[①]，从宗教神学中演化而来的"普世价值"注定缺乏真理和科学的支

---

① 《马克思恩格斯文集》第9卷，人民出版社，2009，第333页。

撑。历史证明，宗教领域的"神定秩序"充其量只不过是基督教思想的自救闹剧，虽然被基督教徒笃信和践行，为西方奠定"普遍主义"思想基础，却并没能真正反映出"普世价值"的本质。在20世纪末期，瑞士神学家、伦理学家孔汉思在世界宗教会议上提出了"全球伦理"概念，将"普世价值"的雏形从宗教领域引入伦理范畴。在孔汉思看来，"全球伦理"并非是用某一种单一的、固定的宗教取代现存宗教，也不是指创造一种统领全球的新意识形态，而是"人性的基本生活准则"，即"伦理的最低值"[①]。孔汉思的论述明确了"普世价值"与基督教义的区别，并将"普世价值"抽象为适用于多样性社会的共同道德准则和伦理精神，开创了"全球伦理"演化为"普世价值"的先河。

起先，人们对"普世价值"的思考只限于学术范围之内，包括哲学、心理学、政治学、法学等。然而，随着资本难以满足的扩张需要，社会生产力和生产方式的进步成为"普世价值"延伸到经济、政治、文化等各个领域的真正推手，其在政治意识形态方面的色彩也被不断增强，逐渐成为西方国家兜售资本主义意识形态的工具。从学术领域的"普世价值"到普世价值社会思潮，这一变化正揭露了以美国为首的资本主义国家对外扩张的历史进程和企图将一切拖入资本主义链条之中的野心。所以，普世价值论是对西方国家主导的从经济全球化到政治全球化的映射。资本逐利性使得发达程度较高的资本主义国家意图以推行"普世价值"的名义剥削其他国家和地区，"合理"垄断世界范围内的市场，用资本主义思想意识统一人们的价值观念和操控人们的生活方式。

目前，国内众多学者指出了西方鼓吹"普世价值"背后的陷阱和政治意图，从哲学、历史、政治等角度批驳了"普世价值"的"普适性"。从哲学角度看，"普世价值"割裂了事物的共性和个性、普遍性和特殊性，

---

① [瑞士]孔汉思：《世界伦理手册》，邓建华、廖恒译，生活·读书·新知三联书店，2012，第12页。

违背了马克思主义辩证法思想。周新城从哲学上的共性和个性出发，指出"价值观念从来都是具体的，抽象的共同的价值在现实生活中不可能独立存在"[1]。甄言也认为："没有只具有普遍性而无特殊性的绝对概念。""普世价值只是一种有限度的价值统一，绝对的普世价值在事实上是不存在的。"[2]从历史角度看，学者们普遍承认，在人类历史文明的发展进程中，确实存在着全人类共通的思想文化和精神文明，但是，"普世价值"是从西方资产阶级的土壤中发生、发展和成形的，仍局限于资产阶级价值观。李崇富在《关于"普世价值"的追问和思考》中追溯了"普世价值"产生的历史根源，主张"普世价值"源于宗教的"普世主义"幻想。另外，他还揭示了，在苏东剧变前后，"普世价值"思想如何被西方资产阶级战略家所利用的真相[3]。卫兴华从西方国家的历史实践出发，指出一些西方国家用"普世价值"掩盖其侵略、掠夺的行为[4]。从政治角度看，"普世价值"带有鲜明意识形态特征，是西方资本主义国家"演变"非西方价值观国家的政治工具。梁孝主张，"普世价值"的实质是美国在全球争夺文化领导权、话语权、削弱和控制目标国家的意识形态武器[5]。侯惠勤则从国家的前途命运出发，批判"普世价值"对中国特色社会主义建设的否定和妨碍[6]。

普世价值思潮将西方资产阶级所宣称的"自由、民主、平等、人权"等价值观鼓吹为全人类都应信奉的永恒"普世价值"，用抽象的人性论掩盖其单一的思想本质，主张全世界都应遵照"普世价值"行事，任何与

---

[1] 周新城：《论"普世价值"是否存在及"普世价值"鼓吹者们的政治目的》，《政治学研究》2008年第5期。

[2] 甄言：《关于"普世价值"的几个认识问题》，《北京日报》2008年6月16日。

[3] 参见李崇富：《关于"普世价值"的追问和思考》，《重庆邮电大学学报（社会科学版）》2011年第4期。

[4] 参见卫兴华：《掀开西方"普世价值"的面纱》，《人民日报》2015年11月30日。

[5] 参见梁孝：《抽象人性论、"普世价值"和美国的文化战》，《马克思主义研究》2009年第7期。

[6] 参见侯惠勤：《我们为什么必须批判抵制"普世价值观"》，《马克思主义研究》2009年第3期。

"普世价值"相悖,有损于资本获利的价值理念都因不具备"普适性"而需要被"普世价值"取代。可以说,"普世价值"是掩盖资本主义国家推行文化霸权和政治霸权的面纱和外衣,"普世价值"所推崇和宣扬的是资本主义价值观。正如亨廷顿在《文明的冲突与世界秩序的重建》中犀利地将"普世文明"归因于西方文化的独特产物。"普世文明的概念有助于为西方对其他社会的文化统治和那些社会模仿西方的实践和体制的需要作辩护。普世主义是西方对付非西方社会的意识形态。"[①]"普世价值"把原本仅仅归属于西方的价值观,借以现代化的时代背景和客观中立立场的表象,对其他国家和地区进行"西方中心主义"意识形态渗透。

(2) 美国的文化价值观渗透和霸权主义扩张

众所周知,当某个国家或地区将其文化所蕴含的价值观视为"普世价值",便积蓄了文化优越感和异己的扩张力量。这些国家或地区自诩为崇高道德标准、先进价值追求、人道主义代表,鼓吹西方价值观是人类文明的灯塔和标杆,要求其他国家学习西方主流意识形态,践行"普世价值"。这样的国家往往会强行在全球范围推行自我标榜的政治模式、实践经验、文化传统以及价值观念,甚至不惜用武力干涉其他国家的发展。美国就是此类国家的典型,也是"普世价值"的坚定卫道士。

实际上,在经济全球化的引领下,面对世界文化和价值多元的时代背景,不同人类文明的思想观念和文化传统,愈发难以被另一种文化背景的人所理解。丰富多彩、复杂多变的人类文明也导致了文化隔阂和冲突。人们确实需要一种有限的思想共识来帮助不同民族和国家的人们相互沟通,共同探讨全体人类面临的和平、生态、教育和发展等问题。但是,以美国为代表的资本主义国家却总是试图用"普世价值"这一思想规范统领其他文明。

---

① [美]塞缪尔·亨廷顿:《文明的冲突与世界秩序的重建》,周琪、刘绯等译,新华出版社,2010,第45页。

美国的决策者们认为，仅凭经济、军事和科技的优势并不能解决对外扩张的正当性或合法性问题，只有让其政治意识形态通过文化途径为人们普遍接受，特别是内化为价值观念和行为准则，才可能切实维护和巩固西方的霸权地位。因此，自二战以来，美国等西方国家日益重视文化软实力的发挥，重视文化价值观的渗透和扩张，把文化作为一种维护其国家利益的特殊工具。美国等西方国家有目的、有计划地让文化为其对外战略目标服务，试图通过对外文化渗透和扩张，在全世界推行美国等西方国家的所谓"普世价值"，从而为称霸全球扫清意识形态方面的障碍。美国一向重视文化价值观"走出去"，对外进行文化价值观渗透、拓展和扩张文化软实力的方式很多，撮其要者，主要包括如下几个方面：

一是塑造"美国梦"试图影响和引导世界发展趋势。所谓"美国梦"，是指在"民主、自由"的美国，只要通过自己不懈努力，而不必借助特定的社会背景，个人便能够获得成功。"美国梦"不仅强调物质财富在衡量成功或成就感方面扮演的角色，而且一直暗含"美国例外"的意味：获得这样成功的机会只在美国才有，在世界上其他国家是找不到的。其实，当年"美国梦"的实现是有其特定条件和背景的。从美国独立直至19世纪末期，在北美新大陆广袤的土地上，除了少量的印第安人，没有什么人居住，任何具有冒险精神的人都可以占据，并进行投资和开垦。进入第二次工业革命时期，北美大地拥有丰富的自然资源的优势得以显现，通过先进的工业技术进行加工和生产，极大地促进了经济、社会发展。这一切都加剧了社会流动，使得美国呈现出一派繁荣景象。而美国政客们宣扬的"美国梦"无视这一切，将之归结为美国政治、经济、社会和文化的特殊性，认为只要美国人努力，都有机会通过自我奋斗发财致富，实现梦想。

美国的政客、思想家们还将"美国梦"包装成"美国神话"。在个人层面，"美国梦"是指通过个人奋斗获得成功，实现自己的梦想；在国家层面则是指"民主、平等、自由"的政治理想。后来，美国大众文化（尤其是好莱坞）将其进一步演绎为具体的美国生活方式——受过高等教育、拥有较高的社会地位、拥有幸福的家庭（可爱的孩子、两部汽车、独立住宅）等，将之打造成一种与成功、幸福关联在一起的神话和梦幻。"美国梦"是美国大众文化的重要内容，是美国价值观的具体体现。美国的文化霸权战略往往借助大众文化的传播和扩张，以"美国梦"彰显美国生活方式的"优越性"，其实质则是宣扬美国的文化价值观。

二是打造、传播具有世界影响力的美国大众文化。美国大众文化作为美国文化的主力军，是美国进入消费社会之后高新科技和大众传媒相结合造就的文化产物，也是服务于美国全球战略举足轻重的一枚棋子。美国大众文化在长期发展过程中已经逐渐形成了自己的特征：其一，美国大众文化以庞大的消费群体的需求和欲望为基础，是一种商业化的文化形态。在市场经济中，大众文化与商业紧密挂钩，对商业利润无止境地追求成为美国大众文化发展的推动力。其二，美国大众文化的内容与人们的日常生活息息相关，是一种通俗文化。大众文化的通俗性容易走向庸俗化，在一定程度上会造成人们文化水平的降低和审美能力的倒退。其三，美国大众文化大多以娱乐为目的，具有游戏、娱乐方面的价值，可以使人们得到物质上的"享受"或精神上的"消遣"。由于美国大众文化的强势和无孔不入，包括中国在内的发展中国家的书刊、影视、音像制品、电子游戏产品等大量依赖进口，大众文化存在严重的"入超"和"文化赤字"现象。美国大众文化已经成为美国霸权的有机组成部分，成为美国外交中的一种"低投入、高收益"的软资源，正在诱使其他民族、国家和地区的人民"缴械投降"，不知不觉地接受它、认同它、传播它。

三是力图把美国的消费主义生活方式扩展到全球。一战之后，美国人形成了贪婪地追求物质享受的消费主义生活方式，建构了一个穷奢极欲的"消费社会"。特别是随着信贷消费的出现，超前消费成为美国人生活方式的普遍特征。与之相配合，"美国梦"的内涵也随之不断演变，更多地强调美国的物质生活方式及其优越性，并将这种优越性归功于美国以个人主义为核心的价值观：优越、舒适的美国生活方式源自个人的奋斗和成功，美国为这种个人成功提供了优越的制度保障，而这种制度保障的根基则是美国尊重个人主义的价值观。美国流行物质主义、消费主义价值观，并诱导其他国家和地区跟随，这样做的直接后果是可能引发全球性的生态危机、能源危机和粮食危机。

四是通过对外文化交流和援助项目进行思想渗透，拓展美国文化价值观的影响。二战之后，凭借超强的经济、政治和军事实力，以及先进的科技手段和现代传播工具，美国文化价值观在世界上产生了巨大的影响，俨然成为"世界主流文化"，并处心积虑地在全世界进行推广、渗透。例如，美国开展"和平志愿者项目"等对外文化援助活动，把美国的传教士、教师、医生等派遣到国外（特别是发展中国家）从事志愿工作，这部分人自觉或不自觉地传播着美国的文化价值观。通过富布赖特项目等国际文化、教育交流项目，资助美国学生、专家、学者等出国交流，或者资助邀请世界各国的专家、学者等到美国进行学习、访问，从事科研活动和文化交流。美国的相关机构还筹措经费，向海外赠送图书、杂志、幻灯片、录像带和艺术作品等，有针对性地传播美国的思想观念、大众文化。这些活动成为美国文化传播的重要途径，在一定程度上改善了美国形象，使美国的生活方式和价值观念得到广泛宣传、普遍认同。

五是打造覆盖全球的信息传播体系，控制国际舆论，实施文化扩张计划。通过占支配地位的经济实力、技术手段和传播网络，目前美国文化已占据了全球文化输出的高地。美国的文化产品，尤其是好莱坞电影、CNN（美国有线电视新闻网）等的肥皂剧及娱乐节目、"自由"的无线广播，以及数量庞大的报刊，在世界各地形成了媒介霸权，强烈地冲击着其他国家社会大众的思想观念。至于在互联网等新媒体领域，美国的优势就更加明显了。在互联网的信息流量中，超过三分之二来自美国。由于其他国家和地区的传播媒体不够发达，往往没有能力派记者到全球进行新闻调查和采访，更没有能力通过电视、网络等工具对事件发生的全过程进行现场直播，许多国家和地区不得不通过美国等西方传媒了解国外发生的事情。众所周知，这些西方传媒并不客观、并不公正、并不中立，他们不遗余力地传播着西方的意识形态和价值观念，也在不遗余力地维护着自己国家的核心利益。

六是人为地制造一系列新的理论与概念，为实现自己的全球战略利益服务。从"有限主权论"到"人道主义干预"，以美国为首的西方国家通过文化的阐释，为自己的各种霸权行为提供理论依据和合法性支撑，将自己置于道义和法理的"制高点"。比如说，西方蛮横地插手科索沃事件，对主权国家南联盟进行军事打击，本是为了实现自己的战略利益，却高举"人道主义干涉"的大旗，扮演"世界道德警察"的角色。假如没有这一套歪理作掩护，西方国家的政治号召力和行为合法性就难免会大打折扣。再比如说，以美国为首的西方国家特别善于编造理论和概念，操纵话语权。他们制造了"恐怖分子""流氓国家""失败国家"等具有贬义的新概念，给与之相对立的国家"贴标签"，再发动宣传攻势混淆视听。例如，"9·11"事件之后，美国政府大量使用"恐怖分子"定义自己的敌人，使得美国立场的"敌友区分"在全世界广泛流行。2001年，阿富汗战争打响之后，布什政府给朝鲜、伊朗、伊拉克贴上"邪恶轴心"的标签，并直接将这三个主权国家归类为"流氓国家"。这一说法经过西方传媒的炒作，广为流传，既有助于美英等国孤立伊朗、朝鲜等国，赢得其他国家的支持，也有助于其对所谓的"流氓国家"采取经济制裁和军事行动。

为了配合打击恐怖主义，实施新干预主义战略，以美国为首的西方国家甚至炮制出所谓的"失败国家"。从2005年开始，美国国际政治刊物《外交政策》联手和平基金会推出"全球失败国家排行榜"，对一些极不发达国家和发展中国家进行羞辱、打压。实际上，这些"失败国家"中有不少是因为西方长期制裁、干预，甚至直接发动战争才变得政局混乱、民不聊生的。可是，以美国为首的西方国家的政治宣传却惯于翻手为云，覆手为雨：伊拉克和阿富汗的"失败"佐证了美国对其发动战争的必要性；而巴基斯坦的"失败"则是美国支持巴基斯坦反恐的"动因"；至于苏丹的

"失败",更是给了美国制裁苏丹的借口。可见,美国等西方国家炮制的"流氓国家"和"失败国家"之类概念,以及相关的各种歪理邪说,是为其以"人道主义干涉"为名,行干涉他国内政之实寻找合理性、合法性,制造舆论。

当然,美国类似的方法和手段还有许多,有些隐蔽的还有待公开和挖掘,而且这些方法、手段一直在不断地翻新花样,可谓层出不穷、防不胜防。上述各种方法和手段并不是孤立的,在实践中它们常常相互交织、综合运用。美国文化价值观的全球扩张,以及对世界其他国家和地区的文化干预,不单纯是一种经济或文化行为,而是一种意识形态战略。这实际上是在新的历史条件下,美国对其他国家和地区意识形态进行渗透、控制的新形式。美国通过文化渗透和文化侵略进行文化扩张,旨在维持一个根植于美国生活方式的世界自由市场,建立一种以美国利益和霸权为主导的,所谓"国际秩序"。

第二节 近来"普世价值"的新动向

"'普世价值'在历史上没有,现在也没有,将来更不会有……提出'普世价值'的人实际上是在设置一个诱导人们走资本主义道路的'陷阱'。"[①]关于"普世价值"之争的意识形态渗透和反渗透博弈一直都是学术界讨论的焦点之一。"普世价值"自2008年涌入我国以来,在社会群体间广泛传播,引起强烈反响,深刻影响了人们的思想观念、价值判断和行为选择。在汶川大地震和北京奥运会这类重大事件背景下,"普世价值"的扩张本质自然试图成为引领人们思想情感、价值判断的唯一标准,并在我国社会思想领域掀起了一场激烈争论和交锋。有人认为,如果质疑"普

---

① 周新城:《改革没有"普世价值"》,《党建》2014年第5期。

世价值"的合理性就是陷入了怀疑人类是否有共同价值追求的价值虚无主义；也有人反驳，践行"普世价值"是对马克思主义的否定，会导致"全盘西化"的局面，因此必须抵制"普世价值"。

随着全球化的深入推进以及数字信息时代的到来，全球范围内的各个国家、民族、地区的社会主体逐渐形成了一个相互依存、命运与共的关系网络。中国的发展对于解决全球性问题，带动全球经济进步，推动世界和平稳定具有至关重要的作用。换言之，世界的发展需要中国力量。当今世界形势波谲云诡、剧烈变化。习近平总书记在党的二十大报告中指出："当前，世界之变、时代之变、历史之变正以前所未有的方式展开。"一方面，国际社会的各种势力面临大变革、大调整、大洗牌，各类矛盾日益加剧，全人类共同面临的问题和危机不断凸显。西方国家主导的"普世价值"正逐渐衰落和丧失其功能。"普世价值"已经无法引导和促进国际化的交流与合作，更难以解决现存的复杂多变的全球性社会问题。另外，中国的经济和社会发生了翻天覆地的变化，国际地位和国际影响力迅速提升；中华民族实现了从站起来、富起来到强起来的伟大飞跃，逐渐走向世界舞台的中央。中国道路、中国制度、中国文化等中国要素正在成为全球热议的话题。

在当前经济全球化、世界多极化、文化多样化、社会信息化纵深发展的新历史背景下，"西方中心主义"的国际格局被打破，其奉为圭臬的"普世价值"难以阻挡构建新国际秩序的时代潮流。各个国家间的联系日益紧密，国际力量趋向平衡，总体和平趋势不可逆转。以中国为例的发展中国家在提升国际竞争力、影响力、塑造力方面进步显著。中国特色社会主义的先进理论、可行道路、优越制度和包容文化正在中国特色社会主义建设的成功实践中凸显出蓬勃生机和活力。例如，通过对比新冠疫情暴发以来的世界各国应对举措，中国智慧为人类更好地应对生存挑战、非传统安全威胁等问题提供了全新选择。中国智慧蕴含的社会主义核心价值观是在马克思主义理论指导下，结合中华优秀传统文化，以及民族精神、时代精神精髓的思想结晶，为新时代中国实现伟大民族复兴、构建现代文明秩序、赢得世界尊重提供强大精神动力和思想道德基础。伴随着中国在世界格局中的影响地位逐年提升，中国采取何种价值观念来看待世界、应对问题、处理关系将不仅仅是国人关注的焦点，也必将成为影响未来世界格局和人类前途命运的重要议题和历史责任。

（1）新冠疫情暴发宣告美式人权外交破产

所谓"人权外交"，是指以美国为首的西方国家基于自己的政治目的和对外扩张需要，奉行以"人权"作为建立、维护和发展国际关系为基本准则的外交政策。冷战结束后，以美国为首的西方国家将人权包装成"普世价值"，认为人权外交的目的在于推动国际人权的普遍实现。以此为基础，以美国为首的西方国家在世界上奉行"价值观外交"，进行"价值观结盟"，妄图孤立与其意识形态、文化价值观不同的国家和地区，以实现自己不可告人的政治目的。

在历史上，明确提出人权外交、公开向全世界宣布人权是美国对外政策核心原则的是20世纪70年代后期的卡特政府。1977年，卡特在总统就职演说中宣称，美国外交政策的基本思想是"捍卫人权"。卡特表示，要把"基本人权"作为美国外交政策的灵魂，作为美国同其他国家、地区保持何种关系的重要的考量因素。

卡特政府提出人权外交绝不是偶然的，也不是什么"良心发现"和"突发善心"，而是有其产生的特殊历史、社会和政治背景，甚至可以说，有其不可告人的用心和目的。20世纪70年代后期，美国的情形可谓内外交困，与二战之后的"风光"形成了鲜明的反差。在国内，"水门事件"、持续的经济衰退、能源危机等，导致统治集团内部矛盾重重，冲突频频，陷入了深深的政治信任危机，广大民众更是对政府失望透顶，普遍感到不满，抗议不断。在国外，侵越战争失败了，对其他地区的干涉政策也连遭挫折，美国的国际形象一落千丈；美苏两霸相争的态势发生了转变，苏联利用美国出现的弱点和困难，发动了一系列攻势，形成了前所未有的"苏攻美守"态势。在这种复杂、困难的情况下，美国打出了一张冠冕堂皇的人权外交牌，试图利用人们对人权问题的普遍关注，争取国内各派政治力量的支持，同时力图获取国际社会的舆论关注和好评，以走出现实困境，改变美国糟糕的国际形象。美国还希望利用人权作为反对苏联的武器，在与苏联争霸世界的斗争中，用"道义力量"弥补军事力量的不足，在国际事务中重新争夺支配地位。

自此，人权位于美国外交政策的核心，成为美国对外战略的重要目标之一。美国将其社会政治制度标榜为人权的化身，把是否接受西方人权标准和模式作为处理国与国之间关系的基本原则，把对别国人权状况的判断作为是否与其维持正常关系的重要标准。人权外交是美国国家利益的重要组成部分，是美国向其他国家和地区推销美式意识形态、政治制度和文化价值观的手段。美国人权外交的花样层出不穷，撮其要者，主要包括如下几个方面：

一是炮制年度《国别人权报告》。为了实施人权外交，美国在20世纪70年代后期进行了一系列相关的法规和制度建设：制定了一批有关人权的法令，设立专门机构处理人权事务，并炮制年度《国别人权报告》作为具体推行人权外交的事实依据。第一份年度《国别人权报告》于1976年由即将离任的福特政府编写。从1978年开始，卡特政府开始强化《国别人权报告》的编写工作。到了里根时期，美国政府把人权内容减为两类，即人的完整不受侵犯的权利，以及享有公民和政治自由的权利，这种理解一直延续至今。《国别人权报告》从制度上确立了人权的政策工具地位，凡是不符合美国价值观和人权标准的国家，都被贴上"侵犯人权"的标签；至于美国及其西方盟友存在的大量人权问题，则好像从来就不存在一样，美国也闭口不谈。美国《国别人权报告》不仅影响到被美国评估的国家的对外政策，还影响着其他西方国家的人权政策。

二是在联合国人权委员会搞人权提案。在联合国人权理事会的年会上，美国带头并鼓动一些西方或亲西方国家提出谴责他国人权状况的提案。例如，从1990年人权理事会开始，美国纠集一些国家提出了10多次关于人权问题的反华提案。不过，每一次都遭到了失败。由于越来越难以左右局势，特朗普政府气急败坏，通过"仔细审视"联合国人权理事会以及美国在其中的角色，悍然"退出"了人权理事会！

三是利用宗教开展人权攻势。以所谓宗教自由，向其他国家和地区进行宗教渗透和扩张，对其他国家和地区的宗教政策进行指责和攻击。例如，美国污蔑中国镇压"法轮功"邪教组织，对未注册的教会进行控制，对少数民族进行政治和宗教压制，等等。美国还直接插手他国的宗教事务，粗暴干涉他国内政。例如，为了牵制中国，美国高层官员屡次会见达赖喇嘛，炮制关于"西藏问题"的报告，直接或间接地支持达赖喇嘛的恶劣行径。

四是将人权状况与经贸关系、经济援助等密切挂钩。美国常常将"最惠国待遇"之类的经贸政策与他国人权状况挂钩。"最惠国待遇"本是关贸总协定中非歧视原则的一项具体措施，并不是什么特别的优惠政策，但是，美国却以之为手段渲染所谓"人权问题"。在1990年至2000年间，美国每年就中国人权状况进行评估，对中国政府施加压力、进行威胁。在对外经济援助方面，美国只援助那些自己认定的推行"民主化"及"尊重人权"的国家和地区。一旦被美国断定为实行"民主化"不积极、"人权状况差"的国家，美国就威胁暂缓援助或者停止援助。

五是从政治和经济上支持其他国家的非政府组织和个人，从事以推翻现任政府为目的的非法活动。美国政府不惜每年投入巨额资金，专门资助他们认定为"极权国家"，或存在严重人权问题国家的所谓"民主人权组织""持不同政见者""民主斗士"，作为其搜集相应国家侵犯人权的"证据"、宣传西方社会价值观念、从事反政府活动的经费。

美国率先推行人权外交政策后，其他西方国家纷纷效仿、追随美国的步伐，将人权引入双边关系（包括经贸关系、文化关系等）或国际政治领域，他们往往以停止经济、军事援助相要挟，或用政治高压相威慑，对非西方世界施加压力和影响。为了推动所谓"国际人权事业"，以美国为首的西方国家还提出了所谓"人权高于主权"的谬论，践行"新干涉主义"。美国和其他一些西方国家以人权为借口，置他国主权于不顾，粗暴干预他国内部事务，甚至不惜代价一次又一次地直接发动战争，对他国直接进行武装干涉。朝鲜战争、越南战争、海湾战争、科索沃战争、阿富汗战争、伊拉克战争、叙利亚战争，每一次打着"人权"旗号，发动侵略战争的实质都是美国的单边主义行动[1]。通过各种现代传媒，刺耳的枪炮声每天都回响在人们的耳边，血腥的场景每天都在冲击人们的视线。这给不少国家的无辜平民带来了无尽的痛苦，也开创了以人权为名随意践踏他国主权的恶劣先例。

然而，在新冠疫情肆虐的特殊年份，人们对于"人权"的定义有了不同于"普世价值"角度的理解和感受。新冠疫情自在全球蔓延以来，严重冲击了人们的生存和生活方式，美国成了世界上确诊病例和死亡人数最多的国家。面对人类历史上最严重的全球公共卫生突发事件之一，部分美国政客抗疫消极、漠视民众生命，频繁散播非科学言论，将自身政治利益置于公众生命安全之上。危难时刻，此类美国政客却在攻击他国"人权"问题，积极插手、干预他国防疫措施，导致美国成了阻碍疫情防控全球合作的绊脚石。讽刺的是，在2020年12月10日"世界人权日"当天，美国新冠病毒感染确诊人数达到近1600万例，不幸因新冠病毒感染去世的人数达到近30万。新冠疫情加剧了美国自身严重人权问题的暴露，让人们认识到"普世价值"中的"人权"只是以美国为首的西方国家推行霸权政治而随意滥用的幌子。可以说，新冠疫情是一面揭穿美国"人权"谎言的照妖镜。美国政府忽视疫情预警，淡化疫情风险，怠于采取防范措施，实质是为了让资本"完美"避险，以公众的生命健康为资本的利益让路。

---

[1] 参见中国人权研究会：《美国对外侵略战争造成严重人道主义灾难》，《人民日报》2021年4月10日。

《2020年美国侵犯人权报告》揭穿了美国政府在抗疫问题中为政治私利,刻意淡化新冠疫情的严重性,官员们相互推诿,发布虚假信息欺骗民众等侵犯人权的行为。作为号称世界上医疗水平最先进、医疗资源最丰富的发达国家,大量美国民众因政府不作为而感染了新冠病毒。疫情经过了几个月的泛滥式扩散后,在2021年5月底时,美国约有3400多万人感染,死亡人数已超过60万。其中,美国的贫困人口面临更严重的病毒威胁,穷人社区无法得到及时合理救治,其感染率和死亡率远超富人社区。事实表明,美国鼓吹"人权是每个人与生俱来的权利"和"每个人生而平等"的"普世价值",却让其低收入国民以完全不平等的方式遭受病毒侵袭。

与美国消极抗疫形成鲜明对比的是,中国始终将人民生命安全和身体健康摆在第一位,主张"生命至上"才是在面对疫情的生死考验中最首要的人权。中国令世界钦羡的抗疫成果证实了中国人权观念的核心——"以人民为中心"才是真正有价值的。2020年10月13日,我国在第75届联合国大会上再次成功当选联合国人权理事会成员。国际社会不仅肯定了中国在人权领域的贡献,也日益重视中国在世界人权问题上的理性之声。一个社会里,保证公民合法平等享有基本政治自由、经济权利、社会权利等基本权利才是尊重人权的体现。2021年2月,习近平总书记在全国脱贫攻坚总结表彰大会上庄严宣布:"我国脱贫攻坚战取得全面胜利。"在美国,穷人是疫情的牺牲品,其基本生命安全根本无法得到保障。而在中国,国家和政府关怀、帮助弱势群体,关注全体人民的生命安全和幸福生活,完满诠释了尊重和保护人权的真正含义。

(2)金钱政治和族群分裂暴露美式民主的谎言

托克维尔曾说:"美国的民主是唯一能让人可以做出正确评判的民主。"[①]他认为,在美式民主制度下,民众可以真正控制国家,各阶层人民

---

① [法]亚历西斯·德·托克维尔:《论美国的民主》,张晓明编译,北京出版社,2012,第53页。

可以共享政治自由。然而，美式民主是否真的如托克维尔所言，确保了人民主权和各阶级人民自由平等？不能否认，美国确实具有悠久的资产阶级民主传统，并建立了典型的资产阶级民主制度，曾一度给美国发展提供巨大支撑和便利。但如今，美式民主在全球推行霸权政治的同时也导致美国自食恶果，以金钱政治和族群冲突为例，美式民主产生的严重问题已经超过其所能带来的福利，明显暴露出美式民主的重大缺陷。

美国金钱操控下的总统选举是对民主政治的腐蚀。2020年末，新一届美国总统大选落下帷幕。总统选举一直是美国引以为傲的民主"典范"，在这场"民主制度"优越性的秀场上，美国总统通过"一人一票"、普选制、直接民主和"选举人"间接选举产生。2020年的美国大选创下了历史上投票人数最多的纪录，两位候选人的票数均创历史新高。另外，邮寄选票之争也使得这场声势浩大的总统选举闹剧引发了更多质疑的声音。"金钱是政治的母乳。"这句广为流传的评论已成为当代美国总统选举的现实写照。美国总统可谓是金钱驱动的获胜者，支撑着美国庞大复杂的政治机器不断运行的工具只有经济利益和金钱推手。四年一度的总统候选人辩论、演讲、拉选票，看似是民主的体现，实则是金钱的竞赛。缺少巨额竞选资金的人根本不可能成为总统候选人，在两党确定各自候选人之后，双方四处筹款为选举铺路已经成为大选的必备环节。"钱权交易"在美国总统大选中已是公开的秘密，2020年总统大选中，拜登和特朗普两位候选人分别筹得16.9亿美元和19.6亿多美元的竞选资金并几乎全数花费。毋庸置疑，此次选举再次打破2016年选举的耗费金额，成为史上最烧钱的一次。据不完全统计，2020年美国总统和国会选举总支出高达140亿美元，除公开登记的选举款外，大量秘密资金和不法收入在美国总统和国会选举中发挥着不可告人的作用。

总统选举本应是表达民意的重要渠道，应通过投票选出代表人民意志的政治领袖，并通过总统职务行使国家权力。可是，愈演愈烈的"金钱选举"却充分体现了美式民主表象下的虚伪本质，将民意传达渠道转化为赤裸裸的"金钱政治"和"富人游戏"。金钱政治贯穿了美国总统选举的各个环节，如果缺少大企业、金融公司、利益集团"大把撒钱"来资助总统候选人，美国政治根本无法顺利运行。另外，关于邮寄选票是否有效的激烈争执，由美国政治制度内部产生了对选举制度公平精神的质疑，充分暴露出美式民主不仅存在缺陷且日益恶化的现实。如果将公平选举视为检验美国民主制度的试金石，那对邮寄选票的政治化处理，如延长邮寄选票截止日期、限制邮寄选票计票方式、将邮寄选票之争诉诸最高法院等举措，则彻底暴露了美式民主实践的极端混乱局面和美式民主价值观的骗局。

新冠疫情让美国的虚假民主、人权问题无处遁形，借民主外衣掩盖的贫富差异、种族歧视、种族矛盾等问题，通过弗洛伊德事件①这根导火索彻底爆发。美国时间2020年5月25日，美国警察暴力执法，强制将黑人乔治·弗洛伊德以"跪颈"方式按压在地，完全无视其"我不能呼吸"的求救，最终导致弗洛伊德死亡。此次事件引发了"黑人的命也是命"抗议运动，抗议运动迅速席卷全美。尽管大规模的反抗种族主义运动是新近才发生的，但是美国的种族矛盾和冲突向来延绵不绝，且在目前达到了过去几十年未曾有过的激烈局面。在美国大选年和新冠疫情持续吞噬美国之际，"黑人的命也是命"的大规模抗议运动预示着美国不同种族间的关系正在向不容调和的方向恶化，也用血淋淋的现实彻底揭示了美国"自由、民主、平等"的假象。

美国社会内的贫富差距悬殊、阶级矛盾加剧、族群分裂严重正是美式民主所带来的必然恶果，这也预示着西方民主制度衰落和失效的现实。而美式民主的狡猾之处就在于，能够让民主党候选人拜登利用此次运动，选

---

① 美国当地时间2020年5月25日，美国警察暴力执法致黑人乔治·弗洛伊德死亡，由此在美国明尼苏达州迅速爆发抗议示威活动。数百名抗议者聚集在明尼阿波利斯市要求"伸张正义"并与警方爆发冲突，而后警方使用催泪弹和爆震弹驱散人群。该事件逐渐升温并上升至美国的种族问题。人们之所以游行示威，是因为弗洛伊德和任何一个人一样，都不应这样死于非命；是因为他所遭遇警察暴力的背后，深埋着长期以来的种族歧视与不平等，而这种歧视与不平等，可能伤害美国社会的每一个人。

择少数族裔女性哈里斯担任副总统，从而争得大量选票。可以得知，美式民主制度下的政治家们并不会真正同情社会中的弱势群体，而是将此次运动完全转化为政治助力。当政治家们争先恐后地利用种族问题来增加政治资本，鼓吹或者反对多元文化时，民主就已经失去了原本的力量和地位，无力扭转美国衰落乃至满目疮痍的命运。

（3）贸易战和"口罩自由"揭示美式自由的双重标准

自由也许是美国提倡的"普世价值"中最根深蒂固的一种价值观念。"不自由，毋宁死"的独立战争时期的口号已经演化为一种民族精神，渗透于每一位美国人的灵魂深处。自由是美国的立国之本，美国政治、经济、文化、社会等内容的建构一直基于"自由"之上。在经济领域，亚当·斯密的《国富论》被视为自由主义经济学的代表作，主张自由市场经济背后会有一只看不见的手自行调节市场达到平衡的状态[①]。自由主义认为，经济并非零和博弈，而是正和博弈。比如，在贸易领域，交易双方可以互利共赢，而不是非要争个你输我赢。美国一直自我标榜为自由主义的信奉者及实践者，主导以美国金融和市场为中心的全球经济体系。

然而，自2008年全球金融危机发生以来，全球化的世界经济格局发生了重大变化，美国操控全球经济的霸权地位受到冲击，其自身长期的财政赤字和居高不下的失业率也使得其作为全球最大经济体的实力有所下降。与此同时，作为世界第二大经济体，中国经济的快速增长势头让美国感受到了威胁。据统计，近些年来，中国对世界经济增长的贡献率达到30%左右。如果中国未来继续保持6.9%左右的经济增长率，将在10年后超过第一大经济体美国。再者，中国高新科技企业在可能引发第四次工业革命的新一代通信技术设备（5G）上的成就令美国感受到了科技主导权的动摇。2018年4月，美国商务部颁布禁止美国公司向中兴通信出售设备7年禁令；

---

① 参见［英］亚当·斯密：《国民财富的性质和原因的研究》下卷，郭大力、王亚南译，商务印书馆，2009，第25—26页。

2019年5月，美国政府把中国华为等70家企业列入管制名单，并宣布严格限制华为使用美国技术设计和制造半导体芯片；2020年8月，美国政府以"国家安全"为借口，企图封杀在美国受欢迎程度高的一系列应用程序。

自由主义提倡的"看不见的手"在美国对华政策上昭然若揭，面对中美间数字庞大的贸易逆差，美国彻底抛下了其长期鼓吹的"自由的"市场经济运作准则，悍然对中国发动贸易战，企图借助美国国家力量重新制定国际经济规则，并集结其他资本主义国家遏制中国的经济发展，以达到美国赚取最大化经济利益的目的。事实上，美国对中国发动的贸易战是一场经济"围剿"，不仅严重影响了中美两国的经济正常发展，还在很大程度上损害了全球其他国家和地区的经济利益，与真正的自由价值观大相径庭。

另外，美国人在疫情防控问题上傲慢自大、自以为是的"自由优先"态度导致这个全球医疗实力最强、医疗资源最丰富的国家成为抗疫的反面教材。美国人往往将自由视为不容侵犯的个人基本权利，他们认为，在任何情况下，政府都不能插手和限制民众个人的选择。即使在有足够证据表明戴口罩可以有效预防新冠病毒传播的情况下，部分美国民众仍将其上升为侵犯公民自由的政治问题。部分美国民众更是盲目听信特朗普政府在新冠疫情暴发后的各种反智主义和民粹主义言论，蔑视科学和医学，将自己和他人的生命健康作为自由的代价。减少集会与社交活动、在公共场所戴口罩、居家隔离等科学措施被崇尚"自由"的美国民众嗤之以鼻。"自由"加剧了美国疫情的扩散和蔓延，正在将西方文明逐渐推向悬崖。

第三节 走出"普世价值"的误区

近些年来，以美国为首的西方资本主义国家一直在全球"勤勤恳恳"地"开拓"。他们疯狂地进行经济和文化渗透，开展"人权外交""价值观外交",甚至直接发动战争、进行殖民侵略。比如,美国等西方国家一直在世界各地强制推行民主价值观。早在第一次世界大战时,美国总统威尔逊就曾赤裸裸地宣称:"'民主'是一个重要的指导原则,因为它代表着一种全新的国内秩序,由此当然也能普及于国际秩序";"新的自由民主"将是美国"重要输出品之一";美国要"确保民主在全世界通行无阻"①。冷战结束之后,美国等西方国家异常兴奋,更是不遗余力地到处推行"民主计划"。比如,在敏感、多事的中东地区,推行"大中东民主计划"。2003年3月,美国发动伊拉克战争,战后扶持并建立了"民主"的伊拉克临时政府,在中东树立了所谓"民主制度的典范"。在东欧和中亚地区,发动所谓"颜色革命",如格鲁吉亚的"玫瑰革命"、乌克兰的"橙色革命"、吉尔吉斯斯坦的"郁金香革命"……然后,建立了一个个亲西方的所谓"民主政权"。

那么,美国等西方国家所宣称的"自由、民主、人权"之类的价值,是否称得上是"普世价值"呢?这个问题不能想当然,需要进行深入分析。

(1)认清并不"普适"的"普世价值"

所谓"普世价值",应该是指事物对于共同主体(如全人类)所具有的普遍性价值,即超越了不同民族、国家、地区等界限的普遍性价值。显然,并不是任何价值观的任何内容都能成为普世价值,也不是谁将自己喜欢的特定价值观强加于人,就可以成为普世价值。

放眼世界,我们不难发现,美国等西方国家所宣称的"普世价值"并没有在世界各民族、国家、地区得到普遍接受和认同。从理论上看,扼要地说,"普世价值"并不"普适",它至少存在着以下理论层面和实际操作层面的困难。

首先,具体的历史的价值主体并不是抽象的。作为主体的全人类整体

---

① 孔华润主编《剑桥美国对外关系史(上)》,新华出版社,2004,第40页。

只是一种理论的抽象，具体的主体形式总是多层次、多样化的。在全球化、信息化、智能化背景下，具体主体的情况千差万别，不断变化，立场和利益复杂而难以协调，差异和分歧多样而尖锐，并不能简单地"统一"起来。例如，为了自己的"国家利益"，美国这样的强势国家毫无顾忌，敢于做出种种损人利己的事情（如向发展中国家转移有毒有害垃圾和核废料、贪婪地掠夺发展中国家和公海资源、强行倾销剩余军工产品，甚至出兵推翻其他国家的主权政府……），动辄制裁、打击、侵略他国，将他国拖入无边的灾难。而发展中国家也开始觉醒，通过各种方式和手段进行抗争。值得反思的是，如果世界上尚不存在全球"统一的主体"，那么"普世价值"会是"谁的价值"呢？

其次，不同民族、国家、地区的现实利益存在着普遍的、深刻的差别与对立。这导致不同价值主体的目的或目标存在着多样化的，可能难以公度、难以调和的差异。以赛亚·伯林指出："人类的目标是多样的，它们并不都是可以公度的，而且它们相互之间往往处于永久的敌对状态。"[①]在国际交往中，无论我们找到多少共同点，但只要存在一个或几个实质性的差异，就足以毁掉一切。争吵、摩擦、对抗，甚至战争，往往就来自那些实质性的差异，例如宗教信仰、根本利益等方面的尖锐矛盾和对立。特别是美国等极少数国家拼命对外推销"自由、民主、人权"等观念，归根到底并不是为了全人类的利益，而是以此为借口，维护和实现他们自身的经济和政治利益[②]。

再次，不同宗教、民族、国家、地区之间缺乏"普世价值"所要求的"同质化"的生活基础。"普世价值"若要成为全世界人民普遍追求的价值

[①] [英]以赛亚·伯林：《自由论》，胡传胜译，译林出版社，2003，第244—245页。
[②] 这正如马克思以"自由贸易"为例所深刻揭露的："在当今社会条件下，到底什么是自由贸易呢？这就是资本的自由。排除一些仍然阻碍着资本自由发展的民族障碍，只不过是让资本能充分地自由活动罢了。""先生们，不要一听到自由这个抽象字眼就深受感动！这是谁的自由呢？这不是一个人在另一个人面前享有的自由。这是资本所享有的压榨工人的自由。"（参见《马克思恩格斯文集》第1卷，人民出版社，2012年版，第373页。）

理想，成为人们普遍遵守的价值准则，必须具有现实的生活基础。然而，囿于历史与现实的多方面原因，世界各民族、国家、地区人民的社会生活实践差异颇大，根本就没有，甚至不可能"同质化"，并不足以从中提炼出一些普遍的价值理想、价值准则[①]。

最后，从具体实施的角度来看，"普世价值"总是要由一定的价值主体加以倡导、推动和落实。但是，在当今世上，所谓的"普世价值"，主要还是被一些强势国家、地区、民族、宗教、跨国企业，以及从属于他们的一些政治家、宗教领袖、学者、企业家等来倡导和推动。因为世界竞争向来讲的都是实力，通行的仍然是弱肉强食的"丛林法则"。如果没有众多强势主体的首肯、支持和推动，"普世价值"只可能是纸上谈兵。可是，从既有的国际秩序、国际"公约"、国际惯例来看，美国之类的强势国家却极其任性，只关心自己的利益，一旦他们认定某些共同举措与自己的利益相抵触，就会随意"退群"，令既有的协议变成一纸空文。例如，美国坚持不在控制温室气体排放的《京都议定书》上签字，甚至退出已经签署了的《巴黎气候变化协定》。凭借着政治经济话语权、坚船利炮的军事强权，以及无孔不入的文化渗透，西方倡导的"自由、民主、人权"等"主流文化""主流价值观"，已经明显地占据了主导地位，俨然就是"公认"的、毋庸置疑的"普世价值"了。

但是，需要严肃追问的是，美国或西方世界因为什么而具有决定"普世价值"的资格？他们真的可能做到"民主"和"公正"吗？反映西方"主流文化"和"主流价值观"的"普世价值"，有什么理由推广到其他地

[①] 我们甚至不难发现，目前除了"全球一体化"趋势之外，世界上还普遍存在着日益分化、日益多元化的趋势。社会分工越来越复杂，越来越精细，有利于强势国家、跨国企业的不平等的国际分工体系，遭到了越来越多的抨击；世界贫富差距越拉越大，财富日益向少数富国、跨国企业、富人手中集中，贫富分化、"社会排斥"导致了大量的矛盾和冲突；环境、生态、能源等危机日益严重，受害最大的却不是制造危机的富国、跨国企业、富人，而是越来越贫穷、处于弱势地位的国家、地区和穷人们……值得深刻追问的是，"不同质"、不平等、不公正的现实生活实践，如何成为"普世价值"滋生、发展并发挥作用的现实土壤？

区甚至全世界？它是否符合世界上其他国家、地区的国情、利益、需要和历史文化传统？这类疑问还有很多。以上的一切都值得人们认真质疑、深刻反思。咀嚼历史与现实，我们不难发现，"普世价值"从来就没有得到世界上各民族、国家、地区的信服、认同与支持。

因此，美国等西方国家所高调宣称、强制推行的"普世价值"，并不一定就是全世界普适的价值；而且，这样的"普世价值"根本就没有实现的理论基础和现实土壤，只不过是一个理想主义的"乌托邦"。在复杂、多元、多变的历史背景下，以美国为首的西方国家如果非要立足自己的立场，将自己的文化价值观包装成"普世价值"，不择手段地向其他民族、国家、地区渗透、扩张，那么，这不过是美国等西方国家的工具，以及资本主义压制社会主义的"价值武器"。它不仅不可能得逞，而且还难免引起其他民族、国家、地区人民的警觉、不满、抗争和抵制，最后形成各种无谓的争端甚至血淋淋的战争。

（2）承认"和平、发展、公平、正义、民主、自由，是全人类的共同价值"

在理论层面，"普世价值"将一般与特殊割裂开来，离开了各个国家和地区发展的实际情况，鼓吹超历史、超时空、超阶级的"普适价值"。世界上只存在各种具体的历史的自由、民主、人权等价值观，根本不存在抽象的超历史的自由、民主、人权等"普适价值"。"普世价值"在理论层面的抽象人性论落入了唯心主义的窠臼。在实践层面，人们的价值观念是随着时代的发展、历史的变迁、实践的推移而不断变化发展的，人们所追求的价值表现为一个历史过程，没有永恒的、不变的、绝对的"普世价值"。实践结果证明，"普世价值"并不能真正维护人权、民主和自由。

批判"普世价值"并非否认"共同价值"。我们拒斥西方国家以宣传"普世价值"为名，实则推行政治和话语霸权的种种行为。但是，就如马克思和恩格斯并不否认资产阶级在推翻封建阶级统治中的积极作用，我们可以肯定的是，存在具有历史性、时代性、真理性相统一的全人类的"共同价值"。马克思和恩格斯在《德意志意识形态》中指出:"随着分工的发展也产生了单个人利益或单个家庭的利益与所有互相交往的个人的共同利益之间的矛盾;而且这种共同利益不是仅仅作为一种'普遍的东西'存在于观念之中,而首先是作为彼此有了分工的个人之间的相互依存关系存在于现实之中。"[①]马克思主义者承认客观真理的普遍性,认同在一定社会条件和意识形态体系下,存在着由历史和真理决定的人类价值共识。从马克思主义立场出发,以经济、利益、阶级和命运共同体等支撑起了人们对"共同价值"的追寻。虽然,在存在着剥削、压迫、阶级对立的资本主义社会无法产生适用于全世界的"普世价值",但是,以一种全球视野,从多元文明和文化交流角度看,人们在长期社会交往、实践中形成了共同的价值取向和价值共识。此类价值观来源于人类道德伦理中的共性,由诸多民族共同参与构建,并且尊重绝大多数国家、民族、社会中的文明。

正如李德顺认为,人类社会自古以来就持有一个合理信念,即相信全人类共同的普遍价值。"全人类普遍价值体系"的建立,要从人类整体这个现实的"类主体"或"共主体"高度,正确理解和解决全球性问题[②]。随着全球化的进程不断推进,经济合作、文明交融、社会发展程度不断提升,各个国家和民族在交往、交流过程中逐渐对一些基本价值产生认可和共识。例如,联合国颁布的《世界人权宣言》所提出的"人人有权享有生命、自由和人身安全","法律之前人人平等,并有权享受法律的平等保护,不受任何歧视","人人生而自由,在尊严和权利上一律平等"等内容,无疑是成长于人类共同实践的土壤,并且有着共同的理想价值目标的,是人类共同价值的重要组成部分。

党的十八大以来,中国开启了有别于"普世价值"的理论探索和实践布局,并提出了人类命运共同体视域下的共同价值理念,成为西方"普世

[①] 《马克思恩格斯选集》第1卷,人民出版社,2012,第163页。
[②] 参见李德顺:《普遍价值及其客观基础》,《中国社会科学》1998年第6期。

价值"文明下的一个重要例外。中国的发展模式"给世界上那些既希望加快发展又希望保持自身独立性的国家和民族提供了全新选择，为解决人类问题贡献了中国智慧和中国方案"[1]。与"普世价值"背后隐藏的西方资本主义霸权不同，习近平总书记从全人类的共同命运立场出发，提出"和平、发展、公平、正义、民主、自由，是全人类的共同价值"[2]。"全人类的共同价值"将全体人类视为价值主体，从人类社会的整体立场出发去探寻人们普遍认同、共同参与、共同获益、共同享有的价值。面对文化、思想、价值日益多元化的人类社会现实，以"普世价值"统领和掩盖不同民族和国家的价值理念注定会遭遇抵制和失败。不同于"普世价值"将自身鼓吹为适合于全人类的价值追求，习总书记提出的"全人类的共同价值"反映了人们普遍追求幸福的内在价值要求，在实践中客观地展现出全球化时代人类社会发展的新方向，蕴含着全世界人民共同追寻价值的目标和理想。

（3）铸造以社会主义核心价值观为基础的"中国价值"

所谓核心价值观，就是在一定的文化价值观体系中，居于基础性地位或支配性地位的观念，是标志一个文化价值观体系之性质的观念。社会主义核心价值观是社会主义核心价值体系的高度凝练，是中国特色社会主义核心价值体系建设的合理内核。社会主义核心价值观与中国特色社会主义发展的要求相契合，与中华优秀传统文化和人类文明优秀成果相承接，是中国共产党凝聚全党全社会价值共识做出的重要论断。社会主义核心价值观，既体现了社会主义制度的本质要求，又立足于当代，符合中国基本国情，是共产主义价值理想和民众现实利益诉求的价值体现，吸收借鉴了人类"共同价值"的成果。"中国价值"正是以社会主义核心价值观为基础和核心，以发展社会主义先进文化、倡导国际关系民主化、构建人类命运

---

[1] 《习近平谈治国理政》第3卷，外文出版社，2020，第8—9页。
[2] 习近平：《携手构建合作共赢新伙伴　同心打造人类命运共同体》，《人民日报》2015年9月29日。

共同体为目标的先进价值理念，为当前我国的社会主义现代化建设提供了宝贵的价值导向和文化指引。

铸造"中国价值"应弘扬和培育社会主义核心价值观，凝聚社会价值共识。当前，世界正处在文化价值观深刻变革的历史时期。随着经济快速发展和社会变革不断深化，世界文化、文明正在经历前所未有的转型，不同文化和价值观之间的碰撞、冲突表现得越来越明显，文化价值观的变革、转型已经成为一种时代性、世界性的思想文化现象。转型时期的中国社会价值观状况同样十分复杂。在日益尖锐的价值矛盾和价值冲突面前，"普世价值"瞄准了人们在形成价值共识过程中的困难和问题，试图以"普世价值"为桥梁，让其他各国接纳西方的经济、政治、文化等，从而扩张资本主义意识形态，巩固以美国为首的资本主义国家的全球霸权。"普世价值"主张资本主义价值观的普遍适用性，即超时代性、超民族性、超阶级性。其实质是以西方资产阶级文化和价值来"统一"和"专制"人类文明，在多元价值背景下埋下了一个又一个剥削和压迫的陷阱。正如前文所述，"普世价值"割裂了马克思主义辩证法，脱离实践，抽象地谈论价值观念。社会主义核心价值观的产生则是在马克思主义指导下，与新时代背景下的中国特色社会主义建设相结合的产物。

反对"普世价值"要求我们加强社会主义核心价值观建设。社会主义核心价值观是当代中国凝魂聚气、强本固基的基础工程，是对社会主义基本社会关系和价值取向、价值追求的高度凝练，反映的是社会成员价值观的"最大公约数"，是"以人民为中心"的先进价值取向和价值共识。弘扬和培育社会主义核心价值观，有利于引导人们形成高尚道德观念、崇高理想追求，构建思想活泼、精神生活充盈的美好生活，提升人民对社会主义文化的认同感，凝聚国家和社会的集体向心力。因此，在以价值观博弈为支点的时代，帮助全体社会成员树立正确价值观，避免被不良社会思潮所迷惑，关系到国家的长远发展。

铸造"中国价值"还应坚定价值自信。"普世价值"背后潜藏着的是西方国家试图在全球推行资本主义意识形态，以及"和平演变"社会主义制度的政治意图。与"普世价值"一同产生的"历史终结论""意识形态终结论""价值趋同论"等社会思潮都在以一种文化和价值渗透的隐蔽形式影响人们的价值观念。价值观的争论也意味着思想文化领域主导权的竞争。因此，在全球价值多元化背景下，要始终坚持以马克思主义为指导，在增强道路自信、理论自信、制度自信、文化自信的同时，注重提升人们对社会主义核心价值观以及相关价值体系的认同和信心。

只有明确价值自信，才能有效发挥核心价值观引领社会思潮的重要作用，最大限度地形成社会思想共识，并凝聚全国人民的目标和意志，唤起全国人民建设中国特色社会主义事业的热情，以求真务实的精神投入到实现"国家富强、民族振兴、人民幸福"的中国梦的伟大事业中去。也只有形成价值自信，人们才能以包容的心态和正确的态度去面对外来文化和价值观的冲击，在尊重差异中形成认同，在开放多元中增进了解，继续扩大"中国价值"的影响力和软实力。

第四章 历史虚无主义思潮新动向及应对策略

历史虚无主义者总是戴着有色眼镜把事物按照自己的意愿任意把玩,近年来,他们污蔑马克思主义是历史虚无主义,妄图把这顶帽子也戴在别人头上,以显得自己不再可笑了。但正如马克思和恩格斯在《神圣家族》开篇对布鲁诺·鲍威尔之流所做的批判一样,我们也可以说,那些历史虚无主义者愈是用抽象的词句指责历史唯物主义,我们就愈加坚信历史唯物主义的科学性。只有对历史虚无主义歪曲历史唯物主义的观点进行剖析和批判,从基本理论上划清历史唯物主义与历史虚无主义的重大原则界限,才能正本清源,真正坚持和发展历史唯物主义。

第一节 历史虚无主义及其基本特征

当前,历史虚无主义者歪曲历史唯物主义的杂音仍不时响起。有人扰乱历史认识,试图"再造规律",把历史当作"随意捏弄的橡皮";有人歪曲历史定论,想要"重写历史",把历史当作"任人涂抹的村姑";有人消解"历史价值",妄言"告别崇高",把历史当作"没有厚度的白纸"……旗帜鲜明地反对历史虚无主义,首先需要在学理上对历史虚无主义的内涵作一整体性把握,对它在思想理论、史学、文学和艺术等领域进行渗透和传播的主要表现做完整梳理，搞清楚它是怎样颠倒主次黑白、颠倒历史是非的。

（1）历史虚无主义的内涵与基本特征

"虚无主义"一词译于德语"Nihilismus"，源自拉丁语"nihil"，指"完全毁灭的过程"之意。德国著名哲学家尼采曾用"虚无主义"来表达对道德原则和历史传统的否定，即"虚无主义意味着什么？——意味着最高价值自行贬值。没有目的。没有对目的的回答"[①]。在虚无主义者的价值观中，传统意义的价值已经被无序化、去标准化，或是被彻底抛弃，人人皆以个人喜好为价值标准。

所谓历史虚无主义，就是对史实采用歪曲或是否定的手段来编造虚假的"历史真相"，主要与唯物史观相对立。其实质就是否定历史的规律和意义，解构整体的历史观，并形而上学地对待历史，往往采取否定一切的态度，彻底否定历史的积极意义。作为一种思潮，它有着明确的政治目标，欲求否定革命，主张改良、歪曲和丑化共产主义运动。历史虚无主义者多以学术创新的名目登场，伪装研究、故作高深，其真正的目的在于否定中国人民对中国特色社会主义道路的选择。

质言之，历史虚无主义就是对历史的虚无化。这是对中国当代社会价值观念影响最大的一种世俗文化思潮。在中国当代文学和文化语境中，历史虚无主义具有三重含义和不同表现。第一种是对历史的无视，也就是对历史的有意忽略或视而不见。这种虚无主义在20世纪50年代至70年代期间盛行。第二种是解构历史。20世纪80年代以来，在思想解放运动的推动下，人们从文化反思的角度，对传统的历史观念予以质疑。同时，源自西方的新历史主义开始在中国传播，特别是克罗齐的"一切历史都是当代史"的观点，在中国得到广泛响应。新历史主义注重历史的偶然性和无序

[①] ［德］弗里德里希·尼采：《权力意志——重估一切价值的尝试》，张念东等译，商务印书馆，1991，第280页。

性，认为客观的历史规律根本不存在，真实的历史只能存在于个人内心。第三种是消费历史。新历史主义打开了历史虚无主义的大门，而20世纪90年代的市场经济和消费主义文化则是滋生各种历史虚无主义的温床。既然历史已经支离破碎，没有中心、没有意义、没有深度，甚至连历史感都没有，那么历史也就沦为一种商品，供人游戏和消遣。

历史虚无主义在形成与发展的过程中，也逐渐表现出其基本特征：

第一，"去思想化"，否认马克思主义的指导地位。"去思想化"是历史虚无主义文化自信缺失的思想根源。马克思主义者认为，思想支配行动，什么样的思想产生什么样的行动。只有以科学的理论为指导，我们的实践才能经得起历史的考验。毋庸置疑，中国革命、建设和改革的历史实践及其成就，是以马克思主义理论的正确指导为前提的。正是由于始终坚持马克思主义的指导地位，我们才能战胜无数的艰难险阻，取得一次又一次的胜利。然而，历史虚无主义者无视这一客观事实，虚无化中国历史，虚无化近代以来的中国革命史、建设史和改革开放史，否定马克思主义的指导地位。一方面，历史虚无主义者从碎片化的历史认知中断章取义，以个别代替整体，往往抓住马克思主义的只言片语，有意放大我们在实践中的挫折和失误，进而抛出马克思主义"过时论"和"空想论"，甚至将其污蔑为异端邪说的"幽灵"。殊不知，170多年前，正是"一个共产主义的幽灵"公开宣称其理论的阶级性，使各国无产阶级有了科学的指导思想，使世界的无产阶级革命焕然一新。也正是这一"幽灵"，逐渐成为中国共产党的科学指导思想，成为中国革命和建设的指路明灯。另一方面，历史虚无主义者坚持形而上学方法论，不是用发展的、全面的和普遍联系的观点看问题，而是用形而上学的观点，割裂中国历史，尤其是以割裂中共历史为重点，把中国共产党的不同时期的历史人为地分离并对立起来，以此相互否定。进而宣称毛泽东思想是"修正主义"，抛出"去毛化"的错误论断，叫嚷"中国特色社会主义"实质是"资本社会主义"等谬论。总之，无论是"幽灵"论、"去毛化"或者是"资本社会主义"等谬论，其最终目的就是否定马克思主义的指导地位。

第二，"去价值化"，诋毁社会主义核心价值观。价值观是文化的核心因素。不同民族、不同国家由于历史文化传统的不同，其核心价值观也呈现出很大的差异性。核心价值观的差异性反映了文化的民族性、时代性和多样性。一个民族、一个国家的核心价值观根植于该民族特定的历史文化传统和特定的国情。在多元文明交流互鉴中，我们要坚定文化自信，而"文化自信的核心是价值观的自信"。文化自信"取决于核心价值观的生命力、凝聚力、感召力"。历史虚无主义者从唯心主义立场出发，把价值观抽象化，罔顾不同民族的独特历史文化传统和不同国情这一基本事实，否定社会主义核心价值观，宣扬所谓的普世价值观。他们把资本主义制度视为一种普遍合理的自然存在，认为成长于资本主义经济基础与政治制度之上的，并契合资本主义经济制度与政治制度需要的，诸如自由、平等、博爱、人权和民主等一系列价值观念与价值范畴必然具有永恒的真理性与普世性质。历史虚无主义者不愿也不敢承认资本主义制度及其价值观的现实性和具体性，不懂得自由、平等、博爱、人权和民主等种种范畴实质是一种历史生成，因而是属于历史的范畴。历史虚无主义者正是通过否定这些理念和范畴的历史生成，坚持从"去价值化"出发，脱离具体内容去抽象地谈价值观，进而否定不同民族、不同国家所坚守的核心价值观。

第三，"去历史化"，否定历史发展的规律客观性。由于历史虚无主义者在历史观上秉承的唯心史观，因此，其理论谬误也反映在唯心史观的基本立场中。也就是说，其对历史发展规律客观性的否定表现为历史本体论的虚化、历史认识上的虚构及历史价值论的虚幻。马克思主义认为，整个人类历史从本质上来说是人的实践活动的产物，历史的本体是人的实践。而实践的最根本特征是客观物质性。唯心史观却坚持"精神"的本体性。历史本体论的虚化观点突出反映在其对待历史事实的态度上。如前文所述，历史虚无主义者，无论是犬儒主义、相对主义或者是自由主义，其所秉承的哲学从世界观和历史观讲，归根究底都是唯心主义。正是在这种唯心主义世界观和历史观的指导下，历史虚无主义者虚无历史的客观性，其中，"碎片化""中性化""娱乐化"是历史虚无主义否定历史客观性的惯用伎俩。在历史认识论上，历史虚无主义否认"历史过程"的客观性，把历史过程视为主观解释活动，从而"否认历史发展规律的可知性，同时却蕴含着虚构历史规律的内在冲动"[①]。历史虚无主义者正是以满足自我需要为根本，以部分历史事件的偶然性消解历史规律的必然性，从而否认历史的客观规律性。历史认识论聚焦在历史的认知层面，而历史价值论则聚焦在历史的评价层面。历史本体论的虚化、历史认识论上的虚构，必然导致历史价值论的虚幻。历史虚无主义者以此为逻辑把历史的评价与客观事实相分离，鼓吹历史评价的多元化，把历史的评价视为戏说历史，从而否认历史的客观规律性。

第四，"去中国化"，主张抛弃中华文明。马克思主义认为，人类社会的每次飞跃，人类社会的每次升华都蕴含着文化的历史性进步。纵观中华文明发展史，尽管近代以来，中华文明的发展遭到了西方文明的碰撞，但并不能阻碍我们前进的步伐。而历史虚无主义者首先从消解历史的进步观念出发，进而主张抛弃中华文明。随着历史虚无主义思潮的侵袭，历史进步的观念遭到了前所未有的挑战。历史虚无主义从形而上学的立场出发，片面地去理解历史的进步性，看不到历史发展的内在逻辑，跳不出唯心主义的窠臼，常常求助于用"精神"解释历史发展之过程，从而陷入民族自卑和文化自卑，甚至宣扬鼓吹"全盘西化"才是中国文化的唯一出路。其次，历史虚无主义者否定不同文明的共存，其实质是否定中华文明的存在。习近平总书记指出："要尊重世界文明多样性，以文明交流超越文明隔阂、文明互鉴超越文明冲突、文明共存超越文明优

---

① 谢礼坚：《历史虚无主义的理论谬误、消极影响及遏制途径》，《马克思主义与现实》2019年第3期。

越。"①历史虚无主义者则认为:"不同文明的共存或文明的多样性不是不可能的,就是不必要的。"这实质上是"以洋为尊""以洋为美""唯洋是从",否定中华文明的存在,为其"去中国化"找托词、寻借口。

第五,"去主流化",否定意识形态的本质特征。历史虚无主义者往往以"学术中立"为幌子,以抽象的分析方法,瓦解中国人民长期以来建立的民族精神,冲击国家主流意识形态,进而动摇和瓦解我们的文化自信。从根本上讲,"意识形态决定着文化前进的方向和发展道路",这是因为意识形态有其鲜明的阶级性,规定着文化的价值取向。而历史虚无主义者从形而上学的方法论出发,否认意识形态的阶级性和斗争性,进而粉饰装扮历史虚无主义"去主流化"的伪理论。历史虚无主义是西方资本主义国家意识形态的重要组成部分之一,是西方和平演变战略在意识形态领域西化、分化和妖魔化的理论表征,是其试图瓦解中国主流意识形态的重要工具和舆论武器。历史虚无主义的本质在于绕开意识形态的阶级性本质,以"范式转换"与"普世模式"等面目静悄悄地向社会主义国家宣传、灌输和渗透西方价值观,最终实现其所推崇的"去意识形态化"。

综合来看,历史虚无主义之所以敢把"虚无"的帽子反扣在历史唯物主义的头上,就在于它在两方面存在谬误并陶醉于其中:一是在历史客观性上,它无视历史唯物主义通过对社会历史发展阶段及其内在规律的科学把握与辩证认识所奠定的历史观的客观真理性;二是在历史价值性上,它无视历史唯物主义已经通过将人民群众确立为历史的真实主体,因而驱除了抽象人性论和价值中立论对历史观的挟制。

(2)历史虚无主义的主要观点

历史虚无主义的主要观点集中表现在对历史唯物主义的扭曲、否定和

---

① 习近平:《高举中国特色社会主义伟大旗帜　为全面建设社会主义现代化国家而团结奋斗》,《人民日报》2022年10月17日。

"虚无"上,具体来说,历史虚无主义虚无历史唯物主义的表现主要有以下三种:

一是共产主义虚构说。历史虚无主义者指责历史唯物主义有"根本缺陷",而且已经"过时"。他们把现代资本主义当作"现实世界中的文明榜样"和"人间正道",否定共产主义取代资本主义的历史必然性,编造所谓的"资本主义终结历史论",把资本主义宣布为"人类最后一种统治形式",并将其凝固化、神圣化、完美化。他们认为共产主义不过是"一个科学性不够明确的、还弄不清楚的概念"[①],指责没有经过实践检验的共产主义是虚无缥缈的,污蔑共产主义理想蒙蔽了几代人,是"最愚蠢的乌托邦",嘲笑共产党员"没有见过共产主义,愣是要为此奋斗终生","假如你们真的相信共产主义,为什么不把财产都充公呢"[②]?他们认为,历史唯物主义把共产主义作为评判人类社会唯一和最终的标准,将其他社会形态都视为阶级对立、阶级斗争的社会,这种学说"不过是基督教的历史图式"[③]。

二是文明史系错误堆积说。历史虚无主义者不能正确看待中国共产党的历史和新中国的历史,把它们说成是"系列错误的堆积"。他们叫嚣着"革命破坏论",认为革命杀人,是能量的消耗,革命史就是"流血史",20世纪的革命方式带给中国的只有灾难[④]。他们祭出"改良"的撒手锏,认为只有改良才是正能量的积累,只有资产阶级的启蒙才具有建设性的作用[⑤]。他们宣扬"制造革命论",认为革命是少数革命家制造的,是激情有余而理性不足。因而革命和革命家被当成是"极端化"的代名词。他们在

---

① 曾彦修口述、李晋西整理:《我对"和谐"的一点看法》,《炎黄春秋》2009年第4期。
② 田心铭:《警惕"共产主义虚无缥缈"论》,《红旗文稿》2015年第19期。
③ 尹保云:《要警惕什么样的历史虚无主义》,《炎黄春秋》2014年第5期。
④ 参见李泽厚、刘再复:《告别革命:回望二十世纪中国》,香港天地图书有限公司,2004,第63页。
⑤ 参见李泽厚、刘再复:《告别革命:回望二十世纪中国》,香港天地图书有限公司,2004,第65页。

书斋里做着思想的体操,认为今天要开始认真反思革命历史,找到当时人们不一定非得走上革命之路的其他办法,认为既然革命没有了合法性,革命家和革命的人民就没有了获取合法性的通道,他们今天的地位也就不能被认可。历史虚无主义者就有理由大肆污蔑、诽谤、丑化、调侃甚至戏弄革命中的历史人物,篡改历史事件。他们紧紧揪住"大跃进""人民公社化运动""反右派斗争扩大化""文化大革命"等历史失误不放,甚至刻意放大其负面影响,夸大其造成的损失。他们宣称新中国建设的社会主义是"农业社会主义""封建社会主义""空想社会主义",中国共产党探索社会主义建设道路的历史不过就是"一部荒唐史"。

三是教条主义说。历史虚无主义者污蔑历史唯物主义为"教条主义",指责它是遵从马克思思想中的某些教条并将之极端化,"不顾事实,不容许科学探讨"[①],因此,将历史虚无主义的帽子反过来扣在了马克思主义的头上。他们简单化地理解甚至别有用心地曲解"马克思说自己不是某些人口中的马克思主义者",就得出马克思与马克思主义是分裂的。他们看似有理有据的说法,不过是想利用这一点来说马克思主义被用来"统一人们的思想认识并作为思想行动的指导",与马克思思想的自由原则相矛盾,在理论和实践上都不可能,仅仅是一种"思想专制"[②]。他们无非是要论证马克思以后的马克思主义者都不正宗,都是教条化地理解了马克思的思想,因此都得不到马克思本人的承认。历史虚无主义者极尽曲解之能事,还把苏联社会主义模式当作一种实践行动上的教条主义。历史虚无主义者认为苏联模式是政教合一的政治结构,用政治高压的方式将所谓"虚无主义历史观"贯彻到社会的各个领域。他们认为苏联的社会主义模式背离了人类文明发展大道,侵害了人民的自由民主权利[③]。

---

① 尹保云:《要警惕什么样的历史虚无主义》,《炎黄春秋》2014年第5期。
② 杨思基:《驳历史虚无主义者否定马克思主义的七种谬说》,《黑龙江社会科学》2016年第4期。
③ 参见尹保云:《要警惕什么样的历史虚无主义》,《炎黄春秋》2014年第5期。

历史虚无主义者编造"历史终结论",把现代资本主义当作"现实世界中的文明榜样",当作"人类最后的制度"。他们宣扬至今没有经过实践检验的共产主义是"虚无缥缈"的,否定共产主义取代资本主义的客观历史趋势。这其实是在历史本体论层面否定历史发展的内在逻辑和必然规律。习近平总书记指出:"这就涉及是唯物史观还是唯心史观的世界观问题。我们一些同志之所以理想渺茫、信仰动摇,根本的就是历史唯物主义观点不牢固。"①历史虚无主义不外乎是想通过此种荒谬论证来否定中国共产党的领导,否定中国特色社会主义制度,消解当代中国主流意识形态,并图谋为资产阶级的意识形态做辩护。我们唯有站在历史唯物主义的高度,从历史的客观性和价值性等方面进行深刻批判,科学分析历史虚无主义近年来的新动向,以揭示历史虚无主义污蔑历史唯物主义的错误根源,并捍卫历史唯物主义的基本原则。

第二节 历史虚无主义的新动向

历史虚无主义立足于人道、自由、正义等抽象的概念,从"超阶级"和"普遍人性"等角度确立社会历史的价值。它遮蔽了丰富的社会历史内容,妄图建构一种无根基也无批判的本体论或存在论状态,并以此评判社会历史。这种行为实质上陷入了唯心史观的窠臼之中,否定了历史唯物主义的阶级观点和人民立场。历史虚无主义以为否定了阶级斗争和社会革命的历史作用,也就否定了中国共产党领导的伟大中国革命以及人民民主专政的社会主义制度。历史虚无主义看似有着色彩斑斓的语言外观,看似从纯客观的角度探讨马克思主义的时代价值,实际上是站在了人民群众的对立面,在社会实践之外重新构筑思想的堡垒。因此,我们需要警惕历史虚

---

① 《十八大以来重要文献选编(上)》,中央文献出版社,2014,第116页。

无主义的虚伪行为对马克思主义真精神的思想污染,尤其要深刻认识到,随着社会的不断发展,历史虚无主义也随之发展,有了新的形式和内容,逐渐表现出新的发展动向。

(1) 历史虚无主义的叙事方式发生转变

近年来,历史虚无主义由硬性攻击转向软性渗透,普遍选择以间接渗透的叙事方式进行传播,即不再直白地陈明思想观点,而是将其隐藏在字面信息之外,通过精心设计的话语线索以暗示、隐喻、对比、类比和反讽等方式间接传达。即它的叙事方式相应地发生改变,从以往直陈观点的灌输型叙事转变为间接渗透的引导型叙事。新时期的历史虚无主义常常以唯心主义历史观作为内在理论依据,以学术探究为外在话语形式,试图"重述"相关历史,曲笔隐晦,旁敲侧击,影射现实政治。这种现象可以称为"软性历史虚无主义"。以学术为名宣扬历史虚无主义是新时期历史虚无主义的重要特征。借"学术研究"之名行虚无历史之实,是历史虚无主义的基本策略,这一策略有两种主要发展进路。一是假"学术研究"之名,做翻案文章。历史虚无主义者要翻的案,恰恰是我们党领导全国各族人民所推翻和打倒的对象,历史虚无主义者要做的是为剥削阶级、压迫阶级翻案,为反动势力正名。二是以学术为幌子,行干政之目的。有些历史虚无主义者秉持"告别革命"理念,利用"文化大革命"造成的影响和社会上对"革命"认识的分歧,极力将谈论专政、阶级、革命的文章与"文化大革命"建立联系,消费部分亲历者关于"文化大革命"的记忆,同时不怀好意地利用一些善意的批评和学术分歧,挑起事端。

(2) 网络历史虚无主义盛行

近年来,网络社交媒体上出现了不少诋毁英雄、歪曲历史的信息。网络上一些文艺作品虽然不直接宣扬历史虚无主义,但依然出现用英雄史诗的方式表现、吹捧"国民党军队抗战",用神剧、闹剧的手法表现中国共产党领导的八路军、新四军抗战等问题,这些问题引发了人们对文艺作品中历史虚无主义问题的关注。这些信息在娱乐化和自由化面具的伪装下,以更加隐蔽的方式在网络空间传播，不露形迹地影响人们的思想。过去历史虚无主义的传播主体大多是拥有话语权、能影响其他人的知名人物。在"人人都有麦克风"的自媒体时代，知名人物垄断话语权的局面被打破，历史虚无主义传播主体向普通网民转移。他们游走在网络空间，参与信息制作和传播。与以前说教式、宣传式的传播手段不同，普通网民传播的信息更具有体验感和互动性，更容易使受众产生共鸣，在无形中接受信息。

（3）历史虚无主义向农村社会大肆传播

历史虚无主义向农村社会的大肆传播，缘于网络媒介的迅速发展和普及。因此，对于农村社会而言，历史虚无主义的大量渗透主要是十多年来的事情。农村社会接触历史虚无主义的时间短，对其危害缺乏足够的关注和警惕。加上农村社会转型、文化水平不高、农民识别能力有限，以及农村意识形态工作落后等现实状况，导致农村社会防范和抵御历史虚无主义的能力有限。长期以来，中国农村教育和文化发展相对滞后，农民受教育程度偏低，历史知识有限。大部分农民的历史知识储备除对中小学教材上涉及的历史故事和历史人物尚存记忆外，基本上来源于电视、电影和网络。历史知识有限容易造成他们对历史人物和历史事件的碎片化和片面性理解。不仅如此，农村文化生活贫瘠以及日常娱乐文化内涵不足，直接导致广大农民精神文化生活贫乏。目前，农村主流意识形态的传播主要依靠开展农村文化活动，而农村文化生活的贫乏使得先进文化和国家各项方针政策在农村的宣传和普及受到了一定的制约。先进文化和主流意识形态的缺位给了错误思想滋生的空间，个人主义、享乐主义、历史虚无主义等错误思潮可以轻易地通过各种途径进入农民视野，并通过农民的人际传播向农村社会渗透。

进入新时代，习近平总书记继承中国共产党优良传统，强调"历史是最好的教科书"，只有熟知党史国史并深入思考，才能"不断交出坚持和发展中国特色社会主义的合格答卷"；"历史是人类最好的老师"，历史

"是最好的清醒剂","重视历史、研究历史、借鉴历史,可以给人类带来很多了解昨天、把握今天、开创明天的智慧"①。

(4)历史虚无主义表现方式日趋隐蔽

近年来,历史虚无主义影响很大,是多种因素共同作用的结果。其中,它本身善于"与时俱进",不断地自我赋予新形式、呈现新特点是非常重要的因由。其间,形式上的"三种外衣"、途径上的"三化"表现得尤为突出,值得认真对待。

其一,学术外衣。其核心有两点,一是把学术研究神圣化,强调历史研究以"价值中立"为根本,可不顾及因果、规律和内在趋势,重心在于极力还原历史本身,尽力挖掘历史事实、史料来全面地呈现历史原貌。其结果是爬梳、整理、还原出一系列、一大堆和公认的党史国史明显有别,甚至迥然不同的历史事实、细节、片段,来严重冲击、虚无正统历史叙事和主流观点。二是把学术创新神圣化,甚至不惜为新而新。为此,在不断挖掘新史料、新细节的基础上,用力"反思、新思、再思","奉献"出一大批新锐观点、新奇思考以及新异想法。进而呼求"重写、改写、补写"党史国史,竟至得出政治阴谋史、人性黑暗史、文明异变史,直接挑战、解构正统史学、史识、史论。

其二,文艺外衣。这一表现方式的核心在于高举高打"让历史本身更具体生动"与"让历史人物更形象真实"等旗帜,以"触摸历史""感知历史""体味历史"等为常用口号,以文艺的手段和形式来"再现历史、复原历史"。其问题主要有:第一,以文艺重塑和再现历史的过程中,创作者的个人情感、价值偏好等主观因素往往缺乏合理的历史观引导和约束。换言之,个体或少数人的主观好恶容易主导"历史的再现",甚至沦为极度的滥情和煽情。由此,所谓的人性标准经常决定着历史如何再现,历史往往被浓缩为简单的人性史、价值观念史,更准确地说,是人性史和

---

① 习近平:《习近平致第二十二届国际历史科学大会的贺信》,《人民日报》2015年8月24日。

价值冲突史，甚或是人性异化史、价值偏离史。所以，"好人不好、坏人不坏"的现象经常出现，因为人性是复杂的。第二，艺术的夸张化和典型化（典型的个体人物、细节）经常互相结合，"以小见大"不但严重失真，而且非常片面。由此，取得伟大成就但同时付出巨大牺牲，复杂宏阔的党史国史，被文艺化为人性受到束缚压抑、戕害异化甚至人性泯灭的"单一"史，或者个别人物、人群简单的曲折生活史、不幸命运史。与此同时，历史评价标准被严重模糊化了，人们一贯认可的光明、正确、伟大的那些客观标准受到质疑，传统党史国史记述、评判的合理性、正确性因此受到了巨大的挑战和攻击。

其三，言论、舆论外衣。该表现方式的核心在于极力鼓吹"言论自由、思想自由"。庄重的历史问题、严肃的历史研究经过"自由言论、自由思想"的加工，经常沦为个人化的解读甚至情绪化的宣泄。历史虚无主义者主要以"我想""我认为""我的看法是"等为借口，依据自己认为的"人之常情"与"世之常理"或个人好恶来反思、反驳甚至反对已有定论的历史事件、情节，间或以"语不惊人死不休"的姿态，以非常轻佻的态度擅自妄评、随意訾议历史事件、人物和历史进程。正统的历史、公认的结论往往经过"个人思考"与"言说"而"变相""变色""变调"。虽然这些"言论自由、思想自由"开始大都是在私人空间（如私下的专题讨论、微博、微信、朋友圈、小论坛等）进行的，但在现代传播技术作用下，很容易演变成牵涉者众多、受众面大的公共舆论，而其始作俑者往往以行使私人权利、"言者无罪"、没法阻止别人自由选择为由推卸社会责任。

"三化"主要指历史虚无主义在生成机制、传播途径上日益注重学术化、日常生活化与网络化。

学术化路径，就是指历史虚无主义借助学术化来标榜自己是"科学研究"。"科学研究无禁区、科学研究重在客观、科学研究贵在创新"是历史虚无主义者的所谓三大"金科玉律"，一些历史虚无主义者奉之为"尚方宝剑"。他们或者以勇于"突破禁区"的姿态研究尚未公开、有争议的史实、史料，得出否定传统定论的"惊人之见"；或者奉"客观性"为圭臬，努力收集历史细节、琐碎史实，冲淡主流历史叙事和史论；或者以"创新"为旨归，不断提出新论，弱化正统观点。更常见的是三者相互结合，形成合力，排挤、诘疑、拒斥关于党史国史的主流观点、官方论说，为历史反面人物、反面事件翻案，丑化正面人物、正面历史事件。

日常生活化路径，就是指历史虚无主义把对历史的分析、评价融入日常生活中，以日常生活中群众喜闻乐见的形式影响人们。

一是把历史研究、历史叙事聚焦于普通人物、社会群体或组织团体，通过普通人回忆录、访谈录极力凸显普通人生活的曲折不幸、多磨多难，不但严重淡化宏大事件、宏大叙事、集体记忆的重要性，而且意图以此折射所谓的党史国史的问题、弊端乃至阴暗面，冲击其合理性与合法性。

二是利用普通人一般日常生活中的认知模式、情感体验来质疑、抨击甚至否定历史英雄人物、领袖人物在特定历史情境、场合中的超常行为。它诉诸普通人的日常体验，很容易赢得人们的认同和共鸣，进而使一些普通民众质疑正统史实、史论的正确性。

三是善于利用日常娱乐、日常话语，达到潜移默化的效果。近年来，历史研究的大众化逐渐兴起，影响很大，各种"抗日神剧""宫廷戏说""名著改编"层出不穷。有的为追求商业利润、吸引眼球不惜炮制各种荒诞情节、离奇故事来"戏说历史"。而且常常善于利用日常民众休闲娱乐的语言表达方式，如调侃、反讽、搞笑和段子等。更极端的是，对历史缺乏基本的尊重，肆意"恶搞"、恣意"胡说"，不但把历史说得面目全非，而且把评判历史的标准搞得混乱不堪。把历史"泛娱乐化"，其结果就是审美取向感官化、价值取向虚无化、政治取向戏谑化、道德取向去崇高化。这样一来，诋毁正面英雄人物、伟大人物，消解其正面意义和进步价值，就成了经常性选项。历史虚无主义的日常化，使它具有分散性、琐碎性，很容易使"大事化小、小事化了"，难以定罪定责。

网络化路径，就是指历史虚无主义善于利用互联网平台，如微信、微博、QQ群、直播室、论坛以及自媒体等现代信息技术，善于利用网络语言、网络风格、网民身份进行包装，善于揣摩和利用网民猎奇心理、从众心理，揣摩青年网民的叛逆心理、后现代意识，来散播、传递诸如虚无党史国史的言论、"学术研究"、文艺创作，以及大众"民间艺术"、恶搞类"反艺术作品"等。

根据中国互联网信息中心发布的第51次《中国互联网络发展状况统计报告》，截至2022年12月，我国网民规模达10.67亿，互联网普及率为75.6%。近年来，我国多次引起互联网大量网民围观的舆论争议、网络舆情事件，大都与历史虚无主义有关。正如有学者分析的，历史虚无主义已经出现了一些可感知的新动向。一是切口"小"，以小切口做大文章。二是传播"快"，借助新媒体快速传播的技术优势，在短时间内造成较大影响。三是面目"隐"，善于通过"看似无心"的言行来达到其"实则有意"的目的。

更为重要的是，近年来以上三种外衣、三条路径经常互通有无、交织错杂、相互支持。比如，历史虚无主义在文艺化和舆论化过程中，一般都善于利用所谓学术化的"新成果"来为自己站台，增加底气。而学术化的历史虚无主义经常利用文艺化的形式，如文学性的回忆录、历史小说和传记等，也常常通过"言论自由"、社会舆论的形式进行思想和观点传播。不管是披着哪种外衣，历史虚无主义都十分注重利用现代网络技术，注重和普通人群亲近，注重走进人们的日常生活，进而影响民众的内心世界。再加上历史虚无主义一如既往地使用一些惯用手法，如抓住英雄人物的某些缺点无限放大，虚构事实、制造谣诼，利用假设逆推历史等，使得近年来历史虚无主义有时面目更模糊、隐蔽性更强、政治色彩和政治意图更隐蔽。

第三节 历史虚无主义新动向的应对之策

历史虚无主义以资产阶级人道主义为幌子，对剥削阶级采取肯定的态度，肆意诋毁中国人民为争取民族独立和人民解放而进行的反帝反封建斗争。它企图把马克思主义"去政治化""去阶级化""去革命化"，否定中国共产党的领导和社会主义制度，无视人民群众的根本利益和社会发展趋势，为一些反面历史人物翻案、洗白，其目的不过是想无偿占有劳动人民创造的文明成果，让现代资产阶级充当虚假的历史开创者角色。历史虚无主义以西方资产阶级的政治立场、价值观念和话语体系为标准，否定我国的根本政治制度与核心价值。它的政治反动与价值反叛，表明了历史唯物主义与历史虚无主义的斗争就是政治立场之争、核心价值之争。面对历史虚无主义，我们不能不管不顾任其发展，而应在充分了解和认识它的基础上，提出有效的应对措施。

(1) 增强鉴别力和批判力，清除历史虚无主义的存植空间

历史虚无主义之所以能够于社会领域之中大行其道，就在于社会对历史虚无主义的鉴别和批判尚且不足，加上一部分民众对历史本身又缺少了解、缺乏系统完整的认知，导致历史虚无主义的存植空间还远未被清除。拒斥和超越这股历史虚无主义思潮，首先需要拿起"批判的武器"对其展开系统批判，从学理上深度解构它。

一方面，学术界、舆论界要加强研判，揭示历史虚无主义的本貌。学术界应成立专门组织或机构对历史虚无主义进行研究和批判，从学理上深度剖析历史虚无主义的实质、根源、表征和危害等问题。针对历史虚无主义的新观点、新特点、新样态进行精准分析、即时揭露和有效回击，提升民众对历史虚无主义的鉴别力和免疫力。尤其是历史虚无主义在图像、音乐、视频和符号等新领域大肆繁殖，以往单一的学科视野难以辨析历史虚无主义的本貌，往往会陷入"片面的深刻"或"深刻的片面"之窠臼，无

法达成对其"整体解蔽"。因此，这就需要我们具有更为综合的多学科意识和整体性视野来进行"软性"历史虚无主义的研判工作，打破对其批判的"学科壁垒"和"视域偏好"，最终让历史虚无主义无处藏身、原形毕露。

另一方面，加大对民众开展党史国史教育的力度，清除历史虚无主义的存植空间。一是要坚持以人民为中心的价值导向，创新党史国史教育内容。"党的历史是最生动、最有说服力的教科书。"①党史国史教育必须坚持以人民为中心的价值导向，多产出形式新颖和内容深刻兼具的历史书籍、优质的历史影视作品等，以民众喜闻乐见的"软性"形式来传输正确的历史观、普及历史史实。二是要将"四个自信"贯穿于党史国史教育的全过程。历史是"四个自信"的重要源泉，"四个自信"也是历史教育最终的落脚点。"历史认知是历史自信的重要基础。"②党史国史教育既要立足于呈现历史真貌、勾画历史人物，也要引导民众树立自信之姿态，培育自信之灵魂。三是要创新党史国史教育的方式方法，增强其教育效果。党史国史教育需要进一步创新"互联网+国史党史"的教育传播手段，占领互联网意识形态领域的话语高地。

（2）聚焦社会现实问题，凸显社会主义的制度优势

历史虚无主义思潮之所以变换形式在当代中国不断泛起，还要归结为对现实问题、现实矛盾和运动的某种折射与反思。因此，我们不仅需要从理论上打牢唯物史观的基石，而且需要在实践中聚焦解决社会重大问题，不断夯实经济基础，凸显社会主义的制度优势。一是充分发挥市场在资源配置中的决定作用，大力发展生产力。历史虚无主义之所以秉持"西方中心主义历史观"，就在于西方资本主义国家在近百年的历史中创造出的巨大物质财富吸引了一大批历史虚无主义的追随者。邓小平曾指出："根据

---

① 《习近平谈治国理政》第4卷，外文出版社，2022，第545页。
② 《习近平谈治国理政》第4卷，外文出版社，2022，第546页。

我们自己的经验,讲社会主义,首先就要使生产力发展,这是主要的。只有这样,才能表明社会主义的优越性。"[①]只有夯实社会主义制度优越性的物质根基,才能使历史虚无主义在事实面前不攻自破。二是更加重视社会主义以人为本的终极价值旨归,提升民众幸福感。历史虚无主义者以利己主义为本,以抽象人道主义为根,以私欲的满足为评判历史的法则,脱离特定的社会历史条件来片面断定历史人物和历史事件的功过是非。因此,凸显社会主义制度优势,还要更加关心民众幸福感的提升。三是及时回应解决社会大众关注的热点问题,强化国家认同感。历史虚无主义常常假借改革开放进程中出现的一系列诸如贪污腐败、道德滑坡、生态危机等社会热点问题进行反思,实则往往夹杂着"私欲",试图以此来否定社会主义现代化建设所取得的客观成就。因此,聚焦社会现实问题,需要对社会大众所关注的热点问题进行及时追踪、回应并予以解决,从而提升政府形象,增强民众信任,强化国家认同,扫清历史虚无主义的需求市场。

(3) 加强网络阵地管理,完善信息传播的法治建设

加强网络阵地管理,完善信息传播法治化建设,是防范历史虚无主义思潮卷土重来的重要对策。一是历史虚无主义形式多样、内容隐蔽,一般的技术手段难以有效对其进行甄别和治理。因此,我们要充分利用强大的5G、大数据与人工智能技术,建立更为高效科学的网络舆情研判、分析以及监测体系。二是要依法严管网络空间中出现的历史虚无主义错误言论,形成有效的震慑作用。要对微博、微信等网络公众平台进行重点专项监管和整治,对于公然挑衅我国法律权威,肆意兜售历史虚无主义的网上言论,必须严加处置、责令整改,必要时采取法律手段来对相关平台与责任主体加以惩戒,形成震慑。三是要推进网络信息传播的法治化建设进程,使打击历史虚无主义有规可循、有法可依。网络空间自由的前提是规则、制度、道义和法律,这是"戴着镣铐式的自由"。要与时俱进地完善网络

---

① 《邓小平文选》第2卷,人民出版社,1994,第314页。

信息传播的法律法规，在有法可依的前提下，坚持依法治网、依法办网，让互联网在法治轨道上更加风清气正、健康运行，让历史虚无主义在法律武器的围堵下无地容身、自我灭亡。

（4）新时代要继续坚持和发展历史唯物主义

习近平总书记强调："要坚持用唯物史观来认识和记述历史，把历史结论建立在翔实准确的史料支撑和深入细致的研究分析的基础之上。"[①]这就要求我们在新时代继续坚持和发展历史唯物主义。诚然，坚持和发展历史唯物主义并不是将其所揭示的社会发展一般规律作为一成不变的公式加以教条化和简单化套用，而是在新时代的语境中准确把握其历史性原则、实践性特质以及本质性批判，在具体社会实践中充分展现历史唯物主义解释历史、批判现实以及建构未来的强大力量。

一是坚持和发展历史唯物主义的历史性原则。历史性原则是历史唯物主义的基础性原则，它绝不拿先验理性、抽象人性等作为现成公式来任意裁剪历史，而是从"现实的人及其历史发展"[②]出发，去考察社会历史现象，评价历史事件和历史人物。因为现实的社会"不是坚实的结晶体，而是一个能够变化并且经常处于变化过程中的有机体"[③]，所以，我们不能把历史唯物主义仅仅看作证实前人观点的试金石，而是将它作为观察社会现实、推动历史发展的磨刀石。它以"从抽象上升到具体的方法与历史性生产关系视阈"[④]为线索，指导人们摆脱对历史的纯粹经验性描述和非批判性思维方式，分清历史的支流与主流、现象与本质，准确把握新的社会革命中的突出矛盾和根本性问题。如此才能科学判断时代主题，扣准时代发展的脉搏，推动党和人民的事业朝着正确的历史方向不断前进。

---

① 习近平：《让历史说话　用史实发言　深入开展中国人民抗日战争研究》，《人民日报》2015年8月1日。
② 《马克思恩格斯文集》第4卷，人民出版社，2009，第295页。
③ 《马克思恩格斯选集》第2卷，人民出版社，2012，第84页。
④ 唐正东：《从斯密到马克思——经济哲学方法的历史性诠释》，江苏人民出版社，2009，第402页。

二是坚持和发展历史唯物主义的实践性特质。马克思主义认为，人们始终是"在直接碰到的、既定的、从过去承继下来的条件下"，"自己创造自己的历史"①。以历史唯物主义为思想武器的人们，将基于对社会历史运动基本规律的自觉认识，积极改造自身生存的状况，发现未来新世界的生长因素。在新时代的现实语境下，历史唯物主义需要结合中国的改革开放、科技革命以及经济全球化进程来实现其理论的内在发展，开辟中国共产党人坚持、运用和发展历史唯物主义的新探索。这不仅需要准确把握中国现代化进程中独特的发展规律，完善中国特色社会主义制度，推动个体价值与社会价值的有机统一，还需要实现社会的公平正义，满足人民的美好生活需要，只有这样才能真正实现中华民族的伟大复兴和共产主义事业的伟大胜利。

三是坚持和发展历史唯物主义的本质性批判。现代资本主义社会奉行的资本逻辑，是历史虚无主义产生并在一定社会历史时期泛滥的现实根源。历史虚无主义不承认历史唯物主义"在批判旧世界中发现新世界"的辩证法，同时更加否定后者对资本主义主导下的现代化进程及其内含的现代性价值理念的本质性批判原则，以形而上学的思维方式来美化资产阶级社会，极力反对历史唯物主义对资本逻辑的本质性批判。马克思通过对资本主义商品拜物教的深刻剖析，揭露了资本逻辑是造成社会全面异化的根源，找到了阻碍社会历史发展的问题症结。历史唯物主义从根本上克服了资本逻辑对人的生存及其观念的双重虚无，也就从根本上终结了历史虚无主义。历史唯物主义的本质性批判维度，对我们坚持科学社会主义，在批判反思中坚持正确的方向，推动中国特色社会主义制度的发展和完善，不断彰显社会主义制度的优越性有着重要的启示意义。

总之，在历史唯物主义看来，历史事实的总和并不是全部现象僵死的堆积，而是蕴含着历史本质的基本关系之总和。历史虚无主义罔顾历

---

① 《马克思恩格斯选集》第1卷，人民出版社，2012，第669页。

史唯物主义的总体性原则，盲目崇尚所谓的"实证"与"客观"，用片面、割裂的手法对待历史中的某些细节或事实，而不是把它们放入历史的整体发展当中去考察。它抓住历史中某些偶然性的细节或零星的事实，任意加以渲染和夸大，而由此得出的所谓"客观公正"的结论不过是歪理邪说罢了。它否定党史国史，以及与此相连的英雄豪杰和模范人物，便是这种唯心主义和相对主义逻辑使然。

正如恩格斯在考察英国工人阶级状况时所提到的："伟大的阶级，正如伟大的民族一样，无论从哪方面学习都不如从自己所犯错误的后果中学习来得快。"[①]从历史发展来看，中国共产党正是通过总结革命、建设和改革过程中的经验和教训，不断把党的事业推向前进。中国共产党在纠正自身错误的时候比任何政党都来得快、来得彻底。中国共产党主动承担这些错误所导致的后果，以实事求是的态度和自我革命的勇气面对严峻考验。历史虚无主义者故意夸大中国共产党的历史失误，企图以此抹杀党作出的伟大历史贡献。他们不理解历史的曲折发展为什么会发生，当然也就不能理解当今经济社会发展成就的来之不易。

因此，只有运用历史唯物主义的强大理论武器，我们才能揭露历史虚无主义的根本性错误，将之彻底驳倒并清除它对当代中国主流意识形态的腐蚀。习近平总书记强调："只有真正弄懂了马克思主义，才能在揭示共产党执政规律、社会主义建设规律、人类社会发展规律上不断有所发现、有所创造，才能更好识别各种唯心主义观点、更好抵御各种历史虚无主义谬论。"[②]我们必须捍卫历史唯物主义的基本理论、基本原则和基本方法，深化对历史发展规律的科学认识，积极解决中国特色社会主义现代化建设进程中所面临的诸多现实难题，用鲜活的社会实践证明历史唯物主义的科学性与生命力。具体来讲，我们"要结合中华民族从站起来、富起来到强

---

① 《马克思恩格斯选集》第1卷，人民出版社，2012，第79页。
② 习近平：《在哲学社会科学工作座谈会上的讲话》，人民出版社，2016，第11页。

起来的伟大飞跃,引导人们深刻认识历史和人民选择中国共产党、选择马克思主义、选择社会主义道路、选择改革开放的历史必然性,深刻认识我们国家和民族从哪里来、到哪里去,坚决反对历史虚无主义"[①]。

[①] 中共中央、国务院:《新时代爱国主义教育实施纲要》,人民出版社,2019,第7页。

第五章 民族主义思潮新动向及应对策略

民族主义发端于近代西欧资本主义民族国家的诞生，并在西方民族冲突和融合的历史进程中不断丰富内容和转化形式、不断向发展中国家和落后民族渗透，对近现代中国社会的发展产生了重大影响。一方面，随着西方民族的强势入侵，中西方之间的民族矛盾迅速上升为20世纪初期中国社会的主要矛盾，使中华民族处于外族的残酷压迫和疯狂剥削之中；另一方面，西方民族发起的压迫战争激发了中国人民民族意识的觉醒，这非但没有让西方列强快速吞并整个中华民族，反而在侧面意义上加强了中国人民的团结，推动了中国革命的胜利。

　　随着时代不断发展，民族主义也在因时、因势而变。经济全球化和世界一体化进程推动了多元化民族思想和文化的交流融合，同时为民族主义在当代中国社会的复兴提供了机遇和条件，涌现出许多新的民族主义思潮理论形态和社会运动。当代民族主义内容复杂多变、波及范围广、受众多，并结合21世纪的逆全球化运动，引发了一系列国际社会和民族国家的新问题。在后疫情时代，民族主义表现得越发猖獗。以美国为代表的西方资本主义国家自恃为"优等"民族，为了维护其民族和国家利益，严重损害发展中国家的民族利益，阻碍发展中国家的经济发展，这让身为全球最大的发展中国家的中国也面临诸多当代困境。本章通过对民族主义进行系统梳理和分析，总结民族主义的新变化，提出应对策略，旨在阐明如何在人类命运共同体视域下突破民族主义的桎梏，努力实现中华民族伟大复兴的中国梦。

第一节　民族主义的内涵与外延

恩格斯在《家庭、私有制和国家的起源》一书中系统研究了以德意志为代表的民族国家的兴起、发展历程和社会现状。他创造性地发现，以个人组织起来的家庭构成了民族国家的基本单位，在古代社会，"氏族""胞族"和部落等社会组织单元是现代民族的原始雏形。因此，我们可以说，广义的民族有着与人类社会一样漫长悠久的历史。但是，民族主义作为近代西方民族国家的产物，与宗教世界的瓦解、文艺复兴、工业革命和航海运动等历史性事件有着直接关联。在近代西方社会转型之际，无论是封建主义、资本主义还是民主社会主义，似乎都能以民族之名分一杯羹，获得其存在的合理性。这种复杂性和交互性直接导致对民族主义概念界定的困难，同样也为我们科学系统地认识、理解和批判民族主义社会思潮带来了一定阻力。因此，关于澄清民族主义为何，及其基本历史发展脉络如何则显得尤为重要。

（1）民族与民族主义

毋庸置疑，民族主义思潮得以产生和扩散的前提是民族的形成与发展。"民族"本身是一个有关民族学、地理学、社会学、历史学、人类学甚至生物学的综合性范畴。由于不同的民族总是处在不同的地理空间中，同一个民族又处在不同的时间序列上，民族内部与民族之间的族员流动和文化互动造成的一系列不稳定性因素等，要想从众多民族中抽象出一劳永逸的共性，去给作为派生物的民族主义下一个准确的定义显得尤为困难（约瑟·D.克拉克森，1990年），而这无疑为民族主义思潮研究带来了巨大挑战。

从词源上看，"Nation"（民族）与"Nationalism"（民族主义）的词根为拉丁语中的"Natio"，隶属于印欧语系。其词源"nascor"主要指"种属"或"种族"，派生词"natio"在很长一段历史中都是作为贬义使用，甚至与近现代的民族范畴中那种积极和狂热的政治、道德和文化意义大相径庭。从古代罗马时期一直到15世纪左右民族国家诞生，"natio"和"nation"都具有陌生、疏远的种族和族群等含义，由此可见，早期民族的这种外族式内涵具有明显的针对性和排他性。根据埃里克·霍布斯鲍姆对《西班牙皇家学院字典》的考证，直至1884年，民族才意谓"'辖设中央政府且享有最高政权的国家或政体'；或'该国所辖的领土及子民，两者结合成一个整体'"[1]。换言之，"民族"这一范畴的积极内涵以及用法，大约是在近代西方资产阶级革命胜利和民族国家建立的这几百年间逐渐得以确立起来的。

不同的学者对民族本身的看法各异，因此，他们往往对民族概念的界定也表现得见仁见智、说法不一。安东尼·吉登斯认为，民族"指居于拥有明确边界的领土上的集体，此集体隶属于统一的行政机构，其反思监控的源泉既有国内的国家机构又有国外的国家机构"[2]。安东尼·史密斯在其著作《民族主义理论、意识形态、历史》中则更倾向于把民族看作是"这样一个被指名的人类共同体，其所有成员都拥有一片故土、共同的神话和历史、共同的公共文化、单一的经济、共同的权利和义务"。总的来说，"民族"内涵的形成离不开两个至关重要的要素。其一是形成民族有机体的自然法则和自然运动过程，具体包括气候、水源、土地和地形等地理环境因素的共同作用；其二是形成民族共同体的社会历史发展规律，主要包括经济、政治、文化、语言和宗教习俗等社会环境因素及其相互影

---

[1] [英]埃里克·霍布斯鲍姆：《民族与民族主义》，李金梅译，上海人民出版社，2020，第25—26页。

[2] [英]安东尼·吉登斯：《民族-国家与暴力》，胡宗泽、赵力涛等译，生活·读书·新知三联书店，1998，第141页。

响。因此，我们也可以说，由个人组织形成的民族是一个兼具自然属性和社会属性的、融合客观物质性和主观意识性于一体的综合性范畴：是指生活在共同地域空间内的，由共同的物质财富、语言、习俗、文化、历史和先祖所维系的，在遵循共同价值的基础上秉承共同理想信念这样一个生活的、价值的和想象的共同体。

一般认为，民族主义产生于近代欧洲，民族主义离不开近代欧洲民族国家的兴起和繁荣，也离不开"千千万万个学者、思想家和政治家对民族、民族利益和民族关系问题所作的理论思考"[①]。由于产生民族主义的各个民族本身的物质基础、精神文化和地理环境等条件迥异，加之尝试总结和界定其概念的学者本人具有强烈的主观性和民族性，导致当前国内外学术界对民族主义的内涵难以形成统一定论，一时间莫衷一是、众说纷纭。作为一种思想观念和文化意识形态，"当人把世界分成两个互不相容、不断争战的阵营，将自己本民族和所有其他民族对立，把后者视为自己不共戴天的敌人，就产生了与爱国主义截然不同的民族主义的意识形态"[②]。作为一种政治运动，"民族主义就是要求使一个族体享有从自治到独立的程度不等的权力的政治学说和运动"[③]。作为一种社会情感或心理现象，"民族主义是两种极其古老的现象——民族性和爱国主义的现代感情上的融合和夸大"[④]；是"个人在心理上从属于那些强调政治秩序中人们的共同性的符号和信仰"[⑤]。从形式上看，广义的民族主义"指的是在整个价值系统中将民族的个性放置于一个很高的位置（类似于爱国主义）的态度"，狭义的民族主义意味着在损害其他价值的情况下的，一种特别过分、

[①] 宁骚：《民族与国家——民族关系与民族的国际比较》，北京大学出版社，1995，第93页。
[②] [美]斯蒂芬·格罗斯比：《民族主义》，陈蕾蕾译，译林出版社，2017，第16页。
[③] 《简明不列颠百科全书（6）》，中国大百科全书出版社，1985，第6页。
[④] 余建华：《民族主义：历史遗产与时代风云的交汇》，学林出版社，1999，第4页。
[⑤] [英]安东尼·吉登斯：《民族-国家与暴力》，生活·读书·新知三联书店，1998，第141页。

夸张和排斥的强调民族价值的倾向，结果导致自负地过高评价自己的民族而贬损其他民族①。从内容上看，民族主义包括文化民族主义、国家民族主义、自由民族主义等理论学说②。

事实上，由于政治立场、理论视角和研究方法的特殊性，目前各种关于民族主义的概念阐释，不免存在一定的片面性和局限性，有些定义甚至没有抓住产生民族主义的核心要素。事实上，民族主义不是如铁板一般的僵化理论。如前文所述，如果民族是由共同地域、共同利益、共同价值和共同习俗维系起来的共同体，那么民族主义就是这个共同体内部的思想体系、价值观念和社会行为的总和，它具有意识形态性、政治性、区域性和思想文化性等特征。一方面，民族主义具有追求民族独立和民族自由的民族精神；另一方面，出于维护本民族利益，这种自由精神向外扩张和延伸时，不可避免地会把本民族的利益看得高于其他民族，甚至在很多时候会导致民族之间的利益冲突，引发民族矛盾和民族之间各种形式的竞争乃至战争。民族国家之间利益冲突产生的民族矛盾，是民族主义相互作用和相互影响的必然结果，同时，这些矛盾又反过来推动民族主义朝着不同的方向不断发展。

（2）近代西欧民族主义的兴起与扩散

据著名历史学教授、法国史专家大卫·贝尔的词频检索和文献考察发现，新词"national"（民族的）在1730年至1789年期间，共出现6.1次，与之相关的"partiote"（爱国者）和"patriotique"（爱国的）直至1750年才出现，甚至到了1789年，两个可在用法上相互替换的词语总共才出现了1.9次③。毋庸讳言，民族主义产生于近代欧洲。因为整个中世纪的欧洲是以教义和教皇管制的宗教世界，在基督教神权思想和文化的管辖和统治之

---

① 参见王联主编《世界民族主义论》，北京大学出版社，2002，第17页。
② 参见林伯海主编《当代西方社会思潮与青年教育》，西南交通大学出版社，2011，第119—130页。
③ 参见［英］大卫·贝尔：《发明民族主义：法国的民族崇拜（1680—1800）》，浙江大学出版社，2020，第35页。

下，人们没有形成自我意识与自由意志，且更加缺乏民族自我意识。随着文艺复兴、宗教改革和航海运动等一系列社会、思想和文化上的革命对神权的冲击、颠覆，以人的尊严和价值为中心的主体性观念促使人们开始关注个人，以及由个人组织起来的群体利益。以血缘关系支撑的封建君主国家随之而起。被誉为"民族主义双父"之一的汉斯·科恩看到了君主国家的过渡性和进步性作用，说它是"现代民族主义的带步人"。

但是，君主国家是维护封建统治主的利益的，不仅有很大的狭隘性，更为重要的是，封建保守主义代表封建贵族和地主阶级的利益，严重损害了资产阶级利益、阻碍了资本主义的发展，于是，17—18世纪在欧洲爆发了一系列资产阶级革命。为了抗衡强大且顽固的封建势力，资产阶级不得不声称自己代表整个民族、代表绝大多数人民的利益，来动员和吸收农民以及工人阶级力量来反抗封建势力。例如，法国大革命的口号就是"以法兰西民族的名义"向封建君主宣战。资产阶级革命胜利的直接结果就是封建君主国家的破产与现代资产阶级民族国家的形成。对此，《共产党宣言》中说："起而代之的是自由竞争以及与自由竞争相适应的社会制度和政治制度、资产阶级的经济统治和政治统治。"

民族国家是在反封建宗教势力和反帝国权力的民族独立、民族解放斗争过程中逐渐建立起来的。其核心诉求是为了摆脱神权和皇权的统治，以及一个民族摆脱另一个民族的入侵和剥削，从而获得民族、集团和组织以及个人的自由，获得民族自决的政治权利。而民族自决原则的实现是民主政治和民族主义的实现，从民族自觉到民族自决，意味着民族主义在政治权利诉求上的深刻变化。随着现代资本主义民族国家的形成，这种自决权力使资本的贪婪本性和剥削本质不再局限于经济领域上的自由生产和市场竞争。为了最大限度地实现资本的积累和流通，经济自由主义渗透到民族主义之中，资本主义民族国家"以自由之名"开始走向外族扩张之路。乍看起来，这似乎具有民族合理性，好像资本最大限度地积累和流通是符合本民族根本利益的。事实上，这种趋势导致了"欧洲民族主义从自由民族主义向民族沙文主义的蜕变，掀起了瓜分世界的殖民狂潮"[①]。

现代西方民族主义以民族自由和民族利益为借口，掩盖了资本贪婪敛财和血腥剥削的惯用手法，迅速攀升为民族殖民主义和帝国主义，并开始向全球范围其他落后的国家、民族和地区扩张。它们在落后和封闭的国家、民族和地区纷纷建立起殖民地，以供西方资本主义民族国家剥夺自然资源和劳动力资源，以及开拓用于倾销商品的庞大消费市场。在这个意义上，近代西欧民族主义的发展史本质上也是资本主义的扩张史。这种非理性的扩张造成了双重后果：其一，民族侵略战争使被侵略民族遭遇毁灭性打击，亚非拉等落后民族被迫卷入全球化市场，沦为西方资本主义民族国家发展的奴隶和工具；其二，外族的入侵使落后民族身处水深火热之中，后者的民族意识迅速觉醒，民族成员组织起来反抗外族入侵，各国民族解放运动和民族独立战争迎来高潮。其中，近代中国就是这场民族解放和民族独立运动大潮中的重要一员。

(3) 近现代中国的民族主义思潮

在古代中国，居住在华夏地区的封建统治阶级用"蛮""夷""狄""戎"等来指称南部、东部、北部和西北部等各少数民族。从这些特殊称谓不难发现，自古以来，中国在一定意义上也存在某种形态的传统民族主义。但是，这些民族主义往往是相对于中华民族所包含的各个少数民族而言的，是古代中国中央集权大一统局面下，地方势力形成封建割据的必然结果。因此，中国古代的民族主义与近现代以来的民族主义显然不可同日而语。因为经过鸦片战争等一系列西方列强的军事入侵，中国的民族主义所涉及的民族关系、民族矛盾和民族主体已经发生了根本性转化。并且，在整个20世纪中国社会所发生的巨变中，近现代中国的民族主义也经历了不同的发展阶段。

[①] 林伯海主编《当代西方社会思潮与青年教育》，西南交通大学出版社，2011，第135页。

第一，20世纪初中国民族主义的形成阶段。学术界认为，近代中国民族主义是从传统民族主义发展而来的，并将太平天国运动、洋务运动、戊戌变法等政治运动归入传统民族主义范畴，而把辛亥革命、五四运动等列为近代民族主义范畴[①]。如此看来，近代中国民族主义大致形成于19世纪末20世纪初，此前流行的还是传统的民族主义。鸦片战争至甲午中日战争时期的传统民族思想主要包括以下两种类型：一种是以太平天国为代表的族类民族思想，视满族为异类，欲彻底消灭之，以恢复汉族的自尊自主地位；一种是深信中国制度文化优于西方的华夏中心主义[②]。

随着西方列强发动侵华战争，康有为、梁启超和孙中山等民主爱国人士和民主革命人士推动了民族主义的发展。康有为认为，"若其对外交邻，自古皆称中国。今东西国称我，皆曰支那……支那盖即诸夏之音，或即中华之转也……今定国号，因于外称，顺乎文史，莫若用中华二字"[③]。梁启超坦言："吾中国言民族者，当于小民族主义之外，更提倡大民族主义。小民族主义者何？汉族对于国内他族是也。大民族主义者何？合国内本部属部之诸族以对于国外之诸族是也。"[④]而孙中山先生则主张"仿效美利坚民族的规模，把汉、满、蒙、回、藏五族同化成一个'中华民族'，组成一个民族的国家"，希望汉族"与满、蒙、回、藏之人民相见于诚，合为一炉而冶之，以成一中华民族之新主义"[⑤]。经过改良派和革命派的多次理论较量，以及运动和革命频频失败的惨痛教训，最后，在共产国际和中国共产党的帮助下，孙中山先生基本上完成了对近代中国民族主义理论体系的建构。国民党"一大"宣言规定了资产阶级之所谓的民族主义，主要

[①] 参见唐文权：《觉醒与迷误——中国近代民族主义思潮研究》，上海人民出版社，1993；杨思信：《文化民族主义与近代中国》，人民出版社，2003。
[②] 参见俞祖华：《近代中国民族主义的类型、格局及主导价值》，《齐鲁学刊》2001年第2期。
[③] 《康有为政论集》，中华书局，1981，第342页。
[④] 《梁启超文集（A）·饮冰室合集：十三》，中华书局，1989，第75—76页。
[⑤] 《孙中山全集》第5卷，中华书局，1985，第187页。

包括中国民族"自求解放"与中国境内各民族"一律平等"这两方面之意义。

第二，中国革命时期资产阶级与无产阶级民族主义的融合、博弈阶段。民族主义作为一种政治性活动的产物，本身就具有强烈的阶级性。由于受到特定阶级利益与阶级立场的影响，整个中国近代革命时期的民族主义及其相互关系演化得极为复杂，集中表现在近代中国资产阶级与无产阶级的矛盾对立上。1924年9月，陈独秀在《我们的回答》一文中，对民族主义作出了解释："民族主义有二种：一是资产阶级的民族主义，主张自求解放，同时却不主张解放隶属自己的民族，这可称做矛盾的民族主义；一是无产阶级的民族主义，主张一切民族皆有自决权，主张自求解放，不受他族压制，同时也主张解放隶属自己的弱小民族，不去压制他，这可称做平等的民族主义。"可以看到，早期的马克思主义者已经初步运用马克思主义的立场、观点和方法去分析现实的民族问题和社会矛盾了。

中华民族的爱国主义与民族战争、中国革命深刻交织在一起。早期的知识分子和革命人士将马克思主义带入中国，马克思主义贯穿了中国近代革命的全过程。"中国共产党人在推进马克思主义中国化的过程中，反帝与反封建并重，把民族主义与民主主义结合起来。"[①]为了推翻"三座大山"，必须团结各个民族、各个阶层中一切可以团结的革命力量。因此，毛泽东在1935年12月的《论反对日本帝国主义的策略》报告中强调："党的基本的策略任务是什么呢？不是别的，就是建立广泛的民族革命统一战线。"[②]统一战线的形成，意味着真正意义上把帝国主义与中华民族之间的矛盾、封建主义和人民大众之间的矛盾作为社会主要矛盾确立起来。中国革命也由此成为中华民族反抗帝国主义的民族解放运动以及人民群众反抗封建主义的民主革命运动。

---

① 陈金龙：《近代中国民族主义与马克思主义中国化》，《华南师范大学学报（社会科学版）》2010年第4期。

② 《毛泽东选集》第1卷，人民出版社，1991，第152页。

第三，新中国成立后现当代爱国主义的形成与发展阶段。随着中国共产党对马克思主义的政党理论、民族理论和国家理论的深化认识，我们在中华优秀传统文化的根基上，逐渐形成了一种更加理性和科学的现当代爱国主义，并逐渐取代了原来以情感和冲动为基础的民族主义。1949年10月，中华人民共和国作为多民族的统一国家正式成立。这意味着中华民族从此实现了民族上的独立和取得了政治上的主权，真正意义上实现了由民族自觉向民族自决的彻底转变。在处理国家和民族关系等外交问题上，1953年12月，周恩来在接见印度政府代表团时，首次完整地提出了和平共处五项原则[①]。中共八大提出我国社会的主要矛盾是人民对于建立先进的工业国的要求同落后的农业国的现实之间的矛盾，人民对于经济文化迅速发展的需要同当前经济文化不能满足人民需要的状况之间的矛盾。主要矛盾的转化说明中外民族之间的矛盾不再作为我国社会的主要矛盾而存在。此后，中国人民总是立足于维护中华民族根本利益的基本立场，在20世纪中下叶的抗美援朝战争、抗美援越战争，以及21世纪以来的涉港问题、钓鱼岛问题、台湾问题以及中印边境冲突等新问题中体现出了强烈的爱国主义风貌。

在当代，我们一般把民族的爱国主义与民族主义区分开来。"民族主义"是国内外各种因素综合作用的结果，是随着西方政治、文化意义的民族主义思潮在我国蔓延，与我国一部分试图分裂民族和国家的极端分子达成"联姻"后，激发了这部分群体所谓的民族意识，从而表现出对本民族至高无上的、扭曲的，甚至是"自毁式"的忠诚和狂热情绪。这种民族主义进而派生出一系列破坏中华民族团结和中国社会稳定的思想观念、文化形态以及社会行为。本章的"民族主义"正是基于这一意义来展开论述

---

① 和平共处五项原则，即互相尊重领土主权（在亚非会议上改为互相尊重主权和领土完整）、互不侵犯、互不干涉内政、平等互惠（在中印、中缅联合声明中改为平等互利）和和平共处。当时得到印方的赞同，写入了1954年4月29日签订的《关于中国西藏地方和印度之间的通商和交通协定》。

的。改革开放后，民族主义思潮在我国社会产生了许多消极影响，常常通过舆论上的施压、军事上的侵略、经济上的霸权、政治上的干涉以及文化上的渗透等手段，严重威胁并损害中华民族在国际社会的合法利益与基本权利。

第二节 民族主义的当代复兴及其新动向

民族主义作为特殊历史时期中客观物质生活的主观思想反映，在不同时代背景下，往往有着不同的理论形态。21世纪以来，交通运输行业的发展和互联网信息技术的普及，推动了经济全球化趋势的不断深化，也使得作为社会意识的民族主义思潮发生了深刻变化。一方面，民族主义思潮保留了西方民族主义的基本内容和传统观点，另一方面，在新的社会历史条件下，民族主义思潮衍生出了难以捉摸的多种形式，并在当代的中国社会产生了一系列消极影响。

（1）民族主义当代复兴的主要动因

当代民族主义的复兴绝非机缘巧合，而是有其内在的和固有的驱动因素。随着经济全球化趋势的进一步泛化和深化，民族国家之间的交往变得日益密切、频繁，国家与国家、民族与民族之间的共同利益和对立利益促进了彼此之间的对话和碰撞。

一是国际重大历史事件影响民族整体利益，激发非理性民族主义情绪。随着全球性的互动和交往步入新阶段，"地球村"已成为事实，这种现状造成了两种截然不同的国际性影响。一方面，国际间的政治经验交流借鉴、谋求共同经济利益、促进文化共享和融合，有利于凝聚全球共识、推动人类命运共同体的建构；另一方面，这种由资本主义主导的全球化所带来的深度交往，会导致区域性和民族性等现代性社会问题迅速扩散，成为全球性公共难题。例如，"9·11"恐怖袭击事件爆发后，美国社会的恐惧心理飙升，复仇反恐情绪高涨，恰好为美国武装干涉他国内政提供了借口和契机；再如，2007年美国发生次贷危机，为了维护本民族的经济利益和社会稳定，美国通过美元贬值等方法，巧妙地将危机向其他国家尤其是发展中国家转移，最后导致金融危机席卷全球；又如，面对由全球气候变暖引发的自然灾害，以美国为首的西方发达国家规避责任，将环境污染和气候变化等问题归咎于发展中国家的能源消耗，忽视其自身在资本主义循环和流通历史中造成的大量能源消耗与资源浪费等问题。当今世界正经历百年未有之大变局，新冠疫情带来的影响加剧了大变局的演变，流行疾病危及全世界各个民族的发展、国家的稳定和人民的生命安全，为全球发展带来了诸多不稳定因素，这些因素正是当代民族主义得以产生、成长、扩散的土壤和养分。

二是逆全球化趋势盛行导致西方民族主义思潮和反华势力抬头。逆全球化是第二次世界大战结束后，世界加速全球化的历史性产物，是反全球化或阻碍全球一体化的思想与理论体系。其中，以美国为首的西方发达国家所奉行的贸易保护主义就是逆全球化思潮的主要表现形式之一。它们往往以本民族利益和诉求为核心，为此不惜以阻滞，甚至牺牲自身经济发展为代价，制造复杂、"双标"的经济贸易条例，为全球性贸易活动制造关卡和难题，以达到阻碍发展中国家经济发展的目的，这些途径和手段近年来正在演绎成逆全球化思潮最为突出的形式。因此，中国提出了"一带一路"建设的倡议，倡议与沿线国家加强战略对接、务实合作。"一带一路"是中国化解西方"逆全球化"倾向开出的一剂良方，是突破逆全球化封锁的有力方案。表面上，逆全球化思潮以保护本民族合理、合法经济利益为借口，事实上，在单边主义、保守主义的逆全球化外衣之下，是西方发达国家政治和文化霸权主义、民族保护主义的本质。尤其在新冠疫情期间，逆全球化思潮以民族利益为由，找到更多借口与民族主义合流，以更为极端、激进的方式试图阻碍全球一体化趋势。

三是科学技术成为主要生产力与网络信息技术的普及，让民族主义找到了新的渗透载体和延伸途径。民族主义作为社会思潮，其存在价值和运行机理在于最大限度地影响更大范围的地区以及更多的人群，让这些群体对民族主义的基本主张产生认同，并参与其中。也就是说，只有获得强大的群众基础，民族主义才有续存的空间和生命力。因此，历史上的民族主义总是会融合这样或那样的媒介载体，不断向本民族以及其他民族疯狂扩散。过去，这些载体主要为古老的图腾图像和神话传说，有时候战争在某种意义上也充当着民族主义传播的媒介。不得不承认，对传统传播媒介的颠覆，主要诉诸工业革命的成果。如果说第一次工业革命把蒸汽机作为动力推动了陆运、航海等运输行业的发展，打破了媒介载体在地域空间上的限制，那么，随着第二次工业革命的降临，电力广泛运用于众多领域，则催生出了更多的新式媒介系统。这时候，报纸、无线电广播和电视等传媒方式则大大化解了时间上的限制。而互联网信息技术和智能设备的大规模生产、应用和普及，更是让信息和文化传播在一定程度上打破了原有的时间和空间限制。在以网络为中介的传播媒介下，西方民族主义等社会思潮以前所未有的速度向全球范围扩张、蔓延和渗透。而网络传播的即时性、复杂性和多样性等特点，使人们更加难以去认识、剖析和解决民族主义新动向及其引发的新的社会问题。

此外，诱发当代民族主义复兴的原因还有一些历史性、环境因素，以及个人或者群体的意识结构和心理状况等因素。

（2）当代民族主义的主要形态

事实上，学术界目前之所以对民族主义的概念难以定论、难以达成共识，主要原因在于民族主义本身是一种动态的思想体系、文化观念和政治行为。这意味着，不同的历史阶段、同一历史时期的不同民族产生的民族主义都具有内在差异，这使得民族主义在当代往往也呈现出不同的形态。

一是网络民族主义。网络民族主义是互联网信息技术快速发展和普及的产物，这种"网络+民族主义"的合成物，我们可以简单将其理解为民族主义的网络化，是民族主义在网络空间中的不断生长、延伸和扩散的结果。作为一种当代普遍存在的思想文化、社会和政治现象，网络民族主义进一步衍生出了与之相关的网络族群意识和网络圈层文化，表现为网络民族主义和网络爱国主义。虽然这一思潮存在的场域是网络信息空间，但是由于互联网和信息技术的不断普及，越来越多的人接触到网络民族主义并深受其影响。在这个意义上，这种民族主义也是社会历史和科学技术发展的现实性产物，其内容和影响具有客观实在性。网络民族主义有着浓重的双重性特点，和其他社会思潮一样有着"双刃剑"意义。它一方面极力维护民族和国家利益，在与其他民族的对峙中展现出强烈的爱国主义和鲜明的政治立场；另一方面，这种爱国主义往往受易冲动、易怒等个人的非理性情绪控制，因此在维护民族利益和声誉时总是表现出极端的思想和行为。例如，一部分不明事理的网民在网上发表不良言论，制造网络舆论，妄加指责和谩骂他国干涉我国的内政，以及侵犯我国经济利益的各种行为。此外，这种民族主义有时甚至表现为以非法手段入侵和攻击国外网站，等等。

二是民族虚无主义。这是虚无主义和民族主义相结合的时代性产物，是虚无主义在民族问题上的具体表现。虚无主义一词系德文"Nihilismus"的意译，源自拉丁文"nihil"（虚无）。德国唯心主义哲学家尼采把否定历史传统和道德原则的现象称之为虚无主义，民族虚无主义则是德国唯心主义哲学家雅科比在《给费希特的信》中首先使用的。民族虚无主义无视民族个性特点，抹杀民族之间的差别，否定民族文化传统和历史遗产，甚至认为"民族"是虚构的概念，是一种由特殊利益维系起来的虚假的共同体。民族虚无主义从根本上否认民族的存在，实质上是大民族主义和大国沙文主义的一种表现形式。大民族主义是资产阶级民族主义的一种，是强大民族的地主、资产阶级在与其他民族之间进行压迫与反压迫斗争的过程中所展现出来的民族主义。在当代，以美国为首的西方资本主义发达国家奉行的正是这样一种民族虚无主义，它们试图以人权僭越族权，否定其他民族的存在价值，在更加广泛的意义上推行民族霸权主义。例如，近年来社会广泛流传对邱少云等抗美援朝民族英雄及其光荣事迹的否定观点和言论，企图消解我国优秀的传统民族精神，进一步否定中国共产党作为执政党的领导地位等，以达到否定中国特色社会主义制度的根本目的。这些现象和行为均属于民族虚无主义范畴。

三是泛民族主义与民族分裂主义。民族分裂主义倾向于在局部地区制造民族矛盾，引发社会动乱，以达到破坏民族团结统一的政治性目的，其实质是一种反动的政治主张和政治行为。这种来自西方的社会思潮瞄准我国一部分民族分裂分子，并偷偷拉拢这些群体，通过一系列极端的途径制造社会舆论和社会暴乱，引发群众恐慌，威胁中华民族的团结统一与和平发展。在民族分裂主义的影响之下，一段时间以来，我国国内外环境越发复杂，频频发生局部的民族性和疆域性冲突。其中，以新疆存在的民族分裂主义最为典型。民族分裂主义者打着"东突厥斯坦"的独立旗号，煽动宗教狂热情绪，与国外反华势力互相勾结，大肆进行民族分裂和社会破坏活动。由于新疆少数民族人口众多、宗教传统历史悠久、与域外国家交往频繁，聚集了众多不稳定因素，因此，近年来频频发生影响社会和谐稳定的民族分裂活动。此外，"港独"分离主义对青少年影响所导致的香港局势动荡变化，以及中印边境冲突、南海问题、台湾问题和中日钓鱼岛等问题，实质是以美国为首的西方国家利用民族主义、宗教主义和不明世事的青少年制造事端，为中国的经济发展和现代化建设设置重重障碍。

近年来，泛民族主义和民族分裂主义表现得尤为猖獗。以美国为首的西方发达国家凭借雄厚的经济和科技实力，自恃"优等民族""美国优先""西方优先"的价值排序，使民族主义在社会舆论的渲染下迅速上升为极端的民粹主义和强烈的种族主义，进而引发了严重的种族歧视等问题。在西方，民族主义以美国表现得最为严重。据国务院新闻办公室发布的《2020年美国侵犯人权报告》显示，2020年6月，联合国人权事务高级专员米歇尔·巴切莱特连发两条媒体声明，强调非洲裔男子弗洛伊德死亡引发的抗议活动，不仅凸显了美国警察对有色人种的暴力执法问题，也凸显了美国在卫生、教育、就业等方面的极端不平等和种族歧视问题。据《今日美国报》网站2020年10月22日的评论指出，在美国，有色人种死于新冠疫情的人数远远多于白人。这一现象可归因于美国不平等的教育与经济体系导致有色人种得不到高薪工作，住房歧视导致有色人种居住密集，以及以牺牲穷人为代价的环境政策等。

面对如此糟糕严重的人权问题，美国政府不仅缺乏应有的反思，而且还对世界上其他国家的人权状况说三道四、指手画脚，甚至生造许多人权问题"嫁祸"给其他国家。这充分暴露了美国在人权问题上的双重标准及虚伪性。例如，在涉疆问题上，针对此前布林肯同意了前任国务卿蓬佩奥对中国的指责，美国认为中方对新疆少数民族实施所谓"大规模拘禁"和"强制绝育"措施构成了"种族灭绝"。面对美国媒体、政客的一再造谣、污蔑和诽谤，2021年1月28日，我国外交部发言人赵立坚在回应蓬佩奥等美国政客的涉疆言论时用重复三遍的"中国没有种族灭绝！"作为有力回应，并对美国这种没有经过深入调查去了解实际情况就满口胡言的恶劣行为进行了强烈批评。

（3）当代民族主义引发的民族问题和社会问题

在我国，民族主义一定程度上由各种国内外民族矛盾、社会矛盾衍生而来，而民族主义也会反过来不断滋生新的民族和社会问题。这种相互作用使得这些问题具有循环性、复杂性、多变性和持久性特征，并且贯穿于我国经济、政治、文化、社会和生态建设等各个领域，跨越了阶层、性别、年龄和群体等界限，分析和处理起来仍然十分棘手。

首先，在地域空间上，当代民族主义上升为民族分裂主义甚至民族恐怖主义，引发地域性的社会动乱和民族矛盾。邓小平曾指出："少数民族问题解决得不好，国防问题就不可能解决好。"[①]我国幅员辽阔，在偏远边疆地区，少数民族数量繁多，人口结构呈分散状。在这些地区潜伏着各种

---

① 《邓小平文选》第1卷，人民出版社，1994，第161页。

复杂民族问题和宗教问题，这些问题一方面是由历史原因遗留下来的；另一方面，受地域地貌等地理因素的限制，部分民族地区经济发展不平衡造成东西部社会贫富差距进一步加大。外媒舆论对这些历史性社会问题进行肆意扭曲和无限扩大，借机煽风点火，使一部分不明世事的极端民族主义分子在反华势力的影响和支持下逐渐丧失理智，大肆进行分裂民族的社会暴恐活动。2020年6月，中国国际电视台（CGTN）推出新疆反恐纪录片第三部《巍巍天山——中国新疆反恐记忆》，讲述了蛰伏在新疆等地的宗教极端势力、民族分裂势力、暴力恐怖势力这"三股势力"持续分裂中华民族和国家的图谋。在众多民族分裂势力中，"圣战"组织最为典型和猖獗。他们通过极端视频、极端言论传播极端思想，招募暴恐分子，组织强大的武装团伙，谋划极端破坏行为。这些行为包括新疆"4·23"巴楚暴力案、"7·5"乌鲁木齐打砸抢烧严重暴力犯罪事件、"4·30"乌鲁木齐火车南站暴恐案以及"5·22"乌鲁木齐爆炸案等类似恐怖事件。

另外，中印双方历史遗留下来的民族矛盾近年来也在边境冲突上死灰复燃。长期以来，印度都在觊觎我国的边境领土，两国甚至因此而爆发过数次相当规模的军事冲突，如曾在2017年酿成洞朗对峙事件、2020年加勒万河谷伤亡事件。虽然最终是以印度的落败画上句点，但是这丝毫没有打消他们的野心，反而让他们产生了"受害者"的民族情结。从此，印度长期沉浸在自己编织的谎言中无法自拔。导致2020年6月至2021年2月期间，中印边境冲突再度升级。事实上，中印边境冲突问题在一定程度上仍然是民族主义所导致的。在美国等西方国家的怂恿下，印方为了扩张民族疆域和维护不合理民族利益，不惜寻衅滋事、损害我国民族利益，其实质是非人道、非正义和非理性的，是有违和平共处五项原则的基本要求的。

其次，在思想文化上，泛民族主义导致当代青少年民族共同体意识淡化、民族认同感和归属感弱化。西方民族主义着眼于民族未来发展，将民族之间的竞争视为长线计划，制造的民族问题总是具有长远的影响。因此，西方民族主义总是通过思想文化观念和意识形态灌输抢占我国青少年群体。例如，香港问题之所以根深蒂固，并且近年来愈演愈烈，一个重要原因就是在基础教育阶段，一部分青少年受西方意识形态的长期灌输和控制，逐渐形成了崇洋媚外、追求所谓西方民主的思想观念。又如，在台湾问题上，台湾《联合报》曾报道，临近2020年台湾地区领导人选举之时，民进党候选人蔡英文竞选办公室发言人林静仪接受采访时声称"中国大陆和台湾是两个完全不同的国家"，甚至恐吓台湾民众："在大陆不放弃武力攻台下，支持统一是'叛国'行为。""台独"势力猖獗的背后，其实是美国、日本等西方国家在台湾问题上来回周旋。他们的手段不局限于向中国台湾兜售武器和在台湾周边寻衅滋事，更是通过互联网和书籍等载体向青少年传达和灌输"台独"思想和民族分裂主义，其种种行为实质是以直接或间接的方式干涉中国内政。但中华民族的伟大复兴、祖国统一是历史的大势所趋，美国、日本等国家的所作所为，结果无非是在世界人民面前将其阴暗面展现得一览无余，让他们自身的国际形象大打折扣。

最后，在媒介载体上，网络民族主义泛滥，导致网络空间失去了日常生活和交往的载体中介意义，成为民族之间意识形态斗争的重要场域。泛民族主义之所以能够长期续存并且在全世界取得公众市场，其中一个重要因素就是网络化和数字化技术在人类生存空间上带来的巨大变革。这种变革营造的虚拟空间，极易被某种文化、思想和价值观念联结为一个虚拟的共同体。民族主义思想、观点和行为的网络化逐渐混淆人们的视听。借助现代先进媒介载体，国内反动势力不断受到境外反华势力支持，进而显得尤为膨胀，频频在我国及我国周边地区制造局部动荡。

当今世界，民族问题具有"普遍性、长期性、复杂性、国际性和重要性"。中央民族工作会议这一论断，科学地概括了民族问题的基本特征，深刻地揭示了民族问题的发展规律。民族问题往往是由国内外各种影响因素共同造成的，而当代媒介载体所传播的民族主义社会思潮，无疑将各种问题进一步集中化、深化和复杂化了。在人类历史发展的长河中，民族问题对一个民族的过去、现在和未来，都具有意味深长的意义。

尤其对中国这样一个历史悠久的统一多民族国家而言，民族问题不仅关系到国家主权和领土完整，还关系到社会稳定、边疆巩固、经济发展以及关系到国内各民族的团结。观察、研究和处理民族问题，必须牢牢把握这几个重要方面，必须看到民族主义社会思潮带来的不确定性因素及其消极影响。

第三节 当代民族主义新动向的反思及对策

近代以来，中华民族历经艰难险阻，在内忧外患的逆境中，在中国共产党的正确领导下，实现了站起来、富起来到强起来的伟大飞跃。中国特色社会主义进入新时代，迎来了历史上最好的发展时期。与此同时，世界正经历百年未有之大变局，新一轮科技革命和新冠疫情深化了局势之"变"。当代民族和国家之间的竞争依然主导着世界的发展趋势，我们也正面临着有史以来更加复杂和严峻的国内外形势。在新时代，中华民族要继续巍然屹立于世界民族之林而不倒，就要防止被各种不良社会思潮侵蚀，也就不可避免地要与各种西方民族主义社会思潮展开思想斗争。这客观上要求我们在坚持民族平等的基本原则下，维护中华民族的整体利益；把56个民族拧成一股绳，积极应对各种巨大挑战，抓住重要机遇；继续坚定文化自信，继承和发扬中华民族优秀传统文化；维护民族团结，推动民族发展，从而实现中华民族伟大复兴的中国梦。

（1）坚定文化自信，铸牢中华民族共同体意识

"优秀传统文化是一个国家、一个民族传承和发展的根本，如果丢掉了，就割断了精神命脉。"[①]中华优秀传统文化凝结了中华民族历史上各种文化思想、道德体系、精神观念和行为准则中最优秀、最精华的部分，是

---

① 《习近平谈治国理政》第2卷，外文出版社，2017，第313页。

中华文明成果的根本创造力。中华民族是一个有着五千多年悠久历史的伟大民族，中华优秀传统文化是中华民族共同的精神基因，是中华民族的根和魂，深深烙印在华夏儿女的内心深处，流淌在华夏儿女的血液里。继承和发扬中华优秀传统文化，是凝聚和团结中华民族的历史写照，也是国家发展和民族进步的必然要求。

中华优秀传统文化的延续和创新，重中之重在于青年一代的培育，因为"国家的希望、民族的未来在青年"[①]。只有把民族文化充分融入到当代青少年教育中去，努力实现其创造性转化和创新性发展，才能更好、更深刻地培育青年一代的民族认同感。伟大的中华民族孕育了博大精深的中华文化，因此，文化自信首先是中华优秀传统文化的自信，民族认同首先是思想文化的认同。"文化认同是最深层次的认同，是民族团结之根、民族和睦之魂……要在各族干部群众中深入开展中华民族共同体意识教育，特别是要从青少年教育抓起，引导广大干部群众全面理解党的民族政策，树立正确的国家观、历史观、民族观、文化观、宗教观，旗帜鲜明反对各种错误思想观点。"[②]在国家、社会、政党、学校教育和家庭教育的共同努力和综合作用下，把中华文化的继承与创新嵌入到一代又一代青年的成长历程当中去，培养青少年判别是非、自我革新的能力。让广大青年群体将民族共同体意识内化于心、外化于行，并自觉与各种民族主义社会思潮展开思想斗争，形成民族自豪感、认同感和归属感。

(2) 加强网络空间治理，建构网络意识形态话语权

习近平总书记在2015年5月的中央统战工作会议上强调："互联网是当前宣传思想工作的主阵地。这个阵地我们不去占领，人家就会去占领；这部分人我们不去团结，人家就会去拉拢。"[③]21世纪以来，互联网凭借

[①] 《习近平谈治国理政》第3卷，外文出版社，2020，第409页。
[②] 《习近平在参加内蒙古代表团审议时强调：完整准确全面贯彻新发展理念　铸牢中华民族共同体意识》，《人民日报》2021年3月6日。
[③] 《习近平谈治国理政》第2卷，外文出版社，2017，第325页。

其互动性、自由性、实时性、共享性和开放性等技术性优势，深受全球网民的青睐，已然跻身为当今世界最具影响力的新型传播媒介。据第51次《中国互联网络发展状况统计报告》显示，截至2022年12月，我国网民规模达10.67亿，较2021年12月新增网民3549万，互联网普及率已达75.6%。海量的互联网用户集聚在网络场域，成功突破了社会思潮影响范围的地域性和局部性等缺陷，这无疑给民族主义等西方社会思潮的传播和渗透带来了便利。凭借技术上的优势，民族主义社会思潮在互联网、大数据、云计算和智能技术的加持下，准确把握我国社会情感状态以及社会心理需求。例如，美国就十分偏执于通过新闻、广告和电影等形式，投放体现如好莱坞电影中的大民族主义和个人英雄主义等内容，导致美国意识形态常常以悄无声息的方式影响着我国青少年思想及行为。

面对网络媒介和大众传媒文化大肆传播社会思潮的现象，及其带来的双重社会影响，或许对症下药才是科学的解决方法。因此，在国内社会，我们应该倡导一种理性的爱国主义。一方面，把民族和国家的利益放在个人和社会价值选择的首位，坚决反对和抵制各种损害国家和民族利益的思想、行为；另一方面，社会成员要形成鉴别是非的能力，时刻保持警惕，以科学、理性的观点和言论来表达爱国主义情怀，防止被民族主义社会思潮"牵着鼻子走"，从而引发一系列破坏社会稳定和分裂民族团结的有害行为。对外而言，不断加强网络舆论阵地建设则显得尤为重要。"互联网不是法外之地。利用网络鼓吹推翻国家政权，煽动宗教极端主义，宣扬民族分裂思想，教唆暴力恐怖活动，等等，这样的行为要坚决制止和打击，决不能任其大行其道。"[①]简而言之，在变幻莫测的互联网时代，只有全面占领互联网思想舆论阵地，牢牢掌握网络空间意识形态的话语权、主导权，才能真正"做到正能量充沛、主旋律高昂，为广大网民特别是青少年

---

① 《习近平谈治国理政》第2卷，外文出版社，2017，第336页。

营造一个风清气正的网络空间"①。

（3）推进科学技术创新增强综合国力，维护民族和国家安全

"创新是民族进步的灵魂，是一个国家兴旺发达的不竭源泉，也是中华民族最深沉的民族禀赋，正所谓'苟日新，日日新，又日新'。"②中国近代史以血泪的教训启示我们，闭关锁国意味着与世隔绝，无法及时感知世界因创新带来的巨变，进而导致落后挨打、任人宰割和丧失主权的被动局面。相反，20世纪以来，美国为了其民族和国家利益，打着"人道主义"和"人权主义"的幌子到处垄断经济利益、发动包括政治和军事上的侵略战争，强行干涉他国内政。人道主义危机源于美国的霸权思维，以及支撑美国一系列霸权主义举动的科技创新先机和雄厚的军事实力。而由此带来的人道主义灾难再可怕，也总是由其他国家和民族在承担，不会对美国的经济实力和国际地位造成实质性的影响，不会阻碍美国达成其目标，更不会直接损害美国人及其相关利益者。选择不计后果地动武，其背后透射出的是"美国优先"、强者通吃的霸权心态，是"唯我独尊、宁负天下"的单边思维。

如今，美国再度仰仗先进的科技军事实力，在全球范围内大兴贸易保护主义和单边主义，制裁以中国为主要对象的发展中国家的科学技术创新。在民用通信领域，美国单方面制造"中兴事件""华为事件"等；在军工领域，美国制裁中国航天科工集团部分研究院，以及其旗下13个附属机构等44家科技集团公司。手段包括出口管理限制、技术垄断和技术封锁、以高额关税阻碍我国产品销售，严重侵犯了我国民族企业的合法利益。因此，面对美国一家独大的科技创新和技术霸权的现状，也许以大数据、人工智能、生物科学等新科技驱动的第四次工业革命，为我们打破这一由美国塑造的单极化世界格局带来了前所未有的机遇。在新的起点上，

---

① 《习近平谈治国理政》第2卷，外文出版社，2017，第337页。
② 习近平：《在同各界优秀青年代表座谈时的讲话》，《人民日报》2013年5月5日。

我国继续坚持改革开放和科学创新，努力"抓住新一轮科技革命和产业变革的历史机遇，大力发展数字经济，在人工智能、生物医药、现代能源等领域加强交流合作，使科技创新成果更好造福各国人民"[①]。开放是促进新冠疫情后经济复苏和增长的关键，也是促进社会发展进步的必由之路；科技创新的关键在于人才培养和人才创新。只有通过培养科研人才的创新思维和创新能力，掌握自主研发的核心技术，保护知识产权，我们才能在开放、共享的历史潮流中打破西方国家的封锁和制裁，扭转被动局面，坚定地维护国家安全和民族利益。

（4）发挥中国特色社会主义制度优势，实现中华民族伟大复兴的中国梦

民族区域自治制度是我国的基本政治制度，是建设中国特色社会主义民主政治的重要内容。我国的民族政策包括坚持民族平等、维护民族团结、实施民族区域自治、发展少数民族地区经济文化事业、培养少数民族干部、尊重和发展少数民族语言文字、尊重少数民族风俗习惯和尊重少数民族宗教信仰自由。《中华人民共和国民族区域自治法》"序言"中宣示：民族区域自治是中国共产党运用马克思列宁主义解决我国民族问题的基本政策，是国家的一项基本政治制度。民族区域自治是在国家统一领导下，各少数民族聚居的地方实行区域自治，设立自治机关，行使自治权。实行民族区域自治，充分体现了我国尊重和保障各少数民族管理本民族内部事务权利的自决精神，体现了我国坚持实行各民族平等、团结和共同繁荣的原则。《2021年国务院政府工作报告》中亦指出，我们要坚持和完善民族区域自治制度，全面贯彻党的民族政策，铸牢中华民族共同体意识，促进各民族共同团结奋斗、共同繁荣发展。而"铸牢中华民族共同体意识，就是要引导各族人民牢固树立休戚与共、荣辱与共、生死与共、命运与共的共同体理念"[②]。

[①] 习近平：《同舟共济克时艰，命运与共创未来——在博鳌亚洲论坛2021年年会开幕式上的视频主旨演讲》，《人民日报》2021年4月21日。
[②] 《习近平谈治国理政》第4卷，外文出版社，2022，第245页。

"中国特色社会主义进入了新时代，意味着国家改革开放和'一国两制'事业也进入了新时代。"[1]在"一国两制"的有力保障下，我们必须抓住历史机遇，努力促进香港、澳门的繁荣稳定；在"九二共识"的基础上，不断加强两岸对话交流。"中华民族历史上经历过很多磨难，但从来没有被压垮过，而是愈挫愈勇，不断在磨难中成长、在磨难中奋起。"毋庸置疑，祖国统一是民心所向，是不容逆转的历史趋势，不过，这仍然"需要各民族手挽着手、肩并着肩，共同努力奋斗"[2]，需要"坚持党的领导，团结带领各族人民坚定走中国特色社会主义道路"[3]。

当前，国际环境日趋动荡，经济全球化遭遇逆流。一些西方国家的单边主义、保护主义风靡，并倚仗民族主义等社会思潮得到进一步传播和扩散，企图制造各种社会问题和民族矛盾来阻碍中国的经济建设和现代化进程。因此，充分认识民族主义的生成根源、运行机理、表现形式及其所引发的不良社会问题，并在此基础上对其进行科学引导和坚决抵制，有利于培养全社会的民族共同体意识，以及实现中华民族伟大复兴的中国梦。从更长远的历史角度来看，随着国际社会对人类命运共同体理念的逐渐理解和认同，在可预见的未来，"零和博弈"现象将得到有效遏止，狭隘的民族主义也终将在人类命运共同体的影响和作用下逐渐退出历史舞台。

---

[1] 《习近平谈治国理政》第3卷，外文出版社，2020，第399页。
[2] 《习近平谈治国理政》第3卷，外文出版社，2020，第302页。
[3] 《习近平谈治国理政》第3卷，外文出版社，2020，第299页。

第六章 民粹主义思潮新动向及应对策略

党的二十大报告指出："问题是时代的声音，回答并指导解决问题是理论的根本任务。今天我们所面临的复杂程度、解决问题的艰巨程度明显加大，给理论创新提出了全新要求。"

当前，我们处在百年未有之大变局，国内外形势正在发生深刻复杂变化，诸多社会矛盾交织叠加、风险挑战明显增多，不稳定性不确定性明显增加。一时间，在世界范围内，民粹主义又成为公共舆论中备受关注和讨论的社会思潮之一。民粹主义势力一路高涨、加速蔓延，严重冲击着我国的国家安全与稳定、国际社会的和平与发展。

从国外民粹主义的发展来看，资本主义的发展和全球化的进程是近年民粹主义势力发展的关键因素。众所周知，西方国家获得长足发展的同时，也伴随着在全球范围内南北差距的加大以及本国社会的严重撕裂。尤其是在2008年金融危机席卷全球后，原本掩盖在经济泡沫之下的社会矛盾在欧美等发达国家集中爆发出来。与此同时，承受了自由化、市场化发展代价的底层民众生活处境每况愈下，他们对于执政精英阶层的"愤怒""憎恨"等情绪也因此悄然蔓延开来。此类情绪的笼罩，再加上一些政党领袖的煽风点火，为民粹主义在一些西方国家的蔓延和勃兴埋下了伏笔。

然而，在中国，民粹主义并未形成一种政治实践，而是以"网络民粹主义"的特有形式呈现。从宏观来看，国内的民粹主义虽然可以大致地分为民族类的、文化类的、民主类的，但它们均是基于不同的具体的社会事件而展开的。因为缺乏核心的利益诉求斗争手段，所以民粹主义更多地被视为一种社会情绪而存在，它本质上是一种隐匿的社会戾气、非理性情绪的集中表达和定点爆发。就我国网络民粹主义兴起的背景而言，它与我国复杂的国情、民众心理和媒介技术的发展有直接关系。目前，我国正处于政治、经济、文化和科技快速发展的新阶段，一些新的社会矛盾集中爆发，而伴随着网络的普及和发展，民众的不满情绪在网络空间大行其道。尤其是近年来，一路高涨的民粹主义成为民族主义、种族主义、反智主义等其他社会思潮的宣泄窗口，这也使得民粹主义立时成为全球不可忽视的一大政治宣言、社会思潮和社会运动。但是，值得再次强调的是，国内的民粹主义不同于西方那些作为政治策略、政治运动或意识形态的民粹主义，它更多表现为网络民粹主义。换言之，国内的民粹主义最基本、最主要的形态是网络民粹主义。

第一节　民粹主义及其本质特征

民粹主义有种种理论面向，民粹主义概念发展至今也具有不同的内涵。为了弄清网络民粹主义的特征，我们首先需要阐明民粹主义的本质内涵。

（1）民粹主义的含义

民粹主义是一个极为复杂的概念。一直以来，学术界都难以给出一个全面而普遍的定义。有些学者从社会心理学的角度出发来描述民粹主义的特征，认为民粹主义者通常表现为对现代化、全球化等所带来的弊端的"恐惧"和"愤怒"；有观点认为，民粹主义意味着不负责任的政策；还有观点认为，民粹主义者是那些被现代化所抛弃的失败者等等。以上各种不同的观点表明，要对民粹主义进行确切定义确实是一件不容易的事情。另外，更为重要的是，在民粹主义与"人民主权"的民主政治之间又总是具有令人迷惑的相似性。对此，普林斯顿大学政治学教授维尔纳·米勒在被誉为"对民粹主义现象最好的理论解释"——《什么是民粹主义?》一书中认为，早在20世纪60年代末，民粹主义就是当时学术界在关于去殖民化运动讨论中的核心概念，他援引荷兰社会学家卡茨·穆德的观点来分析民粹主义的本质，从而深刻地指出："民粹主义可谓是一种以反自由的民主方式，对反民主的自由主义的回应。民粹主义被视为一种威胁，同时又被视为一种对已远离人民的政治的潜在矫正方式。"[①]由此可见，民粹主义明显是一个"政治上饱受争议的概念"[②]。

可以说，民粹主义虽然不是一个新鲜事物，但是人们却很难对这个词下一个准确的定义。因为基于不同利益的职业政治家们对其持有不同的解释和看法，无论是左翼、右翼，还是民主派、自由派，似乎都能找到民粹主义的影子。米勒曾以欧洲为例来分析民粹主义概念的复杂性，他说："所谓体制内政治人物热衷于给他们的反对者贴上民粹主义者的标签。但与此同时，被贴上民粹主义标签的一些人也发起了攻击。他们自豪地接受这样的标签，并宣称如果民粹主义意味着为民众服务，那么他们自己就是民粹主义者。"[③]

如果我们无法对民粹主义做出一番精准定义，那么，我们是否可以换一种视角来描述民粹主义的特征？也就是说，什么样的行为可以称之为民粹主义，或者说具有民粹主义的性质？换言之，民粹主义有哪些具体的特征？众所周知，民粹主义者通常以人民为视角和话题切入点，主张强调人民意愿和权利要得到直接而充分的表达。民粹主义者似乎都是"对抗体制的反叛者"，都表现出"愤怒""沮丧""憎恨"等政治焦虑情绪。但是按照米勒的观察，除了上述政治情绪，民粹主义的治理方式通常表现出以下

---

① [德] 维尔纳·米勒：《什么是民粹主义?》，钱静远译，译林出版社，2020，第10页。
② [德] 维尔纳·米勒：《什么是民粹主义?》，钱静远译，译林出版社，2020，第13页。
③ [德] 维尔纳·米勒：《什么是民粹主义?》，钱静远译，译林出版社，2020，第13页。

特征：一是尝试挟持国家机器；二是贪污腐败；三是通过提供物质利益和制度恩惠换取公民支持；四是系统打压公民社会。英国政治学家保罗·塔格特也将民粹主义复杂的表现形式概括为以下六个特征："民粹主义者敌视代议制政治；民粹主义者把他们所偏爱的群体作为理想化的中心地区并以此作为辨识自身的依据；民粹主义作为一种思想意识缺乏核心价值；民粹主义是对严重危机的强烈反应；民粹主义因自身的矛盾性而具有自我局限性；民粹主义作为像变色龙一样的东西，能够随着环境的变化而变化。"①

（2）民粹主义的特征

在上述关于民粹主义的种种分析中，尤其值得我们关注的是以下两种观点：一是认为民粹主义产生于代议制民主制，是一种特定的对政治的道德化想象，它主要依赖于对"真正人民"的符号化的抽象代表；二是认为"新民粹主义是新自由主义的变体。喧嚣的新民粹主义浪潮实际是新自由主义放纵金融资本积累的结果"②。前者从政治的角度对民粹主义下了一个普遍适用的定义，后者的观点则更多揭示了近些年在全球范围内不断升温的民粹主义的动因。

第一种观点主要是由米勒提出的，他的观点帮助人们理解发生在世界不同地区的民粹主义现象的本质特点。如果说，我们对民粹主义的理解是社会底层民众对精英建制派的仇视和反对，从而以非理性的方式表达对于社会现实的不满，那么米勒在这种政治情绪表面之下更为深刻地指出了民粹主义的本质。米勒认为，民粹主义的核心特质不是反对精英，而是对"人民代表性"的垄断，他说："民粹主义是一种特定的对政治的道德化想象，是一种在政治领域内一群道德纯洁、完全统一的，但是在我看来是纯属虚构的人民，对抗一群被视为腐败的，或其他方面道德低下的精英们的

---

① ［英］保罗·塔格特：《民粹主义》，袁明旭译，吉林人民出版社，2005，第3页。
② 宋朝龙：《看清当代西方新民粹主义》，《前线》2019年第12期。

认识方式。"①也就是说，民粹主义者宣称自己是人民的真正代表，但他们将与自己意见不一的人排除在"人民"这一概念之外，他们宣称只有他们自己才真正代表了人民的意志和利益。由此可见，虽然民粹主义常常表现为反精英、反建制、反多元，但是这种对政治代表性的道德垄断才是民粹主义的本质特点。

米勒的观点确实在当今各种政治事件中能找到诸多印证。比如，英国脱欧仅有52%的英国民众同意，但并不妨碍民粹主义者宣称这是英国全体人民的集体意志。再比如，土耳其总统埃尔多安所讲的："我们就是人民，你们算什么？"但值得注意的是，米勒的论调是建立在对西方民主理念乃至制度崇拜的基础之上的。"因为过去25年中无论民主多么令人失望，它依然是全球舞台上获得承认的最重要入场券。"②米勒认为，民粹主义是民主发展中出现的意外产物，进而认为西式民主像弗朗西斯·福山所讲的那样，将成为人类文明的最终形态。米勒似乎无法深入观察到民粹主义产生的根源，以及西式民主理念和制度设计存在的问题（形式民主、党派之争、金钱游戏等）。在此，值得反思的是，难道遵循民主设计理念的民主制度具备形式上的理性和民主就一定能够带来实质性的民主吗？

第二种观点则更适用于20世纪后期主要在西欧国家兴起并延续至今、被称为"无权者的反叛"的民粹主义，它兴起的背景是在新自由主义主导下的全球化发展。这一波民粹主义与种族主义、民族主义、反全球化等思潮合流，从而吸引到那些在全球化过程中产生被剥夺感的底层民众，从而推动了民族主义、种族主义、宗教极端主义等形式的思潮的复苏。比如，目前欧美国家中因为移民潮带来的文化冲突而引发的民粹主义等。

除了上述观点，我们还可以从民粹主义领袖这个维度进一步分析民粹主义的复杂特征。换言之，民粹主义还有一个特征就是对政治领袖的依

---

① [德]维尔纳·米勒：《什么是民粹主义？》，钱静远译，译林出版社，2020，第25页。
② [德]维尔纳·米勒：《什么是民粹主义？》，钱静远译，译林出版社，2020，第72页。

赖。具体来说，民粹主义领袖宣称代表底层民众，诉诸民众被漠视的利益和被压抑的愤怒，发誓彻底改变腐败和无能的建制派精英们所造就的黑暗现状。如果缺少了这种强人领袖，底层民众的抗议以及暴乱活动便失去了共同的目标或者说精神指引，仅仅停留在简单的情绪的宣泄和表达，对于建立新的合理的社会秩序意义不大。因此，有学者做了一个大胆的、积极乐观的猜测，指出如果在各种抗议游行以及社会斗争中民粹主义初露苗头，并且在发展的过程中，一位魅力型或者权威型领袖出现，而且其能够有效地整合、引导民意，那么该民粹主义的活动便能称作一次社会主义性质的运动。当然，如果领袖缺少了大众的支持，其政策主张便难以在现实中实施，没有了民众基础。因而我们经常看到，从民粹主义参与的主体来理解，一种具有民粹主义性质的运动，通常不是某一参与者的"独角戏"，而只能是领袖与民众互动作用的过程。对于精神领袖和个人在民粹活动中的角色和作用，我们既需要区别对待，又需要将两者的互动看作是民粹主义这一思潮能够形成、延续并成为影响全球政治的一大原因。

毫无疑问，民粹主义还是在当今纷繁复杂的激烈的意识形态斗争中的一个强有力的流派。马克思认为，作为人类社会观念上层建筑的意识形态，在阶级社会中将不可避免地被统治阶级所利用，从而成为维护统治阶级的统治地位和既得利益的特殊工具。因此，支配着物质生产资料的阶级，同时也支配着精神生产的资料。民粹主义便是马克思所讲的这样一种具有虚假性、工具性和批判性的社会意识形态。虚假性表明其所宣称的"代表全体人民"不过是一小部分符合本阶级利益的人群；工具性表明其各种宣传鼓动手段，不过是一个阶级或利益集团推翻另一个阶级或利益集团的工具，是一种取得统治地位的策略性手段；批判性表现在民粹主义通过批判现存的所谓"腐败堕落"的精英阶层和建制主义来鼓动群众，从而获得合法性，其结果不可能是自己批判自己、自己革新自己。当前的民粹主义倾向于使用种族、民族、传统道德等口号，反对全球化的深入发展及多元主义等价值观，尤其是近年来伴随着现代网络、科技与新兴传媒的蓬勃发展，民粹主义能将自己的主张迅速输送至普通民众的视野中。应该说，这股思潮已经愈演愈烈。

（3）民粹主义的发展

不同时间、不同地区的民粹主义概念各有不同。对此，莱克鲁·欧内斯托提到："民粹主义是由情境决定的，不同的民粹主义实例很难类推。"在中国，学术界最初对于民粹主义的讨论大都是以俄国民粹派为样板，常常与"绕过资本主义直接过渡到社会主义""反现代化"等思想意识存在关联[1]。其实，1945年毛泽东便提到了民粹主义的定义，他说："所谓民粹主义，就是要直接由封建经济发展到社会主义经济，中间不经过发展资本主义的阶段。俄国的民粹派就是这样。"[2]在新中国成立初期，社会生产力比较低，因而建设社会主义的力量都被调动和集中起来发展生产力。在这一阶段，人民的建设热情高涨，社会矛盾仍未明显暴露，民粹主义的因素在此时并不具备产生的条件。随着改革开放，中国社会面貌焕然一新，民众的思想解放程度也越来越高，民众的民主意识、法治意识、参与意识增强，对于自身利益的关切程度也逐步加深。与此同时，人民群众贫富差距加大，部分行政司法等部门不作为、乱作为现象使得民众积怨，因而对社会不满的情绪日益累积，需要一个宣泄的窗口，这就为民粹主义的兴起提供了社会条件。

然而，值得注意的是，当前国内的民粹主义最基本、最主要的形态是网络民粹主义。毫无疑问，网络民粹主义的兴起与互联网等现代信息技术的发展有直接的关系。尤其是近些年来，新媒体异军突起，网络空间呈现出更加平民化的趋势，使得一些思想观念和情绪的传播扁平化、便捷化。应该说，现代新媒体技术的应用和发展，使得每个人都成为信息发布的主

---

[1] 参见郭中军：《台湾地区民主转型中的民粹主义：1987—2008》，学林出版社，2014，第11页。

[2] 《毛泽东在七大的报告和讲话集》，中央文献出版社，1995，第126页。

体，民众带着自己的不满情绪上网，借助网络"水军"、网络"大V"等"意见领袖"煽动大众，从而形成了网络空间内的民粹主义浪潮。对此，正如一些学者分析指出的："技术既赋予了每个网民自由表达的权力，又与之相对地放大了分歧和矛盾，其匿名性、隐蔽性的特征为民粹主义的进一步蔓延提供了土壤。在网络空间中，理性的缺位带来公共平台意见表达的失序，公共讨论多元利益和诉求交织，形成了复杂而多样的网络民粹主义图景，具有明显的反精英、反建制特征，并呈现出狂欢态势。"[1]由此来看，所谓的网络民粹主义实质是民粹主义在互联网时代的延伸和变异，它仍然具有民粹主义反精英、反多元、非理性等基本特征。

第二节　民粹主义的新形态：网络民粹主义

恩格斯指出："人们自觉地或不自觉地，归根到底总是从他们阶级地位所依据的实际关系中——从他们进行生产和交换的经济关系中，获得自己的伦理观念。"[2]网络民粹主义的兴起除了得益于互联网尤其是网络社交媒体的发展，最为根本的原因是在处于转型中的社会依旧隐含着诸多"深层矛盾"。比如，社会贫富差距拉大、"两极分化"严重、阶层固化现象持续、阶层流动性降低以及生活满意度下降等。这些社会事实激发了"弱势民众"的逆反心理，使得社会中充斥着"社会焦虑"和"不安全感"，由此造成了网络民粹主义在世界范围内的蔓延和勃兴。

（1）网络民粹主义的表现

纵观近些年来的网络舆论事件，我们可以发现，网络民粹主义已经生成了系统的话语逻辑。在这里，我们按照出发点的不同，大致可以将民粹

---

[1] 黄楚新：《网络民粹思潮的动态、趋势及对策》，《人民论坛》2021年第3期。
[2] 《马克思恩格斯选集》第3卷，人民出版社，2012，第470页。

主义分为民主民粹主义、文化民粹主义和民族民粹主义，三者均会因为不同类型的政治事件或社会风波而不断发展。其中，最为主要的便是民主民粹主义以及民族民粹主义大行其道，二者要么在网络上宣传反智主义的言论中跟随所谓的"专家""意见领袖"发言发声，要么大肆宣传非理性的爱国主义，加剧新冠疫情期间民众躁动的情绪。

第一类是民主民粹主义。这类民粹主义的主要表现是对于热点舆论的随意发声，民主民粹主义者打着"底层利益"与"公平正义"的旗帜，公开地、泛化地批判行政体制机制、法律体系以及司法程序等。有学者指出，当代中国的民粹主义表现为"三仇""两过""两求"，即"仇官、仇富、仇专家"，"过均、过急"，"求民生、求民权"。换言之，民粹主义以代表"人民大众"的集体利益发声，制造公共舆论。以至于近几年中国社会发生的群体性事件，大多是打着"为平民求公正、为大众诉正义"的旗号，由某一个案逐渐发展而成的，并且"在互联网的高效传播下，参与者打破了地理界限，展现出从线上组织策划到线下同步推进的现象"[①]。尤其是近年来，随着抖音、快手等新兴媒体的出现，以及广播、报纸等传统媒体与微博、微信公众号、视频号等新兴媒体的融合发展，网络民粹主义越来越呈现出扁平化、匿名化的传播方式，从而为"意见领袖"组织网络情绪宣泄提供了广大平台。民粹主义凭借网络集体行为表达、汇集民意以"审判"精英的"集体狂欢"，尤为引人注目。比如，在干群、劳资等矛盾纠纷的新闻事件中，部分网络大V、"公知"抢在官方声明发布前直接爆出精英的谣言、绯闻等或刻意美化民众的言论。这些言论在微博、贴吧、微信朋友圈等被大量点赞、转发与评论，进而激起舆论狂潮[②]。

第二类是文化民粹主义。此观点主张凡是人民大众所喜欢的文化才是真正优秀的文化，因而文化应当是人民大众自发创作、形成和传播的，不

[①] 王琳琳：《当前中国社会的民粹主义倾向及有效规制》，《齐齐哈尔大学学报（哲学社会科学版）》，2020年第8期。

[②] 参见袁婷婷：《民粹主义的中国境遇》，《探索》2018年第1期。

需要相应的上层引导。另外，文化民粹主义尤其反对精英所提倡的文化。文化民粹主义的表现主要有两种。其一是由"泛娱乐化"的心态而导致的戏谑调侃文化。在当代，人们往往热衷于将演艺人员等公众人物的绯闻作为茶余饭后的谈资，却鲜少关注国家动态。其二是网络中文化民粹主义表现为抹黑英雄人物和精英人物，颠覆英雄人物的形象。网络民粹主义者对传统主流文化的反抗和叛逆，表现了社会大众不甘心被动地接受主流文化，渴望成为文化的创造者，拥有更多的话语权[1]。这类民粹主义观点看似是对平民文化、大众文化的推崇和喜爱，但是其往往伴随着对于优秀传统文化、高雅文化和权威文化的消解、解构。我们知道，一个没有历史的民族是没有希望的，一个民族的根本文化是不能失去的，否则这个民族便没有了希望。历史中许许多多仁人志士都十分重视中华文化源远流长的深厚的文化根基，若是对这些优秀文化被任意解构、污化而置之不理，若是对文化民粹主义者倡导的低俗文化、腐朽文化等置之不理，那么，一个国家的文脉也会陷入被断送的危险中。对此，有学者分析指出："文化民粹主义是由一些通俗文化专业学人所作的知识分子式的界定，认为普通百姓的符号式经验与活动比大写的'文化'更富有政治内涵，更费思量。"[2]

第三类是民族民粹主义。它是民粹主义与民族主义相融合的产物。在国外，许多社会矛盾、社会运动便是民粹主义与民族主义相互交织、相互促进的结果。在国内，许多"热血的"爱国主义者呼喊着"爱国"的口号，以宣扬中华民族的优越性，贬低抹黑其他民族文化，实则是给国家添乱。这既对文化的多样性共存缺乏尊重，也对中国以及国民的世界形象的塑造不利。对此，保罗·塔格特指出"民粹主义是一个对中心地区的含蓄性表达的概念"[3]，中心地区的重要性说明了民粹主义的内向型特征。由

---

[1] 参见侯海文：《当代中国网络民粹主义思潮探析》，《声屏世界》2020年第6期。
[2] ［英］吉姆·麦克盖根：《文化民粹主义》，林方先译，南京大学出版社，2002，第4页。
[3] ［英］保罗·塔格特：《民粹主义》，袁明旭译，吉林人民出版社，2005，第25页。

此来看，民族民粹主义者便能极好地体现这种内向型特征。一方面，民族民粹主义刻意突显民族屈辱史和当今他国对我国利益的侵犯，从而唤起民众的悲情记忆和悲观情绪，最后将民族主义的"恐外症"与民粹主义的"弱者心态"和"受害者心理"相结合。另一方面，民族民粹主义也通过设定共同的批判对象而构建起"想象的爱国群体"，它追求同质性和被认同的归属感，这凸显了网民道德批判的盲从心理，特别是在我国与他国爆发利益冲突时，民族民粹主义裹挟下的网民容易形成表达极端民族情绪的话语合流①。

以上，我们根据外在表现不同或者所持观点的差异，对民粹主义形态进行了分类，目的并不在于进行概念上的循环论证与辨析，而是试图真正透过现象看清当前网络民粹主义的真实面孔，从而看清网络民粹主义在当下中国发展流变的趋势，寻找应对、规制民粹主义情绪泛滥的方式方法。

（2）网络民粹主义的特征

马克思、恩格斯曾在《德意志意识形态》中指出："思想、观念、意识的生产最初是直接与人们的物质活动，与人们的物质交往，与现实生活的语言交织在一起的……意识在任何时候都只能是被意识到了的存在，而人们的存在就是他们的现实生活过程。"②作为一种社会情绪、社会思潮，民粹主义激进地表达和争取大众的利益诉求，并借助以互联网为基础的媒体传播手段，从而煽动、汇集民众非理性化的情绪宣泄。网络民粹主义在中国的产生和发展有经济、政治、文化等诸多方面的现实原因，必须通过对网络民粹主义概念的冷静分析和对于它的分类解读以及特征描述等掌握其全貌，从而为规避网络民粹主义所带来的不利影响提供理论支撑。概括来讲，网络民粹主义具有大众化、批判性、盲目性三个主要特点。

---

① 参见崔聪、张励仁：《"网络民粹主义"思潮影响下爱国主义价值观培育的挑战与应对》，《理论导刊》2020年第1期。
② 《马克思恩格斯选集》第1卷，人民出版社，2012，第151—152页。

首先，网络民粹主义具有显著的大众化特征。网络民粹主义者来自庞大的平民阶层，他们主张"平民至上"的理念，以"正义"包装自身，追求直接参与的民主权利，以关心底层大众的生活和利益需求为幌子赢得底层民众的信任和支持。另外，当前民粹主义的观点传播大都是在大众媒体平台上完成运作的。对此，有学者认为，大众媒体的传播具有扁平化的特点，它"为民粹主义在网民之间的集聚、爆发提供便利。它能够超越地理边界、交易成本以及时空限制，把民众分散的诉求、情绪凝聚起来并以民意面目呈现"[①]。网络空间成为"弱势群体展示伤痕和互相取暖的地方，也经常变成倾泻仇官、仇富等负面情绪的垃圾箱"[②]。普通民众的思维特征加上大众传媒技术的功能，使得民粹主义情绪一旦在网络新媒体平台散播开来，就容易煽动大众情绪，从而汇聚成一股网络力量抢夺话语空间。

其次，网络民粹主义的另一大特点便是具有很强的批判性。网络民粹主义经常以反精英的形式出现，旨在构建"精英与人民""官二代与富二代""弱者与强者"这样一种"二元对立"的叙述结构，用以批判精英主导的话语体系和现存的不合理的国家政治经济体制。网络为普通民众伸张所谓的正义、捍卫自己所谓的合法权利提供了平台。因此，网络民粹主义有一个突出的特点，就是通过网络伸张普通民众的诉求和保护弱势群体的利益。但与此同时，网络民粹主义的发展出现了更加非理性的趋势，在一些事件中，普通民众倾向于宣泄他们心中的不满，却有意模糊了事件的真伪。这使得任何群体性事件往往会成为触发网络民粹主义情绪的导火线和靶点，从而使民众对政府的作为持抵触与不信任态度。比如，党政机关和事业单位发布的各类法令、政策、规章以及执行的方式易受到民众关注，特别是在新冠疫情期间，政府部门的行为和措施更受到民众的高度重视，一旦处理不当，很容易引发民粹主义情绪[③]。

---

① 巩瑞贤、王天民：《网络民粹主义：反话语表征与治理路径》，《理论导刊》2020年12期。
② 巩瑞贤、王天民：《网络民粹主义：反话语表征与治理路径》，《理论导刊》2020年12期。
③ 参见贺东航：《警惕疫情大考中网络民粹主义反向冲击》，《人民论坛》2020年第8期。

最后，网络民粹主义还具有盲目性。新媒体技术的定点传播和精准推送，使得新一代的网络民粹主义极易引发"群体极化"事件。所谓"群体极化"，是指团体成员一开始即有某些偏向，在商议之后，人们朝着偏颇的方向继续前进，最后形成极端的观点。

（3）网络民粹主义的负面影响

网络赋予了普通民众自由表达的权力，拓宽了普通民众的公共生活领域，使得民意的表达更加简便。因此，在一定程度上，网络民粹主义对维护弱势群体的权益和监督公职人员与公共权力机构起着正向作用。

但是，网络技术又因为其匿名性、隐蔽性的特征为民粹主义向极端且非理性发展提供了土壤。在当前复杂多样的网络民粹主义图景中，有学者分析指出："在网络空间中，理性的缺位带来公共平台意见表达的失序，公共讨论多元利益和诉求交织，形成了复杂而多样的网络民粹主义图景，具有明显的反精英、反建制特征，并呈现出狂欢态势。"尤其是青少年作为网络空间的常客，深受网络言论的影响，其世界观、人生观和价值观尚未稳定成熟，心态、心理容易叛逆，喜好猎奇，因而极易成为网络民粹主义的理想群体和后备军。因此，近年来网络民粹主义的蔓延对社会的发展造成了许多负面影响。

第一，消解主流价值认同。如果考察当下文化民粹主义的具体表现，可以明显地发现两种特质：一种表现出网络低俗恶搞、反传统文化的"自嗨"情景，比如通过恶搞来挑战和消解传统意义上的政府官员、专家教授、教科书以及经典文化的权威。另外一种时常表现为历史虚无主义的抹黑文化。第一种是最为常见的文化民粹主义，对此，网民们越来越感到司空见惯。毋庸置疑，这些文化确实满足了部分人以恶搞为乐的娱乐心态，但若是大范围传播，就会影响尚未形成正确认知的青少年群体，从而引起不良社会影响。比如，这种影响会挤占先进的优秀的文化空间，会冲击优秀传统文化及社会美德的延续。第二种尤以解构中国的革命史、共产党人的英雄事迹为主要特征。比如，宣传黄继光以躯体堵枪眼、邱少云烈火焚身卧地不动违背生理学常识，等等。特别是当下网络文化中，时常出现历史虚无主义、文化虚无主义与消费主义相结合的趋势，尤其值得警惕。按照消费主义的观点，主张应当即时满足大众需要的一切，大众需要与喜欢的一切倾向都是合理的，因此消费主义往往会构造出一种大众文化繁荣的假象。此类网络传媒内容的主要生产者是传媒经营者，并非网民个体。尽管这类传媒内容极力推许和崇尚所谓"人民大众"的审美，但它的动机是追逐商业利润最大化，因而对高雅文化予以抵制，结果只能是创制出低质循环、意义虚无或虚化的文化[①]。

以上两种特质都充分显示出网络民粹主义会冲击马克思主义意识形态的价值引领。对此，有学者认为："网络民粹主义具有反制、反智与反权威的特点，热衷于解构……或戏谑调侃，或暗喻讽刺，内容肤浅低俗，在挑战文化底线的同时，混淆大众视听，干扰民族共识、历史共识、文化共识与社会共识，削弱主流意识形态大众认同的社会根基，消解主流价值认同，与社会主义核心价值观背道而驰。"[②]

第二，激化矛盾，危害社会秩序。当前国内网络民粹主义思潮突出表现为极端的"二元对立"思维，即民族对立、城乡对立、贫富对立、官民对立和警民对立等话语叙事模式。这有利于制造争议性话题，从而煽动民粹情绪，以情绪对抗事实，进而呈现出"群体极化"的现象。近年来，网络民粹主义"群体极化"现象越来越凸显，网络上充斥着一系列"仇官、仇富、仇警"含义的话语，这些话语裹挟网民"站队"，其中的许多争论都呈现出针锋相对的景象。然而，看似针锋相对的争论，其实真正的问题却可能不见踪影，正是由于"互联网新媒体'短、平、快'的特质与民粹主义复杂问题简单化、重要问题情绪化、矛盾处理极端化

---

① 参见布成良：《当代中国民粹主义的表现、实质与应对》，《山东师范大学学报（社会科学版）》2020年第3期。
② 范丽丽、林伯海：《当前国内网络民粹主义的基本样态及纠治进路》，《思想教育研究》2020年第12期。

的逻辑相契合，而且反精英、反传统、反主流的民粹式话题最能博人眼球，迅速在互联网场域引发'围观'与'热评'"[1]。由此可见，网络民粹主义会助长网络暴力、激化社会矛盾，从而引发重大舆情事件，危害社会秩序。

第三，危害青少年健康。当前网络民粹主义低龄化发展趋势显著，青少年作为未来网络使用的主体人群，在"网络暴民"中比例不断提高。通过社会调查，有学者认为："在过去的民粹主义讨论中，出于数字鸿沟的考虑而忽视了未成年人这一群体，而近年来出现的'饭圈'文化、'祖安'文化、'黑界'、'鬼畜恶搞'与低龄群体不无关系。未成年人缺乏判别能力、理智和一定社会阅历，更易受到群情激愤的感染，除了娱乐、游戏、二次元等领域，政治、社会议题中也经常能见到未成年人的身影，（他们）模仿并参与到网络互喷、谩骂、掐架的不良行为中。尤其是在网络意见领袖的煽动之下，低龄群体的参与行为更具有盲目性，对于其自身成长和今后社会走向都将带来负面影响。"[2]

总而言之，纵观时下，当前网络民粹主义在中国泛起，它并不单纯地只是普通民众负面情绪的集中发泄，而是依然具有民粹主义反精英、反权威、非理性等本质属性，它实质上已经形成了一种与主流话语竞相博弈的力量。这股力量在中国已然成势，且在不断发展壮大，不断地参与公共舆论的建构，之后必定会裹挟民意影响公共政策的制定和实施，对社会的稳定和发展产生不利影响。

---

[1] 范丽丽、林伯海：《当前国内网络民粹主义的基本样态及纠治进路》，《思想教育研究》2020年第12期。
[2] 黄楚新：《网络民粹思潮的动态、趋势及对策》，《人民论坛》2021年第3期。

第三节　网络民粹主义负面影响的消解途径

网络社会不是思想的真空地带，它是由人生产并主宰的虚拟——现实社会，具有个性、社会性，也具有政治性和阶级性；既充满了人性，也助长了人性中的劣根性；既具有有序性，也具有混乱性。网络社会作为一个"虚拟"的社会，也是一个问题杂多的真实社会。因而对于网络空间内民粹主义泛滥的危害应当有清醒认识，并且采取积极规制措施将这股非理性的情绪化思潮控制在科学和理性的范围之内。

第一，坚持以改善民生为本，协调各方利益关系，满足人民群众的美好生活需要。民粹主义的根本诉求是"民主参与"与"公平公正"，希望自身的利益在社会事件中能够得到民主程序以及法律制度的保障，能够通过正当的程序反映自己的不满以及维护自己的利益，追求社会的公平正义。民粹主义思潮的泛起，证明当今中国社会确实还存在着不平等不公正的事实，而从根本上讲，这种不平等和不公正归因于既定社会的根深蒂固的利益藩篱。即某些既得利益者为了保障已有利益，并为了让其能够持久地为己所用而设置了屏障壁垒，久而久之形成了一种固化的较难突破的利益格局。因此，要想从根源上消除网络民粹主义思潮的滋生土壤，就必须突破这种利益固化藩篱，构建公正、合理、稳定的社会利益格局[1]。所谓的利益格局或者利益藩篱与社会的经济形态以及收入分配、人民生活具有密切的关系，对于整个社会的健康发展也产生了深刻而长远的影响。

根据江玉凯在《准确把握利益格局　突破利益固化藩篱》一文的观点，可以将影响利益格局的因素分为三个方面：收入分配制度本身的合理性、公平政策的公平正义性、公权约束的有效性[2]。针对这三个因素，在

---

[1] 参见王琳琳：《当前中国社会的民粹主义倾向及有效规制》，《齐齐哈尔大学学报（哲学社会科学版）》2020年第8期。

[2] 参见江玉凯：《准确把握利益格局　突破利益固化藩篱》，《北京日报》2013年2月18日。

未来发展中，首先要重视，必要时调整我国的收入分配制度，注重效率和公平，提高财政对于教育、医疗、社会保障等民生方面的投入比例，切实增强人民群众的获得感、幸福感；其次，政府在施策过程中应当充分兼顾东西、城乡、区域差距，使得国家政策能够普惠合理、公平公正，以便缩小社会贫富差距，减缓社会财富两极分化的趋势；最后，要切实保障公民个人的权利和自由，将公权关进制度的笼子里，加强权力的监管，防止权力的权贵化和腐化，真正做到情为民所系、权为民所用、利为民所谋。

另外，着眼全球，民粹主义发展大都与经济社会的发展密切相关。若是经济低迷，民粹主义滋生的概率便会加大。全球经济低迷暴露了发达国家社会中的矛盾，发展才是解决一切问题的关键。这一点给中国的警示便是要让改革发展的成果惠及最广大的人民群众，真正做到发展的共商、共建、共享。这不仅有利于解决国内贫富差距和民生问题，而且有利于在国际社会中践行"人类命运共同体"理念，推动南北协调发展，推动新型民主、公平的国际关系的形成。新冠疫情肆虐严重影响了经济发展。2020年，我国第一季度国内生产总值同比下降6.8%，加之国际市场趋向封闭，中美贸易战尚未停歇，经济下行压力巨大使得我国失业率上升、民生水平下降的风险大幅攀升。民生领域是网络民粹主义的重灾区。因此，在此时更需要协调不同利益关系，保住民生的基本盘。所以，优先选择保民生，兼顾不同区域、阶层和群体的合法权益，解决利益冲突和整合利益诉求，这是新冠疫情应对期间社会的最大共识和共同利益[①]。

第二，净化网络环境，清除网络民粹主义的生产土壤。新媒体等网络空间成为网络民粹主义的新兴阵地，因而用主流意识形态掌握网络空间的话语权显得尤为重要，否则广大网民就会被各种舆论偏见包围并引向歧途。新媒体的交互性、便捷性使得其具有强大的煽动性，极容易成为民粹

---

① 参见贺东航：《挑战与应对：全民抗疫时期的中国社会思潮研究》，《四川大学学报（哲学社会科学版）》2020年第4期。

主义者宣扬观点、点燃大众情绪的工具。"网络时代的政治动员是'多头政治动员'，动员的主体不再被以往权威性的国家和政党所垄断。各种政治声音都可在网络空间找到自己的社会基础，就某些议题达成共识，迅速凝结成一致的行动力量。"[①]

这就需要政府加强对于网络空间环境的监管，净化网络空间中的不良内容。由网络技术发展已经产生的，但技术现状又无法解决的实际问题（比如网络虚拟性和匿名性等特点使得"人言分离"等问题），使得责任追究困难和缺失造成网络舆情更易于非理性化。值得注意的是，随着未来人工智能、区块链等技术的发展，网上随意发言、发泄情绪的成本会大大提高，对于网络民粹主义者的守法意识等均具有普遍的威慑意义。因此，党的二十大报告指出，要"加强全媒体传播体系建设，塑造主流舆论新格局。健全网络综合治理体系，推动形成良好网络生态"。

第三，教育引导舆论。"党管宣传、党管媒体、党管意识形态"不是一句空话、套话。在网络空间中仍然不能放弃坚持马克思主义在意识形态领域的指导地位，不能放弃社会主义核心价值观这一主流价值观念的弘扬和践行，必须让主旋律在网络空间的角角落落奏响，在网络平台使网民用理性意识和声音表达观点，通过教育使广大网民做到自控与自律，不在网络空间做民粹主义言论的制造者、散布者和行动者，以形成治理网络民粹主义的合力。

要疏通上下沟通渠道，把创新话语体系融入网络当中、融入网民当中。在一定意义上，传统媒体、官方的发言发声大都是正式的公文、通告以及严肃的新闻报道，这种形式的发声当然是必要且必需的，但它还是显出了不足，拉远了民众与官方信息交流交互的距离。在新媒体时代，主流媒体等也越发注重融媒体的使用，传统报道、抖音视频、公众号、微博等多种途径综合使用、多管齐下，极大地打通了上下互动的渠道，让普通民

[①] 娄成武、刘力锐：《论网络政治动员：一种非对称态势》，《政治学研究》2010年第2期。

众随时随地可以了解我国以及世界范围内发生的大事、要事，让普通民众可以依法依规地表达自己的意见、观点。另外，网络空间受众群体逐渐转移到青少年受众，青年一代成为其中最活跃的部分，他们正处于价值观尚未稳定成熟的成长阶段，因而更需要积极的主流价值观的指引，不能让民粹主义钻入他们的脑袋中，使他们成为补充网络民粹主义的后生力量。

还要勇于同各种不良社会思潮开展舆论斗争。对此，主流媒体应当担起大任，肩负起舆论引导的重要使命，在治理和引导网络民粹主义时不能缺席。在这场舆论战中，主流媒体能够发挥三项重要作用：一是客观报道事实，为公众提供权威的"事件"真相；二是提供权威的信息渠道，发表理性意见，以其信誉赢得民众信任，消除民众的"误会（误解）"，从而凝聚社会共识；三是宣传主流价值观，引领社会价值取向①。

第四，健全社会法治。民主政治要从民粹主义的诱惑中解放出来，需要借助和依靠法治。运转良好的法治制度对于民主的健康发展至为重要②。网络社会并不是法外之地，我国应健全社会法治体系，针对性完善网络空间安全的法律法规，保护公民的网络安全权、隐私权等。近些年来，我国出台了许多相应的法律法规，比如2016年颁布的《中华人民共和国网络安全法》，这是网络方面的基础法律。2019年，国家网信办颁布了《网络信息内容生态治理规定》，其中，明确了任何网络使用者不得开展网络暴力、"人肉搜索"、深度伪造等违法活动。在网络空间安全与生态方面做到了有法可依，之后需要加大对肆意利用网络宣泄民粹主义情绪的"键盘侠"等群体的惩戒，做到有法必依、执法必严，并且要通过多种方式向网民宣传相关法律法规，提高其网络法治意识。比如，抗疫时期，公安机关迅速的整治、处罚行动，使得谣言在网络空间中的立足之地越来越小，也使得严重危害社会安全与稳定的言论危害性大大降低。《最高人民法院、最高人

---

① 参见布成良：《当代中国民粹主义的表现、实质与应对》，《山东师范大学学报（社会科学版）》2020年第3期。

② 参见侯海文：《当代中国网络民粹主义思潮探析》，《声屏世界》2020年第6期。

民检察院关于办理妨害预防、控制突发传染病疫情等灾害的刑事案件具体应用法律若干问题的解释》第十条规定:"编造与突发传染病疫情等灾害有关的恐怖信息,或者明知是编造的此类恐怖信息而故意传播,严重扰乱社会秩序的,依照刑法第二百九十一条之一的规定,以编造、故意传播虚假恐怖信息罪定罪处罚。"除此以外,《中华人民共和国治安管理处罚法》《中华人民共和国传染病防治法》等法律法规当中也有相关的关于疫情造谣处罚的规定。因而,善用法律武器守卫网络空间是警示、压制民粹主义者情绪的重要手段。

总而言之,新媒体等网络虚拟空间为民粹主义提供了简易便捷、责任成本低的新途径。信息泛滥、低俗以及非理性化趋势使得网民尤其是青少年群体被民粹主义的情绪所裹挟。因此,在后疫情时代,对于网络民粹主义应当给予充分关注,需要通过协调利益关系、净化网络空间、教育引导舆论、健全社会法治等四大途径破拆滋生民粹主义的温床。

第七章 新左派思潮新动向及应对策略

随着中国改革开放的不断深入，社会思潮纷纷涌现，其中新左派思潮越来越成为值得人们关注的思潮之一。从概念上讲，新左派（New Left）是一个缺乏规范性的表述，它并不是一个统一的学派。根据《当代西方思潮词典》对"新左派"概念的定义，"新左派"特指"20世纪五六十年代英国、美国等欧美发达资本主义国家中青年学生群体造反运动中的激进派"[①]。另外，相较于其他社会思潮而言，新左派也没有一致性的理论陈述，正如英国政治学家安德鲁·海伍德所分析的那样："新左派是一个宽泛的概念，指那种试图通过对先进工业社会的激进批判来复兴社会主义的思想家和知识运动的集合体。"[②]因此，如果按照这种概念界定，中国新左派之"新"主要是指它所具有的激进与批判色彩。

学术界普遍认为，1994年7月21日学者杨平在《北京青年报》评崔之元的《新进化论·分析的马克思主义·批判法学·中国现实》一文时，最早论及了中国出现的"新左翼"。这一批"新左翼"在20世纪90年代开始批判因为国内急剧变革转型而出现的社会不公、贫富分化、腐败蔓延、国有资产流失等社会问题。由此来看，当代中国"新左翼"与老左派的根本

---

① 王森洋、张华金：《当代西方思潮词典》，华东师范大学出版社，1995，第485页。
② 转引自竟辉：《当代中国自由主义与新左派思潮比较研究》，南京航空航天大学博士论文，2018，第86页。

区别也在于其批判性。对此，有学者指出："与老左派有所不同的是，新左派不再热络于继承斯大林主义的苏联遗产，也很少操弄'计划经济''没收私产''阶级斗争''谁战胜谁'一类话语。他们在文章中谈论较多的是社会公正和参与政治。新左派批判资本，讨伐资本主义，反对跨国公司的'统治'，仇恨'市场拜物教'，批评全球化和WTO，嘲讽现代性以及与现代性相关的启蒙和理性精神。"①

值得说明的是，中国新左派不完全等同于西方新左派理论，它本质上是对新自由主义右派的反驳，它具有鲜明的时代性和批判性特征。应该说，虽然中国新左派并非一个统一的思想学术阵营，且不同学者持有各自不同的观点，但是中国新左派大都拒斥经济全球化、拒斥市场经济、主张政治民主、关注底层人民。人民论坛网报告显示，2011—2019年，新左派思潮已连续五次位列"年度十大社会思潮"之中，可见其社会影响力之大。由于中国新左派并不是一个统一的群体，他们的理论主张也不完全一致，当代中国新左派思潮的产生、演变又有着自己特殊的背景和表现形态，因此值得我们一一分析。

第一节 中国新左派思潮的产生背景

任何一种社会思潮的产生都有特定的社会土壤。肇始于20世纪90年代的当代中国新左派思潮，它的产生一方面是由于国际社会新左派运动间接的影响，另一方面是因为国内社会急剧变革的直接推动。应该说，国内外两种因素的相互作用构成了中国新左派思潮产生的客观条件，换言之，中国新左派思潮的产生是双重因素共同作用的结果。

---

① 马立诚：《新左派新在哪里?》，《记者观察（上半月）》2010年第10期。

（1）国际新左派运动的兴起

列宁说："考察每个问题都要看某种现象在历史上怎样产生、在发展中经过了哪些主要阶段，并根据它的这种发展去考察这一事物现在是怎样的。"[①]就当代中国新左派思潮的开端而言，其实最早是肇始于20世纪60年代的知识分子对当时西方新左派部分激进观念的吸收和超越。

就西方新左派思潮的演变而言，西方新左派运动最早在英国发端，它的兴起有着深刻的时代背景。笼统地讲，可以认为是英国新左派受到了共产主义和马克思主义的影响，其旨在开辟一条区别于斯大林主义的社会民主主义的理论出路[②]。英国新左派的支持者致力于引入马克思主义理论，企图构建一种消除资本主义制度弊病但是又不同于苏联模式的"新社会主义"。具有标志性意义的事件是1960年初雷蒙·威廉斯等新左派学者创办了《新左派评论》，这一杂志以英国马克思主义的立场为基础，关注世界范围内的时事变化，至今仍然具有非常大的影响力。

在美国，新左派运动的内涵更广。比如，以激进的平等和民主观念来反思和批判美国现存政治制度的运动都可以称为新左派[③]。美国新左派运动包括黑人权力运动、妇女解放运动和同性恋解放运动等。美国新左派人士还质疑美国发动越南战争的动机，对美国政府试图阻止社会主义进入越南的立场表示强烈的反对。这些新左派运动为消除美国社会的歧视问题和贫困现象做出了一定贡献。总而言之，美国新左派批判资本主义制度内在的异化本质，认为社会主义对于人类解放有重要意义。

应该说，西方新左派运动以反思和批判资本主义制度的弊端为出发点，进而试图从马克思主义理论中找到人类自由解放的思想方案。它主张"社会主义不仅在经济上是可行的，而且也非常符合人们的欲求，也就是

---

① 《列宁选集》第4卷，人民出版社，2012，第26页。
② 参见张亮：《英国新左派思想家》，江苏人民出版社，2010，第3页。
③ 参见［美］凡·戈斯：《反思新左派——一部阐释性的历史》，侯艳、李燕译，首都师范大学出版社，2015，第4—6页。

说，社会主义社会将彻底改变人与人的关系，那将是一个以尊重人来取代尊重财产，以共有财富来取代贪得无厌的社会"[1]。众所周知，以英、美为代表的欧美国家在整个20世纪陆续爆发了新左派运动。这种思潮不仅集中体现了欧美民众在面对突然兴起的生态危机、战争和社会动乱时表现出来的担忧情绪，而且随着西方新左派思潮从知识分子开始慢慢向工人、农民推进，新左派运动还强烈反映了欧美民众对于垄断资本主义制度下社会矛盾激化的不满和反抗，进而表达了他们要从传统马克思主义思想中寻找新的社会治理方式的理论企图。只是需要说明的是，由于西方新左派运动以工人群体为主，缺乏系统性的政治组织，致使现实中新左派运动在西方社会已经开始慢慢式微。随后，西方新左派运动作为一种学术思潮广泛传播，主要代表人物有斯图亚特·霍尔、赫伯特·马尔库塞等。

一些中国知识分子正是由于在20世纪90年代受到西方新左派运动中这些激进和批判思想的影响，才能对我们改革开放后出现的社会矛盾和价值冲突进行进一步深刻的思考。因此，可以说，西方新左派运动构成了中国新左派思潮的产生和发展的重要影响因素。

（2）国内社会的急剧变革

究其根本，当代中国新左派思潮的产生是改革开放以来我国社会的急剧变革所导致的。当代中国新左派思潮的产生，反映出中国因市场化转型导致产生价值冲突的事实。对此，有学者分析指出：从社会变迁的视角而言，市场经济的引入导致了社会分化与利益的多元化，由此形成不同的利益集团与社会阶层……，他们出于本阶层的实际利益和价值观，对某些特定观念产生亲和感的同时，对另外一些思想观念和价值会产生排斥。这样，不同的社会思潮在不同的社会阶层中，遇到自己的追随者或反对者，

---

[1] 张亮、熊婴：《伦理、文化与社会主义：英国新左派早期思想读本》，江苏人民出版社，2013，第4页。

新左派思潮在这种条件下应运而生。[①]可以说，改革开放后我国社会发生的急剧而深刻的变革直接催生了中国新左派思潮。

20世纪80年代末90年代初，苏联解体、东欧剧变，世界范围内社会主义受到重创，长达四十余年的冷战告一段落。社会主义阵营与资本主义阵营之间的政治、经济、军事斗争最终由资本主义占了上风，欧洲社会主义国家的落败对中国打击巨大，国内一些知识分子开始思考中国应该走何种道路以维护中国社会主义制度的主导地位。与此同时，在邓小平同志的领导下，我国进入了改革开放新时期，经济制度调整、社会结构变迁、分配方式变化等自上而下地改变了中国人民的生产、生活方式。市场化改革中涌现出的工人下岗失业潮、贫富分化、利益集团聚拢等社会不公问题突显出中国社会的发展困境。中国打开国门发展市场经济的一系列举措更是激发了国内关于到底是姓"资"还是姓"社"问题的争论，"打倒走资派"的呼声越来越高，加上西方各种社会思潮的涌入，让彼时的中国社会思想界争论不断。

到了20世纪90年代中后期，中国社会主义市场经济体制构建日趋完善。对外贸易带来大批就业机会，外资企业纷纷涌入国内为中国社会注入活力，国内经济市场一片繁荣；互联网在世界范围内初步兴起，普通人也可以跨越国界与世界对话；国际文化交融也越来越密切，中国创造了大量与世界各国进行学术、文艺、体育交流的机会。但与此同时，随之而来的是国内社会两极分化，贫富差距不断拉大，腐败日益严重导致国有资产严重流失等一系列社会问题。因此，有学者指出："中国的经济学自由主义对腐败和权贵资本主义的失语，成为刺激反自由主义的左翼批判思潮崛起的思想诱因。"[②]

---

① 参见萧功秦：《困境之礁上的思想水花：当代中国六大社会思潮析论》，《社会科学论坛》2010年第8期。
② 许纪霖、罗岗：《启蒙的自我瓦解：1990年代以来中国思想文化界重大论争研究》，吉林出版集团有限责任公司，2007，第196页。

(3) 新左派思潮的演变

改革开放四十余年来，中国在取得显著成绩的同时也不可避免地引发了新的社会问题，国内急剧加速的贫富分化、阶层固化等问题都被认为是改革开放的"副产品"。纵观中国新左派思潮的三个发展阶段：第一阶段以1991年王绍光的论文《建立一个强有力的民主国家——兼论"政权形式"与"国家能力"的区别》为标志，提出要建设强有力的民主国家；第二阶段以1997年汪晖的《当代中国的思想状况与现代性问题》为标志，初步提出了对我国现代性问题的反思；第三阶段以2008年金融危机为标志，当时，在中国改革开放三十年的巨大成就面前，新左派的纯粹意识形态批判显得没有充分的说服力，为适应新的形势，新左派开始理论的反思与理论的重建[①]。可以明确的是，中国新左派的产生和发展，在一定程度上反映了我国政治经济体制的变革、社会结构的变动和思想观念的变迁。换言之，当代中国新左派正是鉴于对20世纪90年代以来中国出现的贫富分化、腐败蔓延、社会不公、消费主义盛行等现实矛盾的深刻反思，从而批判中国自由主义市场化改革模式，反思中国的现代化发展道路，进而汲取西方新左派思想，为我们铲除市场弊病、消除富裕社会中的贫困现象和社会不公提出解决方案。

时下，世界正处于百年未有之大变局，国内外诸多社会矛盾交织叠加，逆全球化浪潮初见端倪，新冷战时代到来的呼声渐高，网络舆论乱象丛生，意识形态领域存在不少挑战。在此背景下，中国新左派思潮回归趋势也愈发明显。

---

① 参见白天伟：《中国新左派思潮的历程与新变》，《新课程研究》2019年第26期。

第二节　中国新左派思潮的当前主张

如果从杨平在《北京青年报》评崔之元《新进化论·分析的马克思主义·批判法学·中国现实》一文时称中国出现了"新左翼"算起，中国新左派思潮发展至今已经将近三十年了。近年来，随着改革开放的不断深入，面对中国进行社会主义现代化建设取得的世人瞩目的成就，在一定意义上，可以说，中国新左派思潮的资本批判显得有些无力。然而，要注意的是，新左派思潮虽然在当前诸多纷繁复杂的舆论场中显得有些沉寂，但在国内外一些重要社会事件中却从未缺席，在一些关于社会热点问题的反思和讨论中，新左派思潮的理论主张和观念体系依旧很鲜明。

(1) 质疑全球化进程

中国新左派对全球化进程持有强烈的质疑和反对态度。中国新左派自中国打开国门之初就对全球化进程颇有不满，新左派支持者认为全球化进程就是发达国家剥削发展中国家的过程，全球化的进程本质上是资本主义企图将社会主义同质化的过程[1]。按照新左派的片面观点，全球化是一个极不平等的过程，当前中国社会出现的社会不公、贫富分化等问题都可以归咎于全球化。因此，新左派主张："西方国家打着全球化的幌子，以经济殖民主义盘剥发展中国家，跨国公司就是经济侵略和盘剥的工具。中国在全球化背景下的发展，只能是一个梦。"[2]

另外，中国新左派不仅认为全球化无益于解决世界共同面临的难题，还片面认为全球化的本质其实是一种新的殖民主义。新左派人士明确指出："所谓全球化的历史，也是把各个区域、社会和个人编织进一个等级

---

[1] 参见竟辉：《中国新左派思潮的当代解析》，《探索》2018年第1期。
[2] 马立诚：《最近四十年中国社会思潮》，东方出版社，2015，第77页。

化的、不平等的结构之中的过程。"①更为激进的是，中国新左派坚信整个世界格局仍然以资本主义国家为主要力量，全球化只会增加一个国家剥削另一个国家的合理性。国际社会非但不会认可中国视角下"和而不同"的全球治理理念，而且还会倾向于多方向中国施压以破坏中国的社会主义制度。新左派支持者认为，经济、资本的全球化不会提升中国的国际地位，反而加剧了国内不平等的经济关系、腐败和社会各层面各领域中的不公正现象。

例如，当下中国新左派人士就认同汪晖对中国现代化问题的论断，认为从现代世界的发展来看，生产和贸易过程的全球化并没有自发地产生与之适应的超越民族国家的政治——社会组织的新形式，也没有发展出能够适应边缘地区的政治、经济关系，更没有解决所谓的南北差异和不平等问题②。新左派支持者强调，在没有达到真正共产主义之前，国家这一人类社会发展几千年以来发展起来的组织形式，必然在未来很长一段时间内仍然是保护民众意志的最主要的制度方式，国与国之间的利益关系并不会因为经济全球化而松动。新左派认为，人类实践活动已经证明了全球化治理体系在诸多重大问题前显得软弱无力。比如，难民潮等国际性难题会伴随着全球化进程长期存在并愈演愈烈；再比如，世界各国至今未能就气候、种族、债务等问题达成一致。总而言之，国家利益至上的原则始终还是各国处理国际事务时的基本原则。

（2）呼吁国家干预经济

呼吁国家和政府干预经济，警惕与防范市场机制也是新左派当前最为鲜明的理论主张。这一中国新左派的一贯主张认为：近几十年来市场经济条件下的私有制是造成目前社会不公的根本原因之一。新左派与自由主义的观点相反，自由主义支持完全放开市场经济，弱化政治宏观调控职能。

---

① 汪晖：《去政治化的政治：短20世纪的终结与90年代》，生活·读书·新知三联书店，2008，第498页。
② 参见汪晖：《当代中国的思想状况与现代性问题》，《文艺争鸣》1998年第6期。

然而，在新左派看来，以自由主义经济学原理来设计经济改革方案会导致灾难性的结果，比如俄罗斯"休克疗法"；相反，如果更多地重视政府与市场的关系，将更有助于把握市场转型的问题[①]。所以，中国新左派倡导，市场经济必须受国家和社会力量的制约和调节，强调以"强政府"为立足点，强化计划经济，削弱市场经济。

中国新左派认为，中国当前经济改革其实存在"过度市场化"的困境。他们分析指出："所谓'市场化'不是一般地对市场的赞同，而是要把整个社会的运行法则纳入到市场的轨道，从而市场化不是一个经济学范畴，而是一个政治、社会、文化和经济的范畴。"[②]因此，中国新左派一方面指出，市场经济体制会加剧社会矛盾，因为市场经济条件下政府对于市场行为的控制力不足，所以中国新左派强调，一旦自由市场从经济领域拓展至文化、政治等社会领域，则极有可能引发新冲突。另一方面，中国新左派也强调，我们应当警惕中国再次出现"全盘西化"的倾向，他们认为市场经济条件下资本的逐利性显露无余，部分企业向着西方资本主义国家的经济运行方式靠拢。"在资本活动渗透到社会生活各个领域的历史语境中，政府和其他国家机器的行为和权力运作也已经与市场和资本活动密切相关。"[③]

总而言之，近年来，中国新左派反对"强市场、弱政府"的理论主张越加鲜明，他们极力主张通过国家和政府的干预来调节市场经济的发展。他们片面认为："只要用政治、经济民主来替代官僚制度，计划经济就可以成为解决后资本主义时代世界所面临的问题的理想经济制度。"[④]另外，新左派支持者还认为中国经济在疫情中遭遇了重大冲击的一个重要原因，就是市场经济条件下政府对于市场行为的控制力不足，导致经济结构进一

---

① 参见公羊：《思潮：中国"新左派"及其影响》，中国社会科学出版社，2003，第112页。
② 公羊：《思潮：中国"新左派"及其影响》，中国社会科学出版社，2003，第28页。
③ 公羊：《思潮：中国"新左派"及其影响》，中国社会科学出版社，2003，第7页。
④ 公羊：《思潮：中国"新左派"及其影响》，中国社会科学出版社，2003，第7页。

步失衡。比如，疫情暴发初期部分医疗物资无法有效被调动，民间售卖的口罩等防疫物品因供不应求导致价格被商家哄抬，等等。针对这一市场经济带来的后果，新左派人士就认为政府应该规范定价，确定按需分配物资的原则，等等。再者，针对疫情引发的失业潮，政府提出一系列恢复商业活动和社会消费手段来提振经济，新左派借助此类事件再次强调宏观调控是市场经济运行环节中的应有功能。

（3）追求绝对平等和全面民主

中国新左派对左翼平均主义普遍抱有好感，他们片面主张采用平均主义的方式来寻求社会公正，追求绝对平等和全面民主。中国新左派认为，市场经济制度破坏了经济社会平等。尽管从宏观角度看，人们拥有了平等的选举权、劳动权、受教育权等基本权利，但是实际上，民众在行使权利的过程中充满了不平等现象。另外，他们还认为，目前国内社会资源分配极度不均，并且这一差距还在进一步扩大，在一定意义上，人们的"出生"环境决定了其社会资源的多寡。因此，中国新左派认为当前中国社会中充斥着各种社会不平等现象，不平等依旧是今日之中国最重要的社会问题之一。他们认为，长此以往，社会不公不仅会剥夺个人改变命运的机会，还会阻碍向社会和国家输送人才的途径，其结果必然会影响社会稳定，阻碍中国发展的进程。

因此，新左派支持者强烈呼吁，国家要重视在经济快速发展过程中伴随着的社会不公、贫富分化等不平等社会问题。他们认为："在中国贫富差距日益悬殊、社会不平等不公正日益突出而又缺乏矫正的政治机制情势下，大谈'自由的优先性'而贬低民主与平等，实有为不平等不公正辩护之嫌。"[①]另外，新左派高度关注社会中存在的分配不公、贪污腐败、滥用职权等现象，积极为弱势群体伸张正义，还尤其强调要将平等的思想扩大到社会生活的各个层面，要求民族、性别、机会的绝对平等。显而易见，

---

① 公羊：《思潮：中国"新左派"及其影响》，中国社会科学出版社，2003，第118页。

中国新左派还力图追求更为广泛的民主，新左派人士王绍光就认为，最低限度的民主必须同时满足"广泛参与"和"公开竞争"两个条件，如果一种政治体系不能同时具有参与的广泛性和政治竞争性，就不能称之为民主[1]。

最后，中国新左派还认为目前国内存在的精英阶层是阻碍社会平等的一大因素。他们发现，在当前社会中社会阶层流动率低、社会阶层固化等问题日益严重，导致中国20%的精英阶层占有全社会80%的财富。然而，需要指出的是，新左派对精英阶层的戒备，其实质上是反对精英特权[2]，这一观点其实早在西方新左派的理论中就有所体现。马尔库塞就认为，随着生产力的发展，工人阶级的成分会发生决定性改变，剥削也会从物质劳动拓展到技术专家体制，控制着这个体制的已经不再是发展生产力的统治阶级，而是军人、从政者、掌握经济权力的小团体[3]。按照上述观点，中国新左派认为精英阶层的存在首先是对平民阶层的剥削，他们占有了原本属于平民阶层的生活资料和精神财富，使得中国目前的"新工人阶级"陷入异化劳动之中，严重破坏了社会主义美好构想。他们批判道："现在人们寄希望于用私有产权的合法化来解决当前的社会矛盾，然而，如果私有化过程不是在民主和公正的条件下进行，这个合法化过程保护的就只能是不合法的分配过程。"[4]因此，新左派也十分关注中国底层社会问题，关心底层群众生活。尤其在当前经济增长速度放缓的背景下，新左派特别关注青年人就业问题。他们认为，在当今社会中，对青年人来说，很难依靠自身努力进行垂直性的社会阶层流动，他们自身所处的阶层大概率是由父辈、祖辈所处的阶层来决定的。中国新左派宣称，精英阶层与平民阶层从一出生就开始接受差别教育，阶层间的文化资本差异最终决定了经济资本

---

[1] 参见王绍光：《有效的政府与民主》，《战略与管理》2002年第6期。
[2] 参见公羊：《思潮：中国"新左派"及其影响》，中国社会科学出版社，2003，第175页。
[3] 参见[美]赫伯特·马尔库塞：《新左派与20世纪60年代》，陶锋、高海青译，人民出版社，2020，第212—215页。
[4] 公羊：《思潮：中国"新左派"及其影响》，中国社会科学出版社，2003，第13页。

和社会资本差异,如果不及时对精英阶层进行打压,社会阶层固化的问题将会日趋严重。

第三节 中国新左派思潮的发展趋势

在信息化时代的大背景下,社会思潮的传播面不断扩大,传播速度迅速增长,各种社会思潮在互联网空间内相互交织,影响人们对政治、经济、社会等方面的看法和态度。近年来,新左派思潮与自由主义之争越发激烈,在两者的较量中新左派思潮看似慢慢式微,实际上是因为新左派思潮在当前纷繁复杂的舆论场中被互联网舆论冲散,进而慢慢融入其他社会思潮中。比如,新左派在民粹主义、民族主义、新儒家等思潮中都有所体现,应该说,新左派思潮辐射面和影响力非但不减,反而呈现出与其他社会思潮融合之趋势。另外,尤其值得注意的是,中国新左派思潮相较于我国其他社会思潮,在青年学生中有较为广泛的传播,新左派思潮的受众呈现出低龄化的特点。

(1) 与自由主义持续交锋

新左派一直被视为与中国自由主义迥然不同甚至完全对立的社会思潮,两者之间的争论也一度成为20世纪90年代以来学术界关注的重要议题。近年来,这种社会思潮的关系并没有像许多学者所期望的那样,实现从"二元对立"向"二元互动"的转化。相反,在当前社会中,自由主义与新左派的交锋与较量依旧持续进行,且在特定的时间、特定的事件中进一步加剧。

当前中国新左派与自由主义的较量反映了转型中的中国社会依旧矛盾冲突不断,面对中国社会变革所引发的社会不公、贫富分化、腐败蔓延等社会问题,自由主义与新左派思潮分别沿着两种不同路径,探求解决社会问题之道。可以说,在中国,自由主义与新左派思潮之争已经成了一种基本事实。对此，正如学者许纪霖所说的："在中国，整体上看，'自由主义'因为只信奉保守主义的哈耶克，而显得太'右'了，而'新左翼'又拒斥自由、宪政所谓'资本主义'的价值，又显得太'左'了。这就产生了彼此之间的不可通约、不屑对话，无法达成罗尔斯所说的'交叉的共识'。"①近年来，随着全球化进程的不断深入，新左派与自由主义之间的价值分歧也不断拉大，在一些重要的经济、政治、文化和社会议题上，两者的观点针锋相对。比如，作为反全球化鼓吹者，新左派思潮一贯主张全球化的本质实际上就是西方化、美国化。新左派人士认为，当下中国的思想文化观念正遭受全球化交往的冲击，他们批评自由主义者所捍卫的所谓启蒙精神；他们认为，西方启蒙价值和全球化梦想背后隐藏着全球化危机等等。而上述价值观念恰好都是与作为全球化倡导者的自由主义的主张完全相反的。

然而，尽管在多元复杂的社会背景下，中国社会变革程度和思想分化裂度正在以"加速度"式的方式呈现出来，新左派与自由主义在关于一些特定社会事件的分歧也愈来愈大，使得两者在一定意义上形成了一种相互制约的关系。其实，这种制约作用对于维护我国主流意识形态安全有着重大的积极意义。2016年7月1日，习近平总书记在庆祝中国共产党成立95周年大会上强调："改革必须坚持正确方向，既不走封闭僵化的老路、也不走改旗易帜的邪路。"对此，正如学者分析指出的："'新左派'与自由主义之争的最浅层的意义就在于他们将问题提了出来，不管这些命题是大是小，是深是浅，它们都是未来中国所必须面对的，从这角度观之，'新左派'与自由主义的争论确实具有跨时代的意义。"②因此，2018年《人民论坛》关于新左派思潮发展趋势的报告就是这样来表述新左派的社会影响的：新左派"进一步成为自由主义话语的'对立面'，客观上形成了自由

---

① 李世涛：《知识分子立场：自由主义之争与中国思想界的分化》，时代文艺出版社，2000年版，第332—333页。
② 刘建军：《当代中国政治思潮》，复旦大学出版社，2010，第158页。

主义思潮的制约因素。自由主义思潮以市场、效率言说为核心，对资本的运行持宽容姿态。新左派思潮恰恰相反，在资本和劳动的范畴内，'站在劳动一面'，宣称少数经济精英和政治精英操纵社会资源；关注工人和农民利益诉求，反对资本对政经权力所谓的垄断及文化霸权；支持国家对经济的宏观干预，反对庸俗的自由市场理论；批判自由主义和帝国主义的世界霸权、文化垄断、经济全球化的负面影响。这样，新左派思潮自然地成为自由主义思潮的'天敌'，对自由主义思潮的'做大'起到了限制的作用"[1]。

（2）与其他社会思潮逐渐相融

随着近年来社会热点问题的不断凸显，新左派思潮的批判意识显得更加强烈，尤其值得关注的是，它还呈现出与其他社会思潮（包括民族主义、民粹主义和新儒家等）相互交融之势。

一是新左派思潮与民族主义在重大热点事件的讨论中呈现出一致的立场。比如关于美国挑起的对华贸易摩擦的问题，新左派与民族主义都强调，我们绝对不能接受以美国国内法采取的单边行动，主张应该积极促进自主创新，对于目前新左派思潮与民族主义之间产生的融合趋势，之前就有学者提出："新左派扬弃财产权进而实现其直接民主的方式却并非基于传统左派所相信的'大众'，而是国家。在这一意义上，新左派的政治诉求同民族主义达到了某种程度的契合，因而，在十余年以后的今天两者会走到一起，这并不是没有原因的。"[2]

其实，新左派思潮与民族主义之所以能取得价值共识，究其原因，是因为这两股思潮的理论出发点都在于警示人们要警惕经济全球化的危害和新霸权主义的威胁。新左派人士赞同民族主义对于新自由主义的批判，在反思现代性、全球化、西方国家主导的世界经济政治秩序，以及维护中华

---

[1] 王炳权：《新左派的表现、趋势及应对》，《人民论坛》2019年第2期。
[2] 邹诗鹏：《三十年社会与文化思潮》，复旦大学出版社，2012，第44页。

民族利益等价值观念上，两者的基本立场是一致的。有学者就此强调："本世纪积极的民族主义，本质上是民众主义，依靠民众的觉悟和解放来挽救民族衰亡的命运，也希望由此来避免发达国家因为阶级矛盾带来的种种灾难深重的危机。……民众解放的民族主义，正是为了通过人民的斗争以首先赢得民族的独立，并随后以独立的姿态共造多民族和睦共处的丰富世界，最后粉碎一种意识形态、一种政治文化、一种经济结构的霸权主义。"①

二是中国新左派思潮出现了民粹化倾向。笼统地讲，在中国，新左派思潮和民粹主义都属于左翼势力的思想体系。两者有着共同的批判对象，他们都反经济全球化、反精英主义。这两种思潮之所以日益呈现出合流趋势，有学者就认为，这是因为两者"在批判对象上，反对市场经济、批判资本主义是新左派思潮与民粹主义共同的理论旨趣。两者都将中国社会腐败丛生、两极分化、社会不公归咎于市场化改革。在思维方式上，新左派思潮尤其是激进左派思潮，尚未真正脱离暴力革命、阶级斗争、个人崇拜、集权政治的理论窠臼，其同情弱者、批判主流的革命性话语叙事，仍然带有强烈的民粹主义色彩"。与此同时，"新左派思潮主张依靠平民力量、推崇大众民主对社会进行激进变革的做法，也是国内民粹主义者津津乐道的话题。在发展动向上，互联网成为新左派思潮和民粹主义发声的重要平台。无论是新左派思潮还是民粹主义，都试图通过抢占网络阵地、拓展网络空间，针对某些社会热点和焦点事件发表非理性、极端化的舆论主张"②。

近年来，在全球民粹主义浪潮的裹挟下，中国新左派思潮越发表现出强烈的民粹主义情绪。因此，有学者就从新左派的价值观念出发，将新左派划分为后现代主义和民粹主义两种类型，并进一步分析指出，民粹式新

---

① 公羊：《思潮：中国"新左派"及其影响》，中国社会科学出版社，2003，第204页。
② 竟辉：《当代中国自由主义与新左派思潮比较研究》，南京航空航天大学博士论文，2018，第98页。

左派思潮的特点是"强烈的'底层'意识""强烈的反西方的情绪""道德优越感下的斗争哲学"和"类雅各宾党的民众动员冲动与暴力崇尚"[①]等。

三是如果观察文化新左派的发展趋势，还可以明显看到，新左派思潮在文化上的保守化特征使得它与新儒家思潮也产生了广泛交流的可能性。从政治立场来讲，虽然新左派"坚守正统"，而新儒家一些派别和代表性人物在一定意义上"尊儒反马"，两者思潮的观念体系看似相互对立，但是在某些价值观念上两者有共性之处。比如，二者都主张弘扬中华文明、重视民情民意、强调"中体西用"等等。当面对西方文化的强势入侵时，新左派和新儒家都主张要挖掘中国传统文化，增强本民族文化认同，以此来实现中华传统文化向现代转型。他们认为："'儒学'作为一种象征符号不仅代表着中国文化的过去，而且也预示着中国文化的未来。这并不是说儒家思想将作为社会意识形态延续下去，而是说儒家思想所代表的意义结构在民族精神的重建方面将仍然发挥作用。"[②]再比如，新左派人士提出的"儒家社会主义"的概念也体现了这两种社会思潮之间也存在相互交融的趋势。新左派还认为："'中华人民共和国'的含义实际就是'儒家社会主义共和国'。因为首先，中华的意思就是中华文明，而中华文明的主干是儒家为主来包容道家佛教和其他文化因素的；其次，'人民共和国'的意思表明这共和国不是资本的共和国，而是工人、农民和其他劳动者为主体的全体人民的共和国，这是社会主义的共和国。因此，中华人民共和国的实质就是'儒家社会主义共和国'。"[③]

（3）受众群体低龄化

除上述发展趋势外，新左派还表现出比较"接地气"的理论陈述，也使得它在网络上聚合了不少青少年。换言之，近年来在新左派思潮受众群

---

① 公羊：《思潮：中国"新左派"及其影响》，中国社会科学出版社，2003，第13、409—414页。
② 郑家栋：《现代新儒学概论》，广西人民出版社，1990，第22页。
③ 甘阳：《中国道路：三十年与六十年》，《读书》2007年第6期。

体中青少年的比例逐年增加。

　　青年学生群体看待社会问题的落脚点，往往是与他们生活息息相关的各类文化现象和社会事件。在新时代，青年学生十分关心在网络空间内引发热议的社会问题，网络参与意愿较高。因此，近年来由于新左派在网络上对一些重要社会热点不断发声，新左派思潮较为鲜明的理论主张和价值诉求也获得了青少年的关注，比如，艺人偷税漏税事件、美国挑起的对华贸易摩擦问题等。青年学生高度认可中国新左派对于社会公平和政治民主的呼吁，他们也认为应当将普通大众作为社会变革的决定性力量。

　　但是，应该注意的是，青年学生群体因为自身阅历的缺乏，对中国近现代历史，尤其是新中国成立至今的社会变化缺乏深刻的理解。加上互联网目前已成为舆论传播的主战场，网络空间的"去中心化"、开放性、多元化、匿名化特点使得家庭和学校很难有效地把控青少年的信息来源，进而无法及时追踪青年学生的思想动态。因此，不良信息、不良言论和有害信息的自由传播极有可能将正确思想政治信息淹没，导致青年学生在各种思潮的持续影响下逐渐迷失自我，进而对教师的信任度下降、对网络信息的依存度变高，甚至主动成为各种思潮的创作者和传播者。

　　以上种种，无不提示我们应当时刻注意青年学生群体在中国新左派思潮的影响下有"极左化"的发展势头。对此，有学者提道：正是受新左派思潮选择性记忆的影响，"现在的不少青年人对历史的认知状况、认知取向，以及由此而表现出来的'左'倾化、'愤青化'趋势令人堪忧"[1]。事实上，确实有相当数量的青年学生无法准确把握社会主义与资本主义的本质区别，他们误将社会主义市场经济与资本主义经济运行模式等同起来，从而错误认为中国这几十年来的改革发展道路实际上是在走资本主义道路。另外，新左派反全球化的价值观念也与当今经济全球化发展趋势相反，因此，近年来随着国际摩擦普遍加剧，全球范围内"逆全球化"的呼

---

[1]　赵丰：《新左派五大发展态势》，《人民论坛》2016年第2期。

声渐高。在这一大背景下，受到中国新左派影响的青年学生群体难免会对全球化趋势抱有更大敌意，甚至陷入孤立主义和单边主义立场中。再者，这一代青年学生大多出生于20世纪90年代以后，对于改革开放后中国焕然一新的面貌没有感性体会。因此，他们对经济全球化为中国经济提供的诸多机遇也缺乏正确的认知，轻易按照新左派的立场认为经济全球化是资本主义国家企图同化中国的手段，主张中国应该反对外资进入中国市场、反对外国人进入劳动市场等等。比如，2020年初，司法部发布的《中华人民共和国外国人永久居留管理条例（征求意见稿）》遭到了大量青年学生的反对。中国新左派思潮下青年学生的这些观点显然是违背了中国要走的和平发展道路以及奉行互利共赢开放战略的决定。

第四节　当代新左派思潮的应对之策

作为一种带有激进和批判性色彩的社会思潮，新左派批判社会不公、强调平等公正的理念，提醒我们警惕市场化改革和经济全球化背后隐含的危机，应该说，新左派的理论主张对于促进中国现代政治文明的健康发展有一定的积极意义。英国著名政治学家安德鲁·海伍德曾指出："新左派的力量在于：它提出了一种不知羞愧的乌托邦主义，从而激发了弱势群体特别是年轻人的热情；它对常规生活的所有方面（包括家庭结构、性生活、消费主义、经济组织和环境破坏）都进行了无情的批判。"[1]但是，面对近年来新左派思潮出现的民粹化倾向，以及受众对象日益低龄化的特点，我们仍旧需要重视这一思潮生发的社会土壤，真正提高思想引领能力。

---

[1]　[英]安德鲁·海伍德：《政治学核心概念》，吴勇译，中国人民大学出版社，2014，第43页。

第一，加强党对意识形态的绝对领导。近年来，在纷繁复杂的社会思潮领域，党对意识形态工作的领导权遭到了新左派思潮的冲击。新左派思潮基于强烈的反资本主义和反精英主义立场，对改革开放取得的成就持有不同意见，认为改革开放是"有现代化而无社会主义"，把所有社会问题都归咎于现代化和改革开放，批判中国沦为国际垄断资本主义的附庸等等。其实，新左派思潮是严重误读了改革开放，因此，新左派思潮的发展在一定程度上不利于我们党加强对意识形态工作的领导。强化党对意识形态的绝对领导权，有利于在多元复杂的社会思潮中维护国家意识形态安全。"面对改革发展稳定复杂局面和社会思想意识多元多样、媒体格局深刻变化，在集中精力进行经济建设的同时，一刻也不能放松和削弱意识形态工作，必须把意识形态工作的领导权、管理权、话语权牢牢掌握在手中，任何时候都不能旁落，否则就要犯无可挽回的历史性错误。"[1]对此，党的二十大报告指出：要"建设具有强大凝聚力和引领力的社会主义意识形态"。

因此，针对新左派思潮在意识形态工作上的错误主张，应该落实党管意识形态的责任制，"各级党委要切实负起政治责任和领导责任，严格落实意识形态工作主体责任，加强对意识形态领域重大问题的分析研判，加强对重大战略性任务的统筹指导，推动重大部署、重要任务的落实"[2]。

第二，坚持"以经济建设为中心"的方针政策不动摇，高度重视民生问题。新左派关注的一个焦点就是底层人民的生活问题，目前，社会中出现的不平等现象为新左派思潮的滋生提供了土壤。民生问题是人民群众最直接、最现实、最关注的问题，民生关系到衣食住行、精神文化的各个方面，解决民生问题也是党的工作重点之一。面对新左派的指责，我们还是要坚定不移地执行"以经济建设为中心"的方针政策。对此，正如习近平

---

[1] 《习近平关于全面深化改革论述摘编》，中央文献出版社，2014，第86页。
[2] 《习近平总书记系列重要讲话读本》，人民出版社，2016，第191页。

总书记所强调的，"问题的实质是改什么、不改什么，有些不能改的，再过多长时间也是不改"①，"只要国内外大势没有发生根本变化，坚持以经济建设为中心就不能也不应该改变。这是坚持党的基本路线100年不动摇的根本要求，也是解决当代中国一切问题的根本要求"②。

尤其在后疫情时代，如何改善民生也成为党和国家执政管理最重要的问题之一。在做好防疫工作的基础上，我们党有序推动了复工复产活动，帮助劳动者尽快返回工作岗位，加大财政力度支持受疫情冲击较大的中小微企业，妥善安排好因疫情失业人员、落实相关失业救济政策等等，都是对民众热切关注的问题的积极回应。

另外，疫情也暴露了国内医疗保障体系相对薄弱的问题。在疫情暴发初期，新左派将中国公共卫生体系中暴露出来的一些问题归咎于现代化和市场机制问题，夸大市场化改革的负面效应，并以此质疑我国经济体制市场化改革的成就。就此，应该强调的是，唯有坚持"以经济建设为中心"，才能最大限度地解放生产力，进而提高人民的生活水平、改善民生问题。有学者指出："虽然我们党一再强调要发挥经济体制改革的牵引作用，但我国经济体制市场化改革不是对社会主义制度的改弦易张，它有着自己的方向、立场和原则。尤其是在涉及经济建设与意识形态建设关系方面，市场化改革要始终坚守政治底线、增强政治定力，以防我国改革事业在方向性问题上出现颠覆性错误。"③

第三，发挥社会主义核心价值观引领作用，加强意识形态教育。新左派的观点、论断在舆论界占有一席之地的现象，部分地反映出当前我国国民意识形态的发展倾向。新左派具有高度迷惑性，其表面上是马克思主义的忠诚信仰者，实则片面解读了马克思的阶级分析观点并错误判断了当前

---

① 《习近平关于全面深化改革论述摘编》，中央文献出版社，2014，第15页。
② 《习近平谈治国理政》第1卷，外文出版社，2018，第153页。
③ 竟辉：《当代中国自由主义与新左派思潮比较研究》，南京航空航天大学博士论文，2018，第258页。

形势，其理论违背了党和人民的意志。因此，将规制和引导社会思潮纳入意识形态教育工作显得尤为重要，它有助于我们警惕并防止新左派对意识形态的影响、渗透。

比如，新左派曾以批判"普世价值"的视角来反对社会主义核心价值观。在一定意义上，新左派的这种曲解和误读，其实妨碍了民众对社会主义核心价值观形成正确的认知。因此，如何在培育和践行社会主义核心价值观的过程中，明辨社会主义核心价值观与"普世价值"的区别，从而确立起正确的价值导向，也是当前意识形态教育的重要议题。只有发挥社会主义核心价值观引领作用，才能不断明确我国意识形态建设的目标指向。同样，只有通过意识形态教育使人民群众坚定理想信念，才能使人民群众对中国制度和中国方案保持高度自信，信任党和国家的决策，自觉拥护党的领导；才能在面对无论是来自内部的不和谐声音还是外部的意识形态攻击时，我们都能够明辨是非，揭露敌对势力的险恶用心和意图，坚定内心想法不动摇，形成统一战线，增强国家安全意识。

第四，完善网络意识形态治理模式，优化主流意识形态建设的社会环境。德国社会学家曼海姆曾指出："人类思维中意识形态成分总是与思考者的现存生活状况密切相联的。根据这一观点，人类思维不是在社会真空中，而是在确定的社会环境中产生并活动的。"[①]就目前社会思潮的总体发展趋势而言，互联网显然已经成为舆论斗争的主战场。因此，针对新左派思潮近年来出现的受众群体低龄化，在网络上聚合不少青少年等特点，关于如何建立健全网络监管制度，已经成为民众关心的热点话题之一。习近平总书记强调："我们要本着对社会负责、对人民负责的态度，依法加强网络空间治理，加强网络内容建设，做强网上正面宣传，培育积极健康、向上向善的网络文化……为广大网民特别是青少年营造一个风清气正的网

---

① ［德］卡尔·曼海姆：《意识形态与乌托邦》，李步楼等译，商务印书馆，2014，第82页。

络空间。"①

近年来,我国网络意识形态安全问题尤为凸显,如何维护好网络安全,营造制度化、法治化的网络环境,着力推动网络空间命运共同体构建,成为网络意识形态治理的重要目标。对此,"网络空间是人类共同的活动空间,网络空间前途命运应由世界各国共同掌握。各国应该加强沟通、扩大共识、深化合作,共同构建网络空间命运共同体"②。

总之,对于处在转型时期的中国社会而言,面对不断涌现的复杂矛盾和纷繁多变的社会思潮,如何正确对待当代新左派思潮的本质,把握当代新左派思潮的发展趋势,从而消除其负面影响,是我国意识形态领域的一个重要课题。

---

① 《习近平谈治国理政》第2卷,外文出版社,2017,第337页。
② 《习近平谈治国理政》第2卷,外文出版社,2017,第534页。

第八章 消费主义思潮新动向及应对策略

消费主义作为消费活动的次生产物，其源头可追溯到封建社会甚至奴隶社会，但完整或现代意义上的消费主义则肇始于资本主义生产方式的产生及其社会模式的形成。伴随现代交通行业发展与城市化进程，消费主义得以迅速蔓延和扩散，形成了其特有的表征与形态。而21世纪社会、技术和文化上的大变革，在革新人类生存与消费方式的同时，更为消费主义迎来了发展契机。消费主义在当代媒介载体与大众文化环境中被赋予了新形式和新特点，其发展具有一些新趋势，导致了一些极具时代性和颠覆性的消极影响。为此，面对消费主义新变化，重构生产与消费的辩证关系、引领消费意识形态、建构有序消费市场、培养树立正确价值观和幸福观是扬弃消费主义、实现人们对美好生活的向往、促进人与社会协调发展之必要。

　　20世纪以降，美国迅速崛起成为彼时最大的资本主义国家，并率先进入现代消费社会。一时间，铁路与航海等交通运输业、城市化进程等迅速发展，出现了大规模人口流动与聚集，随处可见的高楼大厦、遍地的汽车与密集的商业购物中心成为都市景观。总之，大量生产与大量消费共同塑造了这一时期美国社会发展的主要特征。美国大肆鼓励社会和个人消费之举对资本主义发展之功效举世瞩目，这使欧洲社会在二战后纷纷效仿这一机制，以期通过消费驱动社会活力来协助战后的国家复苏和社会重建。在"马歇尔计划"（美国官方名称为"欧洲复兴计划"）扶持下，欧洲多国和日本等国家也如愿于20世纪中叶先后进入消费社会。

作为特殊社会形态和历史表象，消费社会的形成离不开资本逻辑的策划与消费主义潜移默化的影响，而这种现象与本质的恶性循环不免引起社会的关注与重视，人们以不同视角和方法对消费社会和消费主义进行了研究。如政治学上的生命政治反思：认为市场是资产阶级施展"治理技艺"的场所，消费主义是塑造这一场所的意识形态要素之一（福柯）；社会学上的消费文化评论：论证了现代大众文化是如何被资本赋予消费启示和诱导消费的功能（弗雷德里克·詹姆逊）；传播学上的媒介消费主义审视：分析了影响电视隐形媒介审查行为的内部机制，以及电视形象与电视话语等假象幕后的消费主义的运作机理（皮埃尔·布迪厄）；哲学上的异化消费批判：揭示了资本主义发达工业社会以制造"需要"干预消费活动的不合理性和压抑人自由发展的本质（马尔库塞）。事实上，中国的城市化与现代化进程和20世纪欧美消费社会具有很多共性，面临诸多相似社会问题，但社会意识目前并未自觉到由消费主义带来的潜在危害，故而重新审视消费主义及其新变化仍具有理论和实践意义。

第一节 消费主义的"源"与"流"

如果依据"大城市人口增加""批量生产""大量消费"等特征来界定消费社会[①]，那么在经济全球化趋势下，中国的社会主义市场经济为社会发展奠定物质条件的同时，也意味着中国已经进入现代意义的消费社会。消费社会引发众多社会弊病却仍经久不衰，其奥秘在于资本的操纵和消费主义的规训功能作为消费社会的驱动机制主导着整个社会的发展方向。因此，要突破消费社会的历史性局限，前提是扬弃消费主义。所以必须从学

---

① 参见［日］三浦展：《第4消费时代》，马奈译，东方出版社，2014，第5页。

理上厘清消费主义是什么以及它是如何发展的。

（1）消费与消费主义

"consume"（消费）早在14世纪已存在于英语中，词根"con"意指"全部、所有"，"sume"意为"拿走"，在词源上与法文词汇"consumer"及其变形词汇"consommer"最为接近，归属于印欧语系，最早可追溯至拉丁文"consumere"，其原意指消耗、吞食、耗尽和浪费等，词性具有明显贬义。直至18世纪中叶，"消费"一词的贬义性质随着组织性和系统性的资本主义市场不断完善、资本主义的发展与资产阶级社会地位的提高才有所改变。

消费商品与享受服务的行为受到资产阶级的鼓吹与认可，这让"consume"逐渐以中性意涵呈现在资产阶级的政治话语与经济描述当中。而当时亚当·斯密和李嘉图等古典政治经济学家认为消费造成的欲望泛滥和资源浪费不利于资产阶级社会的财富积累，从而提倡扩大社会生产的同时一定程度上反对和限制消费，这一叙事方式导致了资本批判中异化劳动的问题被遮蔽。马克思洞悉了这一切，在政治经济学批判的过程中揭露劳动异化的本质，并在生存论论域中阐发了其丰富的消费理论。在内涵上，其一，消费是对生命需要的满足。消费是个体生命存在和人类历史发展的必然条件。其二，消费是生产中的损耗、不合理使用。包括工人在生产中消费生产资料，以及资本主义生产方式通过生产资料过度消耗工人。其三，消费是生产，"生产直接也是消费"，是主体与客体的相互生产和彼此消费[1]。其四，消费是消失、消灭，是使用价值的实现。"消费完成生产行为，只是由于消费使产品最后完成其为产品，只是由于消费把它消灭，把它的独立的物体形式消耗掉"[2]，是商品价值和使用价值相互实现、抵消，是买卖双方目标的达成，这是最狭义，也是最切近生活和现实意义的消费范畴。

---

[1] 参见《马克思恩格斯选集》第2卷，人民出版社，2012，第690页。
[2] 《马克思恩格斯选集》第2卷，人民出版社，2012，第693页。

消费概念作为社会意识的表征，其含义变化受社会物质基础、阶级状况的更替、人类文明与科学技术进步等因素的影响。"消费"一词也由原来单一静态的贬义用法发展到较为全面的具有经济学、社会学和文化哲学等多重意蕴。消费主义则更多是相对于后者而言的，消费的文化意义首先指涉符号消费，即消费过程中获得的符号意义与符号价值；其次，消费文化和符号的机理是塑造等级差别，唤醒消费欲望；最后，由欲望和符号价值引导的异化消费导致人的价值异化和价值实现等问题。因此，基于这些基本因素的消费主义其物质前提是社会生产方式和消费方式的变革，核心特征是"需求和渴望的重新界定"①，表现为"一种鼓吹在大众生活层面上进行高消费的价值观念、文化态度或生活方式"②。这种观念和生活方式"颠倒了人的需要、满足、商品和幸福的关系，本质上是一种与人的真实需要毫无内在关联的异化消费和异化的生存方式"③，是人们的心理上无所顾忌、思想上破除理性、行为上毫无节制的"物质财富和自然资源"④消耗。概言之，即消费至上。

（2）前资本主义社会的消费主义

正如马克思和恩格斯所言："全部人类历史的第一个前提无疑是有生命的个人的存在。""现实的个人"以及"他们的活动和他们的物质生活条件"构成了人类社会和历史的第一个前提⑤。为了使肉体组织得以续存和发展，人不得不创造并消费、消耗物质，因此，消费与劳动生产活动具有同质性，是人类剥离于纯粹自然界、是人之为人的必要条件，这个意义上，人类历史既是一部人类生产史，也是一部人类消费史。

---

① [美]彼得·N.斯特恩斯：《世界历史上的消费主义》，邓超译，商务印书馆，2015，第25页。
② 毛世英：《走出消费主义陷阱，建设和谐型消费文化》，《济南大学学报》2003年第4期。
③ 王雨辰：《论生态学马克思主义对消费主义生存方式的当代反思》，《社会科学战线》2020年第3期。
④ 雷安定、金平：《消费主义批判》，《西北师范大学学报》1994年第5期。
⑤ 参见《马克思恩格斯选集》第1卷，人民出版社，2012，第146页。

消费与人类社会发展存在互生联系，而消费在社会演进过程中也表现出鲜明的二重性：其一是积极性，消费是社会和个人需要得到满足的中介，是消费者自我价值的实现和消费需要的满足，具有促进经济发展之意义；其二是消极性，"消费导致人心异化、铺张浪费……进而导致文化的分化"[1]。消费主义正是由消费的消极意义逐步衍生而来的，因此，广义上的消费主义也存在于古希腊、文艺复兴时期，还有中国宋朝时期的杭州等。如古希腊爱利亚学派先驱伊壁鸠鲁认为："通过满足某些欲望而获得的那种快乐不是人生的目的，因为继这种享乐而来的必然是厌倦，从而使人背离了他的真正目的，即没有痛苦。"[2]在他看来，只有"纯粹的"享乐才是人生的最高目的，因此享乐主义又称伊壁鸠鲁主义。事实上，这种"纯粹的"享乐最终诉诸物质或精神产品，这样一来，享乐也不再纯粹，必须通过物质或精神消费的形式才能实现，享乐主义也由此构成了古代社会消费主义的雏形。

欧洲中世纪是消费被限制和消费主义发展迟缓的时期，是神权对皇权的侵夺、宗教禁欲主义对人的欲望和需要普遍压制、社会经济发展缓慢、生产力和消费能力受到阻碍的特殊时期，故而中世纪又被称为欧洲社会的"黑暗时代"。这一状况直至宗教改革、文艺复兴、航海运动等一系列划时代事件的到来才得以改变。它们颠覆了人们对外部世界以及自身的认知方式。随着人作为主体被逐步构建起来，人们开始注意到自身的价值需要和欲望冲动，逐渐意识到通过消费活动对物的占有既能实现自身价值又能确证主体权力，消费主义也趁机登上历史舞台。随之而来的是形成了如威尼斯、佛罗伦萨等早期贸易中心和商业城市，大城市出现了早期资本主义的萌芽。但是由于巨大的社会地位和贫富差距，这一时期的大规模消费往往被局限在占有丰厚社会财富的封建贵族和早期资产阶级中。而消费主义的

---

[1] ［法］多米尼克·戴泽:《消费》，邓芸译，商务印书馆，2015，第1页。
[2] 参见［美］埃里希·弗罗姆:《占有还是生存》，关山译，生活·读书·新知三联书店，1989，第6页。

特点则表现为显著的阶级性、局部性、封闭性和自发性，但不可置疑的是，这为后来的资本主义产生和消费主义扩散提供了物质前提和精神解放等必要条件。

（3）近现代语境下的消费主义及其发展

当代美国著名学者彼得·N.斯特恩斯在专著《世界历史上的消费主义》中系统追溯了消费主义的起源、形成、发展和在世界范围内的发散历程。他认为极为完整的消费主义大致形成于"17世纪晚期而不是在18世纪"，并于18世纪中期已遍布诸如英国、法国、荷兰、比利时和德国等地，并有某些消费主义迹象已扩散至英属北美殖民地[①]。这种对消费主义的界定方式显然是以生产技术的革命为依据的。这一时期的标志性事件，一是欧洲社会资产阶级革命的胜利、资产阶级作为统治阶级登上历史舞台；二是第一次工业革命率先在英国完成，社会生产力空前解放。近代消费主义的产生与发展离不开生产技术上的革命，因为技术对生产方式的颠覆，不仅能从数量上丰富人们的消费产品种类，而且能在质量上变革人们的消费方式。其结果是，一方面，"资产阶级在历史上曾经起过非常革命的作用"，破坏了其统治范围内的"封建的、宗法的和田园诗般的关系"；另一方面，资本的利己主义与剥削本质把人与人之间的社会关系资本化和单一化了，将社会关系桎梏在冰冷的利害关系和冷酷的"现金交易"关系里[②]，即无穷的生产和消费循环链条中。

资产阶级在经济上占统治地位的优势很快扩大到政治领域。为了快速实现资本积累和扩大生产，资产阶级必须集中生产资料，通过政治上的立法权实现对农民土地生产资料的剥夺。土地的流失导致农民阶级失去了满足自身需要的生产条件，为了生存需要，大量农民被迫流入城市的工厂和资本市场，人口和资本的聚集使早期的曼彻斯特、伯明翰等大工商业城市

---

① 参见［美］彼得·N.斯特恩斯：《世界历史上的消费主义》，邓超译，商务印书馆，2015，第20页。

② 参见《马克思恩格斯选集》第1卷，人民出版社，2012，第403页。

迅速崛起。但是，社会财富有限、贫富差距过大等因素限制了消费市场的规模，过度生产不能对应大量消费，生产过剩导致商业危机爆发。为了生产的商品能被消费，利润再次转化为资本，资产阶级一方面在本国宣扬消费主义诱导人们消费，另一方面则依靠战争手段，争抢他国资源和开拓新的世界市场，并向殖民地兜售大宗商品。所以，马克思和恩格斯说："资产阶级，由于开拓了世界市场，使一切国家的生产和消费都成为世界性的了。"①

由技术革命引起消费方式变革、推动消费主义发展的迹象，在第二次工业革命后表现得更加明显和深刻。19世纪六七十年代开始，陆续出现的一系列重大发明，标志第二次工业革命在德、意等后起资本主义国家中悄然兴起。进入电气时代的资本主义国家的生产力得到"井喷式"解放，但此时世界市场被瓜分得所剩无几，商品一旦缺乏市场，将会阻碍资本循环。为了争夺世界市场和重构世界秩序，1914年爆发了第一次世界大战，半殖民地半封建的近代中国成为此次战争的牺牲品。20世纪初期，随着西方列强殖民权力的不断深化，消费主义以一种文化思潮的姿态传入我国，西方列强企图通过意识形态渗透在文化和思想上实现对中国的殖民和统治。于是早期的报纸、广播、电影等民营传统媒介就被动承担了消费主义传播和扩散的职能，在当时经济较为发达、消费能力较高的上海，《申报》、《良友》画报和《新闻报》等报刊已经在封面和一些起眼的栏目刊载艺人广告，甚至逐步创建了有关休闲及消费生活的专栏副刊等板块②。消费主义的出现象征着"商品销售方式""系列商品""日常生活所设定的目标"发生了革命性变化。"作为一种全球性文化——意识形态"，近现代的消费主义通过对消费者"需要"的设计和操控③，给包括近代中国在内的世界各国人民的价值观念和生活方式带来了巨大的影响。

---

① 《马克思恩格斯选集》第1卷，人民出版社，2012，第404页。
② 参见杨春晓：《解读〈良友〉画报的封面》，《新闻大学》2004年第4期。
③ 参见杨魁：《消费主义文化的符号化特征与大众传播》，《兰州大学学报》2003年第1期。

第二节 当代社会中消费主义的新变化

历史和经验无不表明,消费主义的产生和发展源于生产技术和生产方式的变革。当代消费主义的新变化则离不开计算机和信息技术革命、人工智能、虚拟现实技术以及数字资本主义等新事物的产生。技术和文化上的变革使消费主义突破了传统报纸、海报、广告牌、广播和有线电视等传统媒介的局限性。新型网络信息技术与产品融合了视、听等冲击感官的技术性优势,将诱导性消费理念和商品生动地呈现在消费者面前,使消费主义产生了新形式、新特点,并随着技术和社会的发展,消费主义潜藏着一系列新的发展趋势。

(1)当代社会消费主义的新形式及其特点

随着生产力水平的提高和收入水平的改善、现代化进程持续深化以及互联网信息技术及其产品的不断普及,当代社会消费主义的新形式主要体现在现代化城市化进程中的都市病症、数据统治中的消费主义与购物成瘾、虚拟空间中的消费泛滥以及公共突发事件中的消费权利扭曲等方面。

第一,现代化城市化进程中的都市病症。改革开放后,资本涌入我国对外开放城市,商业竞争一定程度上取代了原有的计划经济模式,让城市瞬间充满了活力。早期城市杂糅了住宅、工业、商业和行政管辖等多种功能,人口流入和交通运输业发展,客观上要求城市职能分工不断细化,以此提高城市化效率。于是工业区和住宅区逐渐从商业区分离出来,沿海开放地区出现了一批商业大都市,并逐渐成为国际化经济贸易中心。随着对外开放范围不断扩大,大中城市和小城市也迅速得到发展。城市崛起一方面推动了社会生产,改善了人们生活水平;另一方面,摩天大楼、灯红酒绿无处不充斥着高消费的都市诱惑。通过电视和网络等传播途径,这种高消费的享受型生活方式传递到了当代中国社会的每个角落。

越来越多的人在消费主义的刺激和引诱下，盲目向往"高品质"都市生活，将城市的高消费模式视作理想的人生目标和生活状态，转而卷入城市。人口聚集意味着城市和市场规模持续扩大，但社会生产水平和有限的城市空间难以在短期内容纳和消化这些人口，最终，爆炸式人口增长使潜蛰的城市病爆发了。首先，城市中高楼林立，建筑之间架构着交通网络，汽车从奢侈品变成生活用品，造成了城市空间的过度拥挤，公共场所人满为患。其次，工业垃圾、汽车尾气和生活废品直接引发环境污染，给城市治理和规划带来了巨大挑战。再次，无力购房的市民，面对房租、房价的飙升，被迫蜗居，使存在于日本消费社会的蚁族社群现象逐渐出现在北京、深圳等一线城市。最后，为了能在城市中生存和消费，上班族穿梭于公司、住所和商场之间，将薪资付诸高额消费而无暇顾及其他。整个城市十分忙碌且井然有序，但人们对物质财富的疯狂追求和享受导致了城市的精神荒漠、人文危机和社会冷漠等病症。

城市的消费主义在短期内蔓延到中小城市甚至农村，所谓"高品质"生活标准对整个社会婚姻和家庭生活产生了负面影响，成为当代婚龄普遍提高、离婚率剧增的主要原因之一。在高消费带来的压力之下，青年一代被迫成为"房奴""车奴"，青少年则盲目追求品牌，形成一股不良攀比之风。

第二，数据统治中的消费主义与购物成瘾。当代技术革命的显著成果是数字科技的发明与普及，这种新技术的创造带来最突出的影响是革新了消费品的样态与形式。据中国互联网络信息中心发布的第49次《中国互联网络发展状况统计报告》，截至2021年12月，我国网民规模达10.32亿，互联网普及率为73.0%，其中手机网民规模达10.29亿，网民使用手机上网的比例达99.7%；农村网民规模达2.84亿，城镇网民规模达7.48亿；使用台式电脑、笔记本电脑、平板电脑上网的比例分别为35.0%、33.0%和27.4%。网民规模反映了电子产品使用率和相关商品消费现状，随着电子产品和智能设备的普及、传统媒介的逐渐隐退，大数据时代已然降临。

在大数据时代，每个用户和终端都是数据生产源，人们通过使用电子产品不断地生产数据，但这种数据生产劳动却是无偿的。例如，打开网址、输入词条、筛选网页、发送信息等一系列数字活动所产生的海量数据，都将免费提供给数字平台。各大数据平台再利用所谓"隐私条款"和"隐私协议"将所有的数据私有化，以牟取商业利益。因此，数据垄断和数据统治在劳动层面形成了当代的数字剥削，造成了数字贫困和数字鸿沟；另外，这种数据统治必须转化为商业价值，实现数据集中和垄断的目的，这将通过数据对消费领域的影响来实现。掌握数据意味着掌握人们的消费心理、消费习惯和消费动向，从而也掌握了商业生产的主动权。企业通过数据收集和筛选，分析出当前的消费现状，并预测短期内的消费趋势，进而大规模生产相关商品，借助广告文化对时尚和潮流进行商业化定义，诱导人们产生相应的消费行为。以电子产品为例，部分产品设计者开发了产品的娱乐功能，预设了产品的耐磨损度和使用期限，影响用户使用体验，使用户定期进入市场购买换代新品。除此之外与"消费主义开始在生活的更多方面产生影响"，并且"渗入到大多数节日中"一样，当代消费主义不仅迅速融入各种传统节日，还生造了许多非理性购物节日来诱发消费，致使人们在这种谋划性消费中逐渐购物成瘾。于是，人们尤其是青少年群体为了赶时髦、追求时尚过度消费电子产品，以及这些产品所携带的数字化商品与服务，导致手机、平板电脑充斥在生活中、工作中、课堂上和各种公共场所，进而出现了网瘾少年、"低头族"和"青年宅"等社会怪相。

第三，虚拟空间中的消费泛滥。互联网技术的普及变革了人们的生存方式，拓宽了人们的生存边界，构筑了一种全新的、供人们进行生产和生活的虚拟空间形态——网络空间。网络空间被冠以人类生存的"第五空间"之名，集生产、生活和消费等众多社会功能于一体。消费主义也在媒介载体的革新中突破了狭义的消费范畴，发展为泛滥的网络消费主义。网络消费主义"在内容上表现为对网络游戏、网络聊天、网络同居、网络色情、网络暴力、网络恶搞等方面的过度消费，在消费观念上突破了文明和道德底线，正走向低俗化、快餐化、垃圾化"①。

具体来说，网络消费主义首先包括异化的网络消费活动。网络购物兴起后，商品世界与网络空间完美契合，随着物流服务行业与贷款系统的衍生，人们实现了足不出户便能网罗全球商品的消费实践。网络消费是否异化，根源在于"需要"的异化与否，"其可能性能否成为一种需要，都取决于对现行社会制度和利益是否可取和必要"②。在现实中，人的需要往往被强行赋予外在于人的"社会的内容和功能"，是一种被资本制造的非本真的"虚假需要"。由虚假需要诱发的异化消费是最主要的网络消费主义现象，如"双十一"等虚拟节日的疯狂购物、网络空间的偶像消费、购物网站和短视频App上的"网红"带货消费、网络主播打赏消费等，在一定程度上都归属于异化的网络消费。

其次是网络诈骗。网络诈骗是犯罪者为达到一定目的在网络上以各种形式，包括语音电话、邮件和钓鱼网站等，用虚构事实或者隐瞒真相的方法，骗取数额较大的公私财物的行为。

再次是网络消费主义休闲。马克思认为，真正的休闲时间是可以自由支配的，是财富本身："一部分用于消费产品，一部分用于从事自由活动，这种自由活动不像劳动那样是在必须实现的外在目的的压力下决定的，而这种外在目的的实现是自然的必然性，或者说社会义务——怎么说都行。"③而当前的网络消费主义休闲，似乎是人们逃离日常工作、学习和生活的避难所，人们消耗大量时间用于网上聊天、"刷剧"和玩网络游戏，实质是在无形中加速了身体和精神的双重损耗。网络消费主义休闲还包括网络色情。受传媒广告文化的"指导性自恋"影响，人们疯狂"解剖"着

---

① 蒋建国：《网络消费主义、网络成瘾与日常生活的异化》，《贵州社会科学》2014年第5期。
② [美]赫伯特·马尔库塞：《单向度的人：发达工业社会意识形态研究》，刘继译，上海译文出版社，2008，第6页。
③ 《马克思恩格斯全集》第26卷（第3分册），人民出版社，1974，第282页。

自己的身体,"使它在时尚市场上表现出幸福、健康、美丽、得意动物性的可见符号"①,身体成为可营利的商品,出现了色情网站和色情直播等现象。

最后是虚拟社会中的真实混乱——网络暴力。这是一种在网络世界中被表面上无直接人身伤害所掩盖的,危害严重、影响恶劣的暴力形式。后真相时代,人们往往局限于碎片化的经验材料,就急于占据道德制高点,对社会事件评头论足,甚至对涉事主体发表诽谤、污蔑、侵犯和煽动性言论,使用图文、音频、视频在网络上对事件主体进行人身攻击,以此确立自身在事件中的地位与价值,从而获得某种虚假身份的满足。

第四,公共突发事件中的消费权利扭曲。人们受消费主义的影响不仅表现在奢侈品消费上,甚至连衣食住行也追求"自我"、标新立异。为了在饮食上满足好奇心和独树一帜,追求所谓的营养价值来体现自身社会地位,一部分人违规高价食用携带病毒和寄生虫的野生动物,造成了病毒从动物到人体的传染。新冠疫情防控期间,部分城市工作者收入暂时性中断,车贷、房贷和各种网络消费贷款蜂拥而至,暂时无收入人群因贷款和收入问题而担忧,产生了疫情期间的社会焦虑;人们出行受到限制,网络消费、外卖行业反而如火如荼,即使是特殊时期,也能在小区或者物流代理点看到扎堆取快递的反常景象,殊不知,网络消费和商品流动为疫情防控带来了一定阻力和隐患。

所幸,中国共产党不仅始终秉承以人民为中心的发展理念,在党中央坚强领导和全国各族人民大力支持下,全国疫情防控阻击战取得重大战略成果,而且倡导人类命运共同体意识,为世界疫情防控提供了中国经验、中国智慧和中国方案。而消费主义在疫情期间表现得淋漓尽致的则是西方社会。西方奉行自由主义,一旦面临突发公共事件,个人和政党利益受到

---

① [法]让·鲍德里亚:《消费社会》,刘成富、全志钢译,南京大学出版社,2014,第123页。

冲击，泛民主思潮极易导致西方民主上升为民粹主义；加之建立在资本恶性竞争之上的政党体制和政党制度存在内在缺陷，使得在这场疫情治理大考中出现社会动乱和治理失灵现象。部分民众趁机以"自由人权"为名非法举行游行示威，破坏公共秩序，制造社会混乱，扭曲消费权利，砸、抢名牌商场以满足个人的消费欲望。这力证了消费主义在西方社会根深蒂固的事实，以及消费主义在重大突发公共事件期间引发社会动荡的消极意义。

总之，消费主义的新变化以科学技术更迭为基础，具有一些明显的历史性和技术性特征。在消费目的上，消费主义标榜个性消费的个人中心主义、追求物质消费的享乐主义和崇尚自由消费的自由主义；在消费内容上，消费主义以符号消费、性与身体消费、超前和借贷消费、娱乐消费以及快餐文化消费为主；在消费场域和载体上，消费主义受经济全球化和资本主义数字化推动，已形成国际消费主义和网络消费主义。

（2）当代社会消费主义的内在机理

消费主义之所以在当代呈现出如此多样的新变化和新特点，离不开"单向度"的消费逻辑、景观丰富的消费空间以及日常生活的消费异化等生成机制和运行机理。

一是"单向度"的消费逻辑。所谓"单向度"，是赫伯特·马尔库塞在批判资本主义社会的政治制度、科学技术和消费文化时所提出的重要理论。受单向度思想和单向度社会的双重塑形，哲学失去了批判性质，而生存于其中的人们则丧失了反思精神和反抗意识，所有的东西（尤其是商品）被给予和接受，只有肯定的单一的向度，这种"单向度"的消费逻辑也是当代消费主义存在和运行的内在机理和主要特点之一。消费主义首先对"成功"的意义进行了粉饰，因为没有人不想取得成功而实现价值。消费主义把这类具有强大消费能力的富人定义为"成功人士"，并对这类人群的行为和消费习惯通过广告的形式广泛宣传，以偶像代言的方式使消费文化得到鲜活的体现，最终使人们带着肯定和接受的逻辑投入消费活动，以占有商品的方式获得所谓的成功。于是,有的青年学生为了随潮流、爱面子,不顾家庭经济状况,要求父母购买高价电子产品;艺人绯闻和商业巨头的言论总能引起人们的关注,而民族英雄与模范人物的事迹却鲜为人知,这种落差实质对整个民族核心价值观具有解构的破坏能力。在这个消费英雄取代生产英雄的消费时代,人们更愿意相信"以后人们每周工作3天每天工作4小时就可以了"这样一种高谈阔论(事实上,马克思早就详细论述了随着劳动生产率的提高会使劳动时间相对减少的价值运动规律),也不愿反思在数字时代商业英雄崇拜[①]是否具有合理性与合伦理性。

二是景观丰富的消费空间。消费社会的主要特点之一就是社会大生产导致的商品堆积,这个丰富的商品空间也是消费主义的容身之所。在现代城市中,高楼大厦直抵云霄,城市交通网络密布,描绘出一幅充满生机的城市景观。人们为了在城市中获得一席之地,就必须取得"成功",而房子和车子被认为是"成功"的最低标准,这一定程度促进房地产公司和汽车行业的发展。但是,对于城市中忙于工作却无力购买车和房的人来说,只能逐渐在人口聚集的城市中被边缘化。另外,为了迎合一些人的消费心理和消费习惯,系统的商品体系或者说"物体系"逐渐形成了,它构成了城市生活中衣食住行等各个方面。高档小区、豪华汽车、昂贵服装、来自世界各地的食品等,疯狂地刺激着人们的欲望,暗示人们高档产品的消费可以体现成功人士的身份。城市商圈、购物广场、品牌文化节、百货超市等构成了实体消费空间,活跃于其中的人们看似实现了成功,实则是陷入了消费主义的陷阱。消费主义除了在现实生活中塑造了一个商品世界,还充分利用网络信息技术,在网络信息空间构造了另一个商品体系。由于现代网络信息技术集成了文字、图像、音频和视频等体验性极强的数字技

[①] 参见潘祥辉、杨鹏:《"马云爸爸":数字时代的英雄崇拜与粉丝加冕———一种传播社会学分析》,《探索与争鸣》2018年第9期。

术,加上支付手段和物流行业快速发展,绝大多数国内外的商品,都能以前所未有的清晰度和现实感呈现在网络购物平台上供人们进行消费。

三是日常生活的消费异化。如列斐伏尔所言,"在现代世界里,日常生活已经不再是有着潜在主体性的丰富'主体',它已经成为社会组织中一个'客体'"。在日常生活中,这种主体与客体之间的易位和颠倒,再次表明资本对人们的微观操控已经深入到日常生活层面。在资本的巨大齿轮之下,人们的日常消费活动也在劫难逃。消费主体作为客体被操控,是通过资本逻辑对人的"需要"进行消解与重构完成的。马克思的需要理论"从历史唯物论的人学角度把人的需要分为三个层级,它们分别为'生存性需要''享受性需要''发展性需要'"[①],消费的根据是现实的使用价值,因而也是分层次的需要和相对应的满足。而被资本和消费主义制造的虚假需要,在于启示人们看到商品的符号价值与"成功"的虚假意义,消费的基础和动力是符号价值,是人们无意识或者潜意识的消费欲望,因而也是无穷尽的。虚假需要的创制与消费文化的结合,导致人们的真实需要被遮蔽,使消费者在消费活动中逐渐丧失其主体性。物的操控在日常生活中表现为消费购物成瘾,从而导致了消费欲望的在场与主体核心价值的缺席。

(3) 消费主义在当代社会中的变化趋势

基于对当代消费主义所呈现的新变化和新特点的分析,以及对其演变逻辑的深刻把握,我们可以对消费主义的变化趋势作一尝试性的预测。大致来说,这些变化趋势涉及群体层面、空间层面和时间层面等。

首先,消费主义在群体层面抹平阶层、性别和年龄差异。必须强调的是,消费主义影响的对象往往是具有一定消费能力的群体。就传统消费主义而言,在阶层上,由于收入水平差距大,富人和中产阶级占据着大量社

---

① 侯耀文:《马克思需要理论视域下新时代社会主要矛盾转化》,《大连理工大学学报(社会科学版)》2019年第5期。

会财富，更加具有消费能力，也更容易受消费主义侵蚀；在家庭和性别上，因家庭分工存在差异，女性更加高频地接触各种商品，所以女性群体尤其是家庭主妇是消费主义瞄准的主要对象；在年龄上，中年群体由于具有相对稳定的收入以及对社会地位和成功的强烈渴望，在消费行为和消费取向上更青睐于具有某种符号价值的商品，在消费中表现出不同程度的消费主义倾向。随着社会生产力的相对提升和收入水平的普遍提高，加上消费主义文化如同"媒体文化与政治话语一样，有助于特定的政治团体和方案确立其统治权"[①]，具有特定的政治认同和文化意识形态功能，使得当代消费主义的影响正在抹平消费群体的阶层、性别和年龄差异，逐渐形成泛群体式和全员参与的消费盛象。"自由、平等"的现代性政治隐喻在消费上找到了合理的表达方式，消费公平和消费自由营造了虚假和表面的平等及自由观念，制造了一种在消费场域没有阶层对立和压迫、人人平等的幻象和错觉。随着女性社会地位的提升和人们休闲时间的增长，越来越多的人将更多时间和精力投入消费活动，女性不再是家庭消费的主力。婴儿从出生之日起，就成为一些父母炫耀自身社会地位的代理人，其装扮、玩具、饮食和教育等消费都很高，而部分老年人则受消费主义影响，迷信于各种所谓保健和养生消费。

其次，空间层面的泛区域性和去中心化。消费主义作为文化和思想形态必须通过消费市场和消费活动才能真正得到实现。从蔓延的空间性和历时性来看，近现代消费主义有着强烈的地域性和区域性，这是由社会生产能力和消费能力水平局部差异决定的。人类社会生产力水平的历史性因素造成经济发达的工商业城市、世界经济和贸易中心更加具备消费活力。从国际社会看，近现代美国、日本和欧洲发达资本主义国家的消费主义更为明显；从城市格局看，发达资本主义国家中经济发达地区

[①] [美]道格拉斯·凯尔纳：《媒体文化：介于现代与后现代之间的文化研究、认同性与政治》，丁宁译，商务印书馆，2013，第102页。

和城市消费能力更强、消费主义更深入；在现代中国，北京、上海和深圳等发达城市更早受到西方社会思潮包括消费主义的渗透和影响。消费主义的资本本质不能满足于城市空间规模对市场的限制，于是通过现代交通运输业和物流体系突破了这种空间上的狭隘性。此外，当代互联网技术和电子信息产品的普及也有效规避了这一短板，加上生产力和消费水平的普遍提高，消费欲望蔓延至大城市以外的各个角落，使当代消费主义席卷了中小城市、城镇和乡村，在空间和地域上变为无中心或去中心的消费主义趋势。

最后，时间层面上解构历史和重构当下。马克思主义唯物史观强调，人们必须在已有的物质精神基础上认识和推动社会历史不断发展，在未来社会中实现人的自由与解放，客观上要求人们总结历史经验，继承和发展历史文化与民族精神。而当代消费主义反其道而行，通过消费文化和消费意识形态解构了各国民族精神、种族文化以及国家历史，甚至提出"我消费故我在"的荒诞言论，企图以当代的消费主体取代思想和价值主体，把人们的关注点聚焦在眼前的物质消费和享受，妄想通过占有商品来确证自我的存在。人的自主性在消费中逐渐自我异化，成为资本循环的被消费者，人们从商品获得的虚假满足背后实质是无穷无尽的精神上的空虚。这时候，"高生产和高消费处处都成了最终目的。消费的数字成了进步的标准。结果，在工业化的国家里，人本身越来越成为一个贪婪的、被动的消费者。物品不是用来为人服务，相反，人却成了物品的奴仆，成了一个生产者和消费者"[①]。这导致越来越多的人陷入了马克思所说的"商品拜物教"而无法自拔。

---

① 陈学明、吴松：《痛苦中的安乐——马尔库塞、弗洛姆论消费主义》，云南人民出版社，1998，第115页。

第三节 消费主义新变化的反思与应对策略

消费主义的弊端在于本质上割裂了消费与生产的辩证关系，盲目推崇和刺激消费，遮蔽了劳动生产对于个人与社会发展的根本性意义。而唯物史观认为，消费直接是生产，"生产直接也是消费"，是主体与客体的相互生产和彼此消费[①]。消费只在极其微小的论域中属于经济学范畴。作为人类生存和发展的基本活动，消费在于满足当前的需要并生产出新的、更高级的需要。但"随着移动互联网的全球普及，媒介技术已转变成大众日常生活领域的普遍性实践"[②]。消费主义借助新型载体广泛传播，异化了消费的生产性意义，撕裂了消费与生产的原生关系，使消费者陷入了商品拜物教的生存困境。面对消费主义新变化造成泛在的消费心理变异和诸多社会问题，必须予以深刻反思和正面应对。

（1）推进供给侧结构性改革，坚持生产与消费的辩证统一

在新时代，社会主要矛盾是人民日益增长的美好生活需要和不平衡不充分的发展之间的矛盾。美好生活既以日常生活为基础，具有生存论维度，又超越日常生活，是突破单纯的物质享受并追求美感满足的新型生活范式，具有追求个性发展的美好自由向度。美好生活是逐级满足真实需要和创造新需要的消费过程，也是消费者作为主体不断得到澄明和实现自由的生产历程。美好生活需要的满足必然诉诸供给侧，但问题在于，我国发展不平衡不充分导致供给端存在短板和不足。所以，推进供给侧结构性改革，重点是解放和发展社会生产力。"既强调供给又关注需求，既突出发展社会生产力又注重完善生产关系，既发挥市场在资源配置中的决定性作用又更好发挥政府作用，既着眼当前又立足长远"，使"供给能力更好满

[①] 参见《马克思恩格斯选集》第2卷，人民出版社，2012，第690页。
[②] 孙玮：《媒介化生存：文明转型与新型人类的诞生》，《探索与争鸣》2020年第6期。

足广大人民日益增长、不断升级和个性化的物质文化和生态环境需要，从而实现社会主义生产目的"①。一方面，在生产实践中坚持自主创新、优化产业结构，在新能源、大数据、互联网和人工智能等新兴技术领域牢牢掌握自主权，保护知识产权，进一步解放生产力，进而建立起抵御西方社会思潮渗透的思想堡垒和科技壁垒，避免"需求外溢"。另一方面，依靠科技驱动生产，既发挥科学技术第一生产力的作用，又坚持劳动者是生产力中的能动因素，在技术实践中把握主体与客体尺度的辩证关系。充分发挥社会主义经济制度优势，解放和发展生产力的同时尊重人的主体地位，完善生产关系，把以人民为中心的发展理念贯彻到生产与消费等各个经济环节。

微观层面，随着当代生产和消费方式的变革，新的消费道德和消费伦理逐渐形成，表现为"消费先行于累积之前，不断地向前逃逸（fuite en avant），强迫的投资、加速的消费、周期性通货膨胀（节约变得荒谬）"②。消费先行于生产是当代消费主义超前和过度消费的内在逻辑，超前消费的债务鸿沟造成了个人生产与消费的新断裂。这种断裂潜藏着经济危机，同时也造成了当代人文危机，因为预支消费意味着预支未来劳动和未来生命。因此，就个人消费活动而言，应该科学地扬弃这种先行消费的预支模式，使个人劳动生产和消费活动形成良性平衡，摆脱由消费主导的生存和生活方式，在劳动实践中发展和完善自身。

（2）扬弃消费主义思想文化，引领消费意识形态

消费主义通过广告、影视作品和商业新闻等载体，实现了与大众文化的深度融合。需要注意的是，"文化消费主义与资本主义具有内在的、天然的联系，本质上是资本与文化相结合的产物，因而其在生成根源、存在

---

① 《习近平谈治国理政》第2卷，外文出版社，2017，第252页。
② ［法］让·鲍德里亚：《物体系》，林志明译，上海人民出版社，2019，第175页。

形式、价值导向、根本目的上都具有浓厚的资本主义意识形态色彩"①。消费主义从最深处刺激着人们无动机和无意识的欲望，并作为意识形态，借助经济和文化全球化趋势影响着我国社会主义的消费关系，导致消费空间转化为意识形态斗争场域。"当象征符码经由大众传媒所控制成为工业技术操控的对象后，人的一切关注则被掏空，人的感性生活已经成为虚假的景观产品机械投放地。这是一种彻底的本体论意义上的象征贫困。"②即被图像和符码转译的消费文化导致了信息时代人们精神和文化上的普遍贫困，人的价值和"需要"被异化了，被迫沉沦和流俗于商品世界，成了海德格尔语境中"无根"的生存者。

资本借助消费文化广泛操控人们已成事实，囿于消费主义对心灵和意识的改造，使得消费者难以自觉到这种隐性操纵。所以，这种趋势的改善和逆转必须诉诸国家和政府层面的治理和引导。首先，要坚定文化自信、推进中国特色社会主义文化建设；建立符合国家利益的新型国际秩序，维护我国在国际社会的意识形态话语权。其次，在信息技术时代，"加强互联网内容建设，建立网络综合治理体系，营造清朗的网络空间"③。科学设置议程和议题，筛查网络消费文化及其作品，牢牢掌握网络空间的意识形态领导权和主动权，依靠网络媒介载体和网络思想政治教育加强青少年主流意识形态教育。最后，创新大众文化和消费文化的内容与形式，创造符合人们精神需要的大众文化作品，提高人们的精神境界。

（3）净化消费空间，建构有序市场

消费主义极力倡导消费上的自由主义、利己主义和个人中心主义，暗示人们以个人价值和欲望冲动为准则来塑造价值观念。这种错误的价值导

---

① 殷文贵：《文化消费主义的存在样态及其意识形态批判》，《思想理论教育》2019年第10期。

② 张一兵：《心灵无产阶级化及其解放途径——斯蒂格勒对当代数字化资本主义的批判》，《探索与争鸣》2018年第1期。

③ 习近平：《决胜全面建成小康社会 夺取新时代中国特色社会主义伟大胜利——在中国共产党第十九次全国代表大会上的报告》，人民出版社，2017，第42页。

向进而形成价值需求和价值表达上的歧途，导致生产和消费领域诸多社会矛盾以及失序行为。随着消费需要和市场的扩大，许多新兴产品供不应求，因此，部分生产商在生产过程中违规操作，导致产品不合格，如早些年的"地沟油"和"毒奶粉"事件等。甚至这种生产方式随着消费主义的广泛传播逐渐公开化了，如山寨电子产品。这一类高仿产品利用消费者虚荣的消费心理，复刻名牌手机、平板电脑的外观，但无法还原其核心技术，在处理系统和功能上难以满足消费需要，由此引发了产品质量和售后保障等一系列问题。随着网络购物悄然兴起，山寨商品涌入电商领域，迅速扩大了销售范围，加之商品评价体系的不完善，虚假的商品评价混淆了消费者的视听，误导消费者的选择，使虚假宣传和虚假评价中展示的商品与实物之间存在巨大差异。这种生产、销售、消费和评价的全面混乱，严重影响了市场秩序。

此外，消费平台技术缺陷导致的信息漏洞，为网络和电信诈骗提供了机会；支付环境、虚拟货币以及物流运输的安全性等问题加剧了消费者的焦虑心理，而这些现象和问题在当代消费环境中仍然广泛存在。因此，需要外部机制和内部伦理共同规范消费市场。首先，必须出台相关法律法规，对生产假冒伪劣商品的生产商进行相应问责和惩戒，保护消费者基本权益不受侵犯；加强技术引导、建立安全机制、促进公平交易；对销售伪劣产品，尤其是在新冠疫情期间销售危及消费者人身健康安全产品的销售平台严格管控。其次，要加强对消费者进行相关教育，使其主动强化消费者权益保护意识，对侵犯消费者权益的企业和平台绝不容忍和姑息。最后，全民参与的消费由全员监督，要加快推进形成新型消费伦理，把建设有序消费空间的责任落实到生产者、销售商和消费者各方面，从而不断提升主体素养，净化消费空间。

（4）引导消费观念，树立正确价值观与幸福观

消费主义的作用机制具有隐蔽性和循环性，目的在于解构消费者的价值观念。价值观的瓦解使人们甚至不知道自己是否真实需要某物，就会盲

目投入消费活动，并把对物的占有产生的满足感与人生幸福等同起来。与资本主义国家片面强调个人欲望、忽视人的社会价值相反，社会主义中国把实现人的社会价值作为国家和社会发展的内在动力和终极旨归。以主流价值观引导真实需要，使人们在满足自身需要的同时实现社会价值，从而体会到真正的幸福感。

面对时代变化和载体变异，消费主义等社会思潮愈发复杂和隐蔽，严重影响青少年健康成长，危害社会主义现代化强国建设与中华民族伟大复兴的中国梦的实现。所以，一是要坚持马克思主义与中国实际的科学结合，用马克思主义消费思想武装人们尤其是青少年的头脑，使人们辩证认识生产与消费的互生关系，深刻理解消费是实现价值的中介而非生存和发展的目的，从而认识人与自身、人与人、人与社会以及人与自然的价值和利害关系。二是以社会主义核心价值观引导青年的消费观念，建构合理的幸福观。社会主义核心价值观是新时代人们共同价值的集中反映，是解决社会主要矛盾的价值引导与实现人的发展的价值目标，是国家、社会和个人价值的内在统一，与西方普世价值观有着本质区别。作为主流意识形态的重要内容，社会主义核心价值观大众化以及理性消费观念养成必须依托学校教育，尤其是高校思想政治教育。青年学生群体的核心价值观念养成要紧紧依靠高校思想政治理论课主渠道，而思想政治教育要科学把握和阐释西方社会思潮的基本形态、表现特点与本质规律。全媒体时代，要充分挖掘网络思想政治教育的创新方式与方法，巩固网络意识形态工作，防止网络消费主义蔓延。三是弘扬中国精神的当代价值，提倡勤俭节约、艰苦奋斗的中华传统美德，把中国精神深植于"四个自信"之中，增强人们对民族文化和民族精神的认同感、归属感、自豪感，从而形成既有民族特色又有时代特征的消费伦理，抵制消费主义侵蚀，促进青少年健康成长与发展。

总之，消费作为人类生存和发展的基本活动，不失为一个永恒的话题。如果说启蒙运动的现代理性尝试在文化和精神层面拯救和构建起精神主体，却导致人们走进资本拜物教的死胡同，那么马克思的现代性批判，则以实践的范式在资本拜物教面前将现实的人真正确立起来。而这种能动的革命的主体在当代消费社会和消费主义中通过商品拜物教再次沦为商品的奴隶，导致主体性的丧失和异化。不可否认，消费主义对我国现代化进程具有一定积极作用，但是要警惕消费主义无限激发人的消费欲望，且把消费活动和经济发展引向另一个极端。

消费和消费主义之间存在原则性界限，对消费主义的批判和反思并不是阻碍和限制消费，而是思考如何在中国现代化进程和经济高质量发展过程中完成刺激性消费向生产性消费的科学转变，使人们在生产和消费的辩证运动中确立主体地位，满足人们对美好生活的向往，实现人生价值。培养青少年的理性消费观念和勤俭节约良好美德，"坚决制止餐饮浪费行为切实培养节约习惯，在全社会营造浪费可耻节约为荣的氛围"[1]。当前世界正在经历百年未有之大变局，国际经济政治局势发生深刻变化，文化激荡愈发激烈，尤其是进入知识型经济时代，技术创新主导着世界发展趋势。因此，要全面认识技术发展的特征和趋势，"把握新一轮科技革命和产业变革新机遇的战略选择"[2]，深刻总结西方社会思潮的主要特点和变化规律，在文化与技术深度融合的时代，要充分考虑技术和文化发展的机制和规制建设，推进经济发展型国家向制度规制型国家转变，从而防止消费主义等社会思潮的演变与蔓延，突破消费社会的局限，实现经济建设与人的发展协调统一。

---

[1] 习近平：《坚决制止餐饮浪费行为切实培养节约习惯　在全社会营造浪费可耻节约为荣的氛围》，《人民日报》2020年8月12日。
[2] 《习近平谈治国理政》第4卷，外文出版社，2022，第205页。

第九章 新儒家思潮新动向及应对策略

在100多年前的新文化运动期间，中国出现了三大社会思潮，即马克思主义、自由主义和传统主义。历史潮流浩浩汤汤，不容逆转。马克思主义因其实践性、革命性和科学性的理论品格，在指导中国革命、建设和改革的历程中成为我国主流意识形态。但这并不意味着自由主义、传统主义就彻底消失了，相反，它们仍然在一定范围内以某种新形态续存和发展，其中，现当代新儒家思潮就作为传统主义中最重要的一支普遍存在和流行着。

现当代新儒家思潮也可谓之为"文化保守主义"，更准确地说，是"文化守成主义"。"保守"似乎只有守旧而无成就，而"守成"则有守也有成。现当代新儒家思潮对传统儒学既有坚守和传承其根源思想的部分，也有成就开新以适应现代化的部分。现当代新儒家所守护的是什么呢？其所成就开新的又是什么呢？这二者的关系又是怎么样的呢？对此系列问题的回答，或将有助于我们更好地传承、弘扬并创造性转化、创新性发展我们的中华优秀传统文化，进而守住我们文化的"根"，护住我们精神的"魂"。

同时，我们也不得不回答另外一个问题，即新儒家有守也有成，同样马克思主义有守也有成。百余年来，马克思主义历经几代中国共产党人的发展，已实现相当程度的中国化，并且与中国传统思想紧密融合在一起。

那么，时值当下，再次面对中国传统思想自身生长出来的、有守又有成的现当代新儒家思潮，作为主流意识形态的马克思主义又当以什么样的姿态和策略应对呢？对此问题的回答，或将有助于推动马克思主义中国化、时代化和大众化进程，"继续发展当代中国马克思主义、21世纪马克思主义"[①]，促成中国特色社会主义理论的推进和完善。

第一节　新儒家思潮的来源与传统

现当代新儒家思潮不是凭空产生的，而是其来有自。那么，现当代新儒家思潮到底所源何处，以及它的传统究竟包括哪些主要内容，本节将逐一论述。

（1）新儒家思潮的形成背景

现当代新儒家是中国历史上儒家思想发展的第三个阶段。儒家的第一阶段是先秦儒家，也就是"原始儒家"，原始儒家奠定了儒家的基本义理，形成了以"仁"为核心的思想理论体系，春秋战国时期的孔子和孟子是原始儒家的先驱；第二阶段是宋明理学的儒家，也就是宋明新儒家，宋明新儒家在继承先秦原始儒家基本义理的基础上援佛入儒，以形上学的方式阐述道，因此，宋明理学亦被称为"道学"，其主要形成了以张载为代表的"气学"、以邵雍为代表的"数学"、以程朱（指程颢、程颐兄弟二人和朱熹）为代表的"理学"、以陆王（指陆九渊和王阳明）为代表的"心学"；而第三阶段即现当代新儒家，主要指在承继先前儒家思想，特别是宋明新儒家学说的基础之上发展起来的思想流派。

学术界一般认为，20世纪20年代是现当代新儒家形成时期。但郭齐勇

[①]《习近平谈治国理政》第4卷，外文出版社，2022，第10页。

以为，现当代新儒家的形成可以追溯到东西文化论战开始的1915年[①]。同样，对于现当代新儒家的界定，学者们的看法历来也是仁者见仁，智者见智的。其中，方克立在20世纪80年代对现代新儒家的阐释是很值得借鉴的。方克立说："现代新儒家是产生于本世纪20年代，至今仍有一定生命力的，以接续儒家'道统'、复兴儒学为己任，以服膺宋明理学（特别是儒家心性之学）为主要特征，力图以儒家学说为主体、为本位，来吸收、融合、会通西学，以寻求中国现代化道路的一个学术思想流派，也可以说是一种文化思潮。"[②]这里面有三层意思：第一，新儒家是承续儒家"道统"的，故而也以儒家学说为本位；第二，不管时代如何变迁，道统在与不在，先秦儒家之道依然是新儒家不变的主题，而道之内在又表现为心性之学，这是新儒家继承宋明儒家的；第三，虽然固守于道，但新儒家同样是寻求现代化的，并且其方式是通过吸收、融合、会通西学，而不是完全通过排斥西学来实现的。这三点可作为现当代新儒家的基本特征。

可是，在当时，新儒家思潮形成的背景和原因是什么，以及到底是什么具体条件的刺激使新儒家思潮得以出现呢？它的形成自然不是无缘无故的，必有其发生之缘由。在这里，我们将促使新儒家思潮出现和形成的背景及原因概括为如下三点。

第一个背景和原因是西方强势文化的挑战和刺激。自发现新大陆以来，特别是率先完成第一次工业革命后，西方列强凭借其生产力、科学技术先进的优势，及其坚船利炮的威力，在全球范围内到处侵略、殖民。近代中国由于生产力水平和军事实力等物质层面的全面落后，也深受西方列强的殖民式统治之害。但也正是由于西方列强强行将我们纳入"全球化"运动的举措，让中国民主人士和先进知识分子看到了西方制度和科学的进步之处。东西文化论战中，一批深受西学影响又急欲救亡图强的知识分

[①] 参见郭齐勇：《现当代新儒学思潮研究》，人民出版社，2017，第11页。
[②] 方克立：《关于现代新儒家研究的几个问题》，《天津社会科学》1988年第4期。

子，如胡适、陈独秀等，就主张民主、科学等西制西学以实现现代化，甚至不少知识分子（如陈序经等人）更是极端地主张"全盘西化"。与此同时，一部分学者对传统之儒家孔学也发起了猛烈的抨击。因为在他们看来，传统儒学与西学的现代化甚至西化是完全对立的，如陈独秀就认为，要想有西方的民主、科学，就必须反对中国的旧伦理、旧政治、旧文学等一切旧的东西[①]。正是在这种要求西学西化并强烈反传统主义的社会环境、气氛和思潮之中，现当代新儒家应运而生。

全盘西化之路迫使现当代新儒家对西学西化甚至西方的现代化进行了深刻反思：第一，西学方面民主、科学等政治、经济的现代化固然是我们所需要的，但民主、科学是否就与我们的传统文化相对立，我们是否就必须否定我们的传统文化，特别是价值层面、本体层面具有根源性的传统文化和思维方式？在新儒家看来，这两者并不是对立的，更何况，中国的落后并不是价值层面上儒家这一根源性思想的罪过。第二，西学方面民主、科学等政治、经济的现代化，是否意味着全盘西化，全盘西化是否有可能性和可行性？全盘西化意味着不仅政治、经济等层面的民主、科学要引入，还意味着酝酿出民主、科学的土壤、根据、根源及其哲学宗教传统，甚至其存在环境，亦要引入。毫无疑问，这是不可能的。但若不能全方位和整体性地吸收，而仅仅是片面引入西学，所谓"民主""科学"也可能出现种种问题。比如，会出现民粹主义、暴民政治和唯科学主义思潮等，而当代的西方依然存在这些根源性问题。由此可见，儒家根源思想并没有大的过失，民主、科学是我们现代化所需要的，同时我们又不可能全盘西化。那么，如何看待民主、科学与儒家传统思想关系的问题，就成了现当代新儒家所探求的重中之重的课题了。

---

① 参见陈独秀：《〈新青年〉罪案之答辩书》，载《陈独秀文集》，人民出版社，2013，第362页。

第二个背景和原因是"价值和存在的迷失"以及"形上的迷失"[①]。新儒家思潮的出现、形成的第二个背景和原因其实是尾随着第一个背景和原因而来的,因为"价值和存在"的诉求,也就是追寻生命的终极意义以安身立命,而形上意义的探寻,也就是哲学思考活动。在东西文化论战之前,一般都是由儒家思想来担当和完成上述两个任务的。自从东西文化论战开始,大多知识分子提倡西化而否定儒家思想,其结果是,当儒家思想被否定,以上两种迷失也随之而来。这恰恰说明了儒家思想存在的价值。在西方,追寻终极意义或价值是宗教的功能,探寻形上学是哲学的功能,而儒家有此两种价值,兼具宗教和哲学的双重功能。

第三个背景和原因是现代化变成了西化,伤害了国人对民族文化认同的情感。现当代新儒家固然是传统主义,固然是文化守成主义,但文化上守成并不代表政治上守旧,追求现代化的民主、自由、平等价值与文化守成并不存在矛盾。这种现象并非中国如此,"而是国际文化现象"[②]。任何民族、任何个人都离不开传统,"任何人本身是一定文化传统的产物和体现"[③]。抛弃我们的传统,我们的文化就会变成无源之水、无本之木。从某种程度上说,文化上完全被西方占领之日,可能就是我们完全被文化殖民之时。故而,当代思想文化创新要在中华优秀传统文化的基础上进行,要在把握民族文化之根的基础上传承民族精神和民族生命。

(2) 新儒家思潮的发展阶段

现当代新儒家自产生以来,出现了很多极具影响力的人物,其发展也经历了几个不同阶段。较早梳理该思潮人物和阶段的是由方克立、李锦全两位学者所领导的"现代新儒家思潮研究"课题组。他们在20世纪八九十年代就已经在开展这项工作,前后厘定了十余位新儒家代表,并将这些代

---

① 张灏:《新儒家与当代中国的思想危机》,载《近代中国思想人物论——保守主义》,时报文化出版公司,1980,第374页。
② 郭齐勇:《综论现当代新儒学思潮、人物及其问题意识与学术贡献——兼谈我的开放的儒学观(上)》,《探索》2010年第3期。
③ 孙伟平:《论传统及其在价值生活实践中的作用》,《学习与探索》2011年第3期。

表人物划分为三个时代或阶段：划入第一时代的人物包括梁漱溟、熊十力、马一浮、冯友兰、贺麟、钱穆和方东美等；划入第二时代的人物有唐君毅、牟宗三、徐复观；划入第三时代的人物有杜维明、刘述先以及成中英等①。大概在这个基础上，刘述先又将第一时代区分为两个群体。其中，第一群体包括梁漱溟、熊十力、马一浮等，第二群体由冯友兰、贺麟、钱穆、方东美等人构成，于是形成了新儒家"三代四群"的架构之说②。后来，郭齐勇在此基础上，又新加入了蔡仁厚。

针对新儒家们发展程度及活跃区域的不同，郭齐勇、谢胜君又分别划分出了新儒家发展的四阶段③。在此，我们就综合这二位学者的"四阶段说"，对新儒家的发展作一简明介绍。

第一阶段是东西文化论战时期（即从1915年开始，直至全面抗战前夕）活跃在中国大陆本土的阶段。这个阶段可以说是新儒家的草创开展期，活跃的是第一时代第一群新儒家，梁漱溟、马一浮、熊十力前后登上历史舞台。其中，梁漱溟是第一时代新儒家的前驱，发表了《东西文化及其哲学》，反对"全盘西化"，肯定中国文化，主张以中国文化为本位。

第二阶段是全面抗战开始至抗战胜利之后同样活跃在中国大陆本土的阶段。第一时代第一群新儒家依然活跃，甚至达到理论的成熟，比如熊十力发表了《新唯识论》，"重立大本"，援佛入儒。但同时第一时代第二群新儒家也纷纷崭露头角，大放异彩。比如冯友兰、贺麟开辟以西方哲学方法重新阐述儒家的道理，既以西方哲学"化儒家"，也在"西化"的前提下"化西"④。而正是在这一阶段，贺麟在1941年8月发表的《儒家思想

---

① 参见方克立：《现代新儒学与中国现代化》，天津人民出版社，1997。
② 参见刘述先：《论儒家哲学的三个大时代》，香港中文大学出版社，2008，第192页。
③ 参见郭齐勇：《综论现当代新儒学思潮、人物及其问题意识与学术贡献——兼谈我的开放的儒学观（上）》，《探索》2010年第3期；谢胜君：《新儒家思潮——中国文化保守主义的主要代表》，《中国民族报》2013年5月24日。
④ 参见谢胜君：《新儒家思潮——中国文化保守主义的主要代表》，《中国民族报》2013年5月24日。

的新开展》中，首次对外提出了"新儒学"的概念，主张"以儒家思想或民族精神为主体去儒化或华化西洋文化"[①]，这个阶段可以说是新儒家的大力发展期。

第三阶段是1950年至20世纪80年代活跃在中国港台地区的阶段。唐君毅、牟宗三、徐复观开始活跃于中国传统文化的舞台。1958年，唐君毅、牟宗三、徐复观等联名发表《为中国文化敬告世界人士宣言》，这是新儒家转型和发展的一个标志性事件。从宣言中可以看出，二代新儒家对儒学的主张是"慧命相续，返本开新"，即继承一代新儒家既要内圣，又要"新外王"，既要重振儒家本体之道，又力图于此道中开出现代民主、科学之花。严格来讲，这一阶段虽发生在中国港台地区，但其思想成长的土壤大多还得归于中国大陆地区。因为第二时代的人物包括唐君毅、牟宗三、徐复观全部都受教于始终生活在中国大陆地区的熊十力，他们落果于中国港台地区，但其生根、发芽、开花，甚至开始结果都在中国大陆。这个阶段可以说是新儒家的深入发展跃升期。当然，随着年龄增长带来的身体状况变化等原因，驻留在中国大陆的新儒家，如一代一群的马一浮、熊十力、梁漱溟，一代二群的冯友兰、贺麟等人的思想光芒暗淡了不少。但从另一方面看，因留在大陆地区，客观上造就了新儒家思想开始交融于马克思主义的趋势。

第四阶段是20世纪80年代至今的、本在海外后来又返输回中国大陆的阶段。第三代新儒家大多是第一、二代新儒家的学生，如成中英是第一代新儒家方东美的学生，杜维明则受教于第二代新儒家徐复观和牟宗三，他们都是在中国港台地区学习而后留学又成名于海外的新儒家。第三代新儒家的主要贡献在于，使新儒学在海外传播并返输回中国大陆。但要特别注意的是，因时空变迁转移，三十多年过去了，新儒家回归中国大陆地区，儒学与处于意识形态指导地位的马克思主义有了一定程度的交汇，并

[①] 贺麟：《文化与人生》，上海商务印书馆，1947，第2页。

有了一个比较好的融通。同时，新儒学返输中国大陆后，同样造就了一批研究新儒家的学者，如郭齐勇、陈来等，他们继续发展了儒家学说。这个阶段可以说是新儒家的回归复兴期。不过，要特别提到的是，这一时期的新儒学，其实可分为两个大方向，除心性儒学外，还有以蒋庆、康晓光、陈明、余东海等人为代表的名为"大陆新儒家"的政治儒学。这一派新儒家也是受中国港台地区，还有海外新儒家的"反哺"，加之各种其他机缘[①]而形成的，并且在现阶段发展得相当迅猛。他们偏执地主张儒学进入政治层面，但并不倡导意识形态上与马克思主义相融通，而是固守于传统的"王道"政治道路。

（3）新儒家思潮的精神传统

新儒家既旧又新、既古又今、既繁又简，无论内容如何开拓、形式如何变化，其根源义理都是一脉相承、亘古不变的。那么，新儒家的这种根源义理，或者说传统的根本精神和主张到底是什么呢？

新儒家这种根源的或根本的精神，简单来说，就是"天人合一"。熊十力多次提到这种"天人合一"的类似表述，如"万物本原，与吾人真性，本非有二"，"吾心与万物本体，无二无别"，"我人的生命，与宇宙的大生命原来不二"[②]。其弟子牟宗三亦说："上面通天，下面通人，此即天人合一之道。"[③]现当代新儒家都坚持了儒家这种天人合一的传统精神。

与宋明儒家不同的是，现当代新儒家处于西风东渐、中西文化碰撞的特殊时期，以此之故，现当代新儒家发展天人合一是在中西文化的对比、借鉴中进行的。对照西方文化中的神离万物而独在，以成外在超越的思想，现当代新儒家在论天人关系时，因天不离人，故以内在超越论天人合一。

---

① 参见张世保：《"大陆新儒家"与马克思主义关系探论》，《马克思主义研究》2008年第6期。
② 熊十力：《新唯识论》，中华书局，1999，第251、252—253、255页。
③ 牟宗三：《牟宗三集》，群言出版社，1993，第193页。

唐君毅明确指出，天有超越与内在两面："天一方不失其超越性，在人与万物之上；一方亦内在人与万物之中，而宛在人与万物之左右或之下。"①牟宗三也以天有超越与内在两面的方式表达了同样的意思："它有绝对普遍性，越在每一人每一物之上，而又非感性经验所能及，故为超越的；但它又为一切人物之体，故又为内在的。"②唐君毅、牟宗三都以为，天于万物之上而超越，却又在万物之中而内在。

唐君毅、牟宗三等是第二代新儒家，第三代新儒家杜维明、刘述先等承其绪，亦以内在超越说阐释天人关系。杜维明指出，儒家"不是超越而外在，而是超越而内在"，"超越要扣紧其内在，其伦理必须拓展到形而上的超越层面才能最后完成。伦理最高的完成是'天人合一'，但它最高的'天'，一定要落实到具体的人伦世界"③。杜维明以为，超越之天离不开内在之人，内在只有拓展到超越，同时超越也只有落实到内在，儒家的精神才算完整。刘述先则以其独有的"两行之理"论述内在超越说："超越与内在的两行兼顾，使我有双重的认同：我既认同于超越的道，也认同于当下的我。"④刘述先以为，"我"具有双重性，这里的双重性不是对立的两面性，而是合一的两面性。两面而一体，既认同"道"，也认同当下的"我"，在内在与超越之间，呈现真正的自己。

那么，内在超越说，或者说，天人合一到底意味着什么呢？一言以蔽之，凸显了人，挺立了人之生命主体性，敬重生命，敬畏生命，把人之真实生命放在第一位。人之真实生命怎么实现呢？儒家天人合一的根本在于其所"一"，天人"一"，即人具有天之神性，或者说超越性。也就是说，超越性为人所本有，而不是有一个外在的超越者并为其所独有，也不是通过外来教化使人所具有。这也正是孟子所说的，人之所不学而能者，所不

---

① 唐君毅：《中国文化之精神价值》，正中书局，1974，第338页。
② 牟宗三：《圆善论》，台湾学生书局，1985，第340页。
③ 杜维明：《儒学第三期发展的前景问题》，台湾联经出版事业公司，1989，第180、188页。
④ 刘述先：《理想与现实的纠结》，台湾学生书局，1993，第239页。

虑而知者①。人存有神性，或者说超越性，也就是人有自我实现的内在倾向和能力。

儒家的这种"人有自我实现的能力"具体又是如何呈现的呢？在新儒家看来，这种人之神性，或超越性，进一步具体化，其实就是人之"良知"与"本心"。如郭齐勇所说："依据'天人合一'这样一种理念，高高在上的天道与人的'良知'、'本心'是相通不隔的，如果'天道'、'天'具有神性，那么，说人之'良知'、'本心'也因此获得神性，应是能够成立的。"②良知、本心，或者说，仁心、道德本心，具有神性、超越性，因而能够实现自我。新儒家也正是以此心性道德问题作为其学术文化本原，并以之为安身立命之学。

第二节　新儒家思潮的现代化及最新动向

儒家的根本学说在于心性之学，根本精神在于天人合一，新儒家坚守了这一根本性的精神传统。文化上，新儒家重视中华民族自身的人文价值，在一定程度上成为文化保守主义，但这并不意味着新儒家反对现代化，反对现代价值。恰恰相反，作为文化保守主义的新儒家，是逐渐认同，甚至积极推进、反思，进而内化孕育出而非外在式地接纳诸如知识之科学，政治之民主、自由、平等以及人权这些现代价值理念的。

（1）传统儒家与知识、政治

为了更好地论述新儒家对待科学与民主等现代价值的态度，我们有必要先阐明传统儒家对知识与政治的看法。有一种观点声称，传统儒家修身养性却反对知识文化，讲求仁心仁政却为专制政治服务。事实上，认为儒

---

① 《孟子·尽心上》："人之所不学而能者，其良能也；所不虑而知者，其良知也。"
② 郭齐勇：《综论现当代新儒学思潮、人物及其问题意识与学术贡献——兼谈我的开放的儒学观（下）》，《探索》2010年第4期。

家注重修身养性与仁心仁政是没有错的,但认为儒家反对知识文化与为专制政治服务这种看法却是流于表面,或者说是严重失实的。

古代中国在知识方面胶固于实用知识,于政制方面也的确是没有发展出民主而胶固于君主专制。但这并不能说明儒家是反对知识的,也不能说明其学说是为专制政治服务的。在古代中国,固然没有产生出现代的科学与民主,但儒家并不反对知识,同时还是主张善政的。

关于知识,如果说古代中国没有文化与制度,这是不符合事实的。《大学》里说,"格物致知",其目的虽是为个人安身立命,但却也有求索知识的意思。伊川说:"凡眼前无非是物,物物皆有理。如火之所以热,水之所以寒,至于君臣父子之间,皆是理。"[1]求火之所以热,水之所以寒,就有很明显的求物理知识的倾向了。当然,儒家求其物之理,最终还是为了安身立命,充满了实用主义的色彩,不是单纯的为学问而学问。

对于政治,如果说儒家是为专制政治服务而沦为专制的附庸,这也是不符合事实的。一直以来,真正的儒家非但不附和专制,反而是与专制相抗衡的。子思说:"恒称其君之恶者,可谓忠臣矣。"(郭店楚简《鲁穆公问子思》)孟子也说:"长君之恶其罪小,逢君之恶其罪大。"(《孟子·告子下》)儒家敢于也必须以德抗位,对于权贵不是阿谀,对于君过不是逢迎,而是敢于建言献策、敢于批评。儒家不但不附和奉承专制,而且牵制、制衡专制。若附和奉承专制,必不是真儒,而是陋儒。

另外,我们必须知晓,专制不是儒家造就的。客观地讲,专制乃出于人之私欲,出于人对财富和权力占有之欲望。正如徐复观所说,专制"出于人类统治的欲望"[2]。权力本为民所用,但因人之私欲,权力演化为一种异化力量,即是专制。这种专制形成后,"社会任何势力,稍与它抗拒,立即被碾得粉身碎骨"[3],面对这种异化权力,任何社会力量,包括儒家

---

[1] 陈荣捷:《中国哲学文献选编》,杨儒宾等译,江苏教育出版社,2006,第482页。
[2] 徐复观:《儒家思想与现代社会》,九州出版社,2014,第257页。
[3] 徐复观:《儒家思想与现代社会》,九州出版社,2014,第257页。

也不可能扭转，儒家所能做的，只能努力抗衡。也正因此，儒家的理想在专制时代是受委曲的，虽有很高的理想，但也只能退而求其次，在曲中求伸。

（2）新儒家与科学、民主

时代在不断进步，面对现代化，新儒家是要求现代化和实现现代化价值的。"在本质上来说，它（新儒家）也是一种现代化思潮。它所探索的是如何使中国现代化的问题。"①来自西方的、代表现代的价值，诸如知识之科学与政治之民主、自由等价值也在被新儒家不断接受和认同。

第二代新儒家代表人物唐君毅说："中国需要真正的民主建国，亦需要科学与实用技术。中国文化中须接受西方或世界之文化。但是其所以需要接受西方或世界之文化，乃所以使中国人在自觉成为一道德的主体之外，兼自觉为一政治的主体、认识的主体及实用技术活动的主体。"②面对现代化，新儒家们提出了"新外王"。其中，政治上的民主是"新外王"的第一要务，知识之科学及实用技术是"新外王"的材质条件。

新儒家们接受了来自西方的民主、科学，但新儒家们并不以为认同民主、科学就是西化。牟宗三强调，民主、科学虽然在西方那里先表现出来，但并不是西方所独有，发展民主、科学是"我华族自尽其性之本分，不是西化"。因此，有学者立足于价值的普遍性维度指出，民主、科学等是人类"普遍而基本的价值"，"没有理由因为西方先行一步，先予以认可，或者某个公约的制定没有东亚的参与，就简单地武断地贴上西方的标签"③。凡适于吾人之生命者，凡是吾人生命之共有而普遍者，虽先起于他，但却不能说是某地之化。既不能因为先起于东方，因合于西方而其取之，就谓之东化；也不能因为先于西方，因合于东方而其取之，就谓之西化。

---

① 王继平：《现代儒学思潮与中国的现代化》，《湘潭大学社会科学学报》2002年第5期。
② 唐君毅：《中国文化与世界》，群言出版社，1993，第500页。
③ 孙伟平：《价值差异与社会和谐——全球化与东亚价值观》，湖南师范大学出版社，2008年版，第244页。

新儒家们虽认同现代化，认同现代价值，但同时也在不断反思现代化。新儒家思潮是"在现代中国反思与批判片面的现代性的思想流派"[①]，"从其本质上来说，乃是对近代以来中国的现代化思潮的一种反思"[②]。概而言之，新儒家是在对现代化进行反思的基础上进行现代化的。

现代化给人们带来了很多便利，也在相当大的程度上成就了生命之更高发展，但同时，笼罩在西方文化之下的现代价值也出现了诸多问题。如马克斯·韦伯所说：在科技发展方面，现代人只注重手段有效性的"目的合理性"，而忘却原先发展科技初衷的"价值合理性"；在政治组织方面，只注重程序的"形式合理性"，而忘却其只是源于生命才存在的"实质合理性"。科学知识、民主政治本是可以成就人的，但同时也容易异化而压制人。

民主、科学固然有其优势，但新儒家不是"拿来主义"，不支持将其直接移植于中国。新儒家以为，现代价值诸如民主、科学必要有其形上之源，必要从中国文化本原中开出。也正如牟宗三所说，民主、科学不是我们想要就能要，想拿来用就拿来用的现成的东西，民主、科学必须要在我们的生命之中酝生出来。他的"三统"说最能体现新儒家这一主张，坚守道统，即以内圣心性之学之生命本体或道德本体为根本，道德本体转出知性主体，开出学统，转出政治主体，开出政统。新儒家主张返本开新，内圣开出新外王。这也就是说，新儒家是想用道德本体内化出民主、科学，把道德本体作为民主、科学的生命之源，民主、科学当建立在道德本体基础之上。新儒家就是这样用道德本体融摄世界之现代价值的，以此来更大程度地防止现代价值之弊端。

（3）新儒家的最新动向

对于新儒家的最新动向，我们依然可以从儒家之道统、政统、学统三

[①] 郭齐勇：《综论现当代新儒学思潮、人物及其问题意识与学术贡献——兼谈我的开放的儒学观（上）》，《探索》2010年第3期。

[②] 王继平：《现代儒学思潮与中国的现代化》，《湘潭大学社会科学学报》2002年第5期。

个层面进行论述。但新儒家现已明分两派，即心性儒家与"大陆新儒家"，故对其最新动向的论述，也应当分两线进行。

一是道统层面。对于是否坚守道统，心性儒家与"大陆新儒家"是持不同意见的。不过，需要说明的是，对于是否坚守道统其实有两层含义：一者，是否坚守心性之学与道德本体为生命本原、为文化根源之地位；二者，是否坚守道统为"国本"之地位。下面分别说明。

首先，心性儒家对于道统的态度。坚守心性之学与道德本体作为生命本原和文化根源，这是心性儒家一贯的主张。郭齐勇认为自己生活的社会、家庭背景以及生活方式都是儒家式的[①]，故我们可将其纳入新儒家代表之一。他的主张很能代表中国大陆的心性儒家，他说："儒学的主要精神与价值理念"，也即心性之道，"仍然是人之所以为人，中国人之所以为中国人的安身立命之道，是当代中华法治社会的民族文化认同与伦理共识之基础"[②]。在新儒家看来，儒家之道，标识了人之根本，指示了人之安身立命之法。

坚守"道"是作为一个儒家最基本的标准，即使是心性儒家们在与马克思主义融合时依然坚守此点价值。如林安梧说，马克思主义的"'革命的实践'与'社会的批判'必须根植于'道德的省查'，这样的革命和这样的批判才不会泛滥无所归趋"[③]。道是最高的，任何行为都当是循道的，具体来说，就是当本于人之良知良心的。符合人之心之性，行之；不符合人之心之性，止之。坚守心性之道，其实除了肯定心性本原，另有肯定人为第一目的之用，关于这一点价值理念，新儒家无论如何都是坚守的。

但对于是否将道统作为"国本"，心性儒家们现行的态度是相对弱化的，并不像以前儒家那么坚定，甚至主动放弃道统的"国本"地位。郭齐

[①] 参见郭齐勇：《综论现当代新儒学思潮、人物及其问题意识与学术贡献——兼谈我的开放的儒学观（下）》，《探索》2010年第4期。

[②] 郭齐勇：《综论现当代新儒学思潮、人物及其问题意识与学术贡献——兼谈我的开放的儒学观（下）》，《探索》2010年第4期。

[③] 林安梧：《儒学革命论——后新儒家哲学的问题向度》，台湾学生书局，1998，第128页。

勇说:"儒家价值系统在现代化中仍然有它的价值和意义,但需要重新定位。中国原有的传统价值系统早已处在不能不解体、转型、重组的境地,所谓保持'道统'作为'国本'显然是一种空想。"①儒学仍有价值,但时过境迁,主张将道统升为"国本",在新儒家看来,已不合时宜,故已不再寻求将道统升为"国本"。刘述先以为,儒家不应当再固守道统和儒学本位,而开始"由道统的承担转移到学统的开拓、政统的关怀"②。在他看来,作为"国本"意义上的道统,儒家已完成了它的使命,当务之急是让儒学回到它的基本价值,不再寻求政治势力。

是否将道统作为"国本",其实质就是如何看待儒学和马克思主义这二者之间的关系,换言之,即是否将儒学上升到主流意识形态,甚至与马克思主义相抗衡的地位。当下的心性儒家们在这一点态度是一致的,他们不主张儒学与马克思主义相对抗,而是主张在马克思主义指导下,两者对话、互动、融合。

仍活跃在儒家文化圈的杜维明提出"儒学第三期发展"③。儒学第三期发展,"要求当代儒学需要打破道统观念,面向多元文化传统,在文明间进行理性、和平与平等的对话,以积极回应其他文化体系尤其是西方思想的挑战"④。其中,儒学与马克思主义的对话至关重要。他说:"儒学是否能够和马克思主义进行深入的对话,并在其中找到结合点,这也是一个很重要的问题。"⑤他同样坚持,中国未来的希望和前途在于中、西、马之间的健康互动⑥。对此,刘述先有同样的看法:"当代中国思想的前途乃在

---

① 郭齐勇:《综论现当代新儒学思潮、人物及其问题意识与学术贡献——兼谈我的开放的儒学观(下)》,《探索》2010年第4期。
② 郭齐勇:《现当代新儒学思潮研究》,人民出版社,2017,第18页。
③ 杜维明:《儒教》,陈静译,上海古籍出版社,2008,第136—149页。
④ 孙邦金:《略论现代新儒家的马克思主义观》,《中共杭州市委党校学报》2011年第4期。
⑤ 杜维明:《儒家传统的现代转化》,纽约《知识分子》1985年秋季号。
⑥ 参见张世保:《"大陆新儒家"与马克思主义关系探论》,《马克思主义研究》2008年第6期。

于西方、马列以及新儒家三个思潮的健康互动。"①郭齐勇也指出:"我提倡开放的儒学或开放的'新儒学',主张儒学与马克思主义、西方学术、诸子百家之学的相互拥抱、互补兼容。"②可见,心性儒家们已不再抢夺主流意识形态阵地,而是真诚期待在马克思主义指导下,与马克思主义能够兼容互补,从形势上看,这无疑对马克思主义发展,以及对儒学的传承与创新都有积极意义。

其次,"大陆新儒家"对于道统的态度。"大陆新儒家",特别是蒋庆,将心性儒学与外王儒学尖锐对立起来,甚至斥责属于心性儒学的"港台新儒学"是"异端"③。蒋庆主张,政治问题与心性问题应当分开,并以为当先确立政治地位,再解决心性问题。这也就是说,蒋庆对于道统,更注重的是恢复"国本"地位,而轻忽心性道德之本原地位。

"大陆新儒家"注重道统的"国本"地位,更体现在主张儒学、儒教主导意识形态上。蒋庆坚持要重建"儒教",不过儒学与儒教在他看来是不同的。"儒学只是儒教的一个具体学理内容,'儒教'是中国历史文化的盛世之词,是中国古圣人之道占据中国文化权力中心时的称号。"④儒学只是一种学理,而儒教代表着儒学占据道统之"国本"地位。为此,蒋庆提出将"儒家义理价值上升为'王官学'",即试图以儒学制度化的方式来主导社会意识形态的发展。与之持相似观点的另一位"大陆新儒家"康晓光也主张"把儒家确立为国教"。事实上,蒋庆等人致力于儒学意识形态化和政教合一国教化,是由于他们对传统儒学和现代新儒学的误读,以及脱离社会现实而空谈儒学复兴所造成的。这不仅会使儒学成为社会现代化转型的阻碍力量,而且将给儒学本身和中华优秀传统文化的当代进步带来

---

① 刘述先:《儒家思想开拓的尝试》,中国社会科学出版社,2001,第5页。
② 郭齐勇:《综论现当代新儒学思潮、人物及其问题意识与学术贡献——兼谈我的开放的儒学观(下)》,《探索》2010年第4期。
③ 王兴国:《当代新儒学的新近发展及其面相》,《中国人民大学学报》2015年第5期。
④ 蒋庆、陈明等:《中国必须再儒化——"大陆新儒家"新主张》,新加坡八方文化创作室,2016,第26页。

灾难性的影响。从根本上看,"大陆新儒学"的这种"儒家原教旨主义"忽视了社会发展的客观规律、违背了历史的发展趋势。这不仅损害了儒学的生机与活力,起到了污名化儒家的消极作用,而且在一定程度上冲击了马克思主义在意识形态领域的指导地位,对个人与社会的发展产生一定程度的消极影响。因此,"大陆新儒家"此类非历史、非理性的思想主张和观点言论是值得批驳和反对的。

二是政统层面。心性儒家与"大陆新儒家"在政统层面对政治和民主政治的看法也是不一致的。

心性儒家赞同民主自由政治,但却不似自由主义者那样去全盘接受西式民主政治。西式民主政治被丘吉尔认为是"最不坏的政治制度",最不坏,或者说它的最大优势,只在于权力强性制衡而让执政者不易做越权之事。西式民主政治更大程度上只是"程序合理"或"程序民主",更多的方面是缺陷。西式民主政治最易因权力强性制衡而出现无效率的和"分赃"的政治现象,从而达不到甚至违背政治为人民群众的初衷。

长久以来,美国被鼓吹为西式民主制度的标杆。"三权分立""两党政治"和"一人一票",曾让很多人心生羡慕,但美国的现实政治却让西式民主制度的光环日益暗淡。特别是近年来,美国在新冠疫情和第59届总统选举的政治考量中,极端暴露出西式民主制度的缺陷。美国前总统特朗普为了赢得总统竞选,淡化疫情威胁,不听从、不采纳科学家的防疫建议,从而让医疗条件最好的美国因疫情肆虐而死亡的人数已逾100万之多(2022年4月24日数据)。从此,我们也能清楚地看到,美国两党为了争取选民的选票,如何操弄选民。比如,特朗普为了获得选票,对内让支持者以为疫情是一场政治骗局,修边境墙,支持种族主义政策,撕裂美国社会。同时,对外"退群",主张"美国优先",挑起美国民众对中国社会的憎恨,打响中美贸易战。在美国,之所以出现这种政客式的政治操弄现象,以及疫情长时间得不到最有效的处理,其实很大原因都是源于西式民主制度的缺陷。

基于西式民主政治及美国政治日益暴露出来的无法根治的明显缺陷，当下的心性儒家虽没有对其否定，但认同度的确也在降低，虽仍然有认同，但也只是批判性地认同。更确切地说，新儒家坚持认为民主政治还是必须由儒家精神作为根底和保障。正如郭齐勇所说："离开'道德意识''人格平等'而言民主，则并不能有助于人之学术文化上的创造与独立的人格的形成，或使民主政治化为'分权力'或'分赃'之政治。"①在这一点上，心性儒家是始终如一的。不过要说明的是，心性儒家对于民主政治，其实只是给出了一个宏观的原则和方向，并不作具体的政治制度设计。换言之，心性儒家的政统论还只是一种文化和哲学层面的思潮，而算不上一种政治思潮和政治制度。当下的心性儒家对道统进入政统并没有强烈的愿望，更没有推倒现行中国制度的意图，他们所期望的，是如何利用儒家本有的资源去不断推进中国良政的建成。

在对待现代民主制度的态度问题上，"大陆新儒家"一方面与心性儒家之间保持原则上的界限，另一方面，在其内部又存在不可调和的分歧。例如，在关于是否将儒学与民主相融合的核心问题上，以蒋庆和康晓光等人为代表的"反民主派"认为，现代民主政治中民意力量过于强大，容易造成"世俗化""私欲化"等一系列社会弊端。在社会价值导向上，他们觉得民主制度仍然不够完美，从而片面地断言"民主无用"，并主张以儒家精神重建政统。而以于东海、陈明等人为代表的"民主接纳派"对待民主制度的态度则显得趋于缓和，他们主张应该一定程度上接纳现代民主，并主动地将儒学与民主相融合。其中，于东海主张在坚持儒学"本体"地位的基础上，将"仁本主义"（即儒家的价值遵循）与自由主义（即民主、自由、平等和人权等现代价值）相结合。陈明则以一种实用主义的观点提出"即用见体说"，认为儒学和民主不应有主次之分，只要具有社会价值，

---

① 郭齐勇：《综论现当代新儒学思潮、人物及其问题意识与学术贡献——兼谈我的开放的儒学观（上）》，《探索》2010年第3期。

任何一方都能成为"体"。总的来说,"大陆新儒家"试图将儒学的政治观点简单"移植"或"套用"到现代社会的做法,导致其思想言论充满主观主义和唯心主义色彩。从根本上看,"大陆新儒家"片面放大现代民主制度的不足,并鼓吹"儒家政统"的学说,表现出了其不可告人的政治野心。不过,实践证明,这种具有传统主义特点的社会思潮往往是在开历史的倒车,只能让其理论观点和政治主张成为"乌托邦"幻想而走向破产,其后果是"大陆新儒学"逐渐退出历史舞台,最终淡出人们的视野。

三是学统层面。现代科学和科技的确给人们带来了诸多便利,但片面的"科学主义"盛行,也给人类带来了很多新问题。比如,"人类的特性及其全面发展的问题,人的生命存在和生活意义的问题,人类产生的种种疏离和困惑的问题,乃至环境污染、生态平衡的问题等等"[1]。近年来,新冠疫情的暴发和对人类无情的肆虐,更是暴露出西方社会盛行的"科学主义"的缺陷。

新冠疫情的暴发并不是无缘无故的,归根究底是人与自然对立演化而成的一种极端形式。用恩格斯的话来说,现在的局面无非是大自然对人类进行的一种"报复"。儒家、新儒家一贯主张"天人合一",天人合一的内涵不仅包括人与自然和谐的意义,更包括儒家一贯的价值——"人道即天道"。即以仁心作科学、科技乃至万物的深层次基础,防止科学、科技变异,从而保证人们不以手段的"目的合理性"损坏到人们安身立命的"价值合理性"。儒家价值当为学统根底,这个意义上的学统是新儒家当下仍然坚持的。

---

[1] 郭齐勇:《综论现当代新儒学思潮、人物及其问题意识与学术贡献——兼谈我的开放的儒学观(上)》,《探索》2010年第3期。

第三节　对新儒家新动向的科学认识与应对策略

对新儒家持单一的、完全肯定或完全否定的态度，无疑都是不正确、不科学的，我们必须辩证地看待新儒家的贡献和缺失，并以马克思主义的立场、观点和方法对其进行融通和引导。

（1）新儒家的贡献

关于新儒家的贡献，我们大致可以从三个维度加以说明。

首先，新儒家坚守了儒学的主体化。新儒家坚守儒学的主体化，包括坚守儒家的在地主体化和儒学的生命主体化。所谓坚守儒学的在地主体化，指的是新儒家坚守了传统的儒学，弘扬了传统文化的主体性，从而在某种程度上护住了中华文化的根，延续了中华民族的精神命脉。习近平总书记强调："不忘历史才能开辟未来，善于继承才能善于创新。优秀传统文化是一个国家、一个民族传承和发展的根本，如果丢掉了，就割断了精神命脉。"[①]儒家的精神和文化作为中华传统文化的重要组成部分，其中有许多优秀的资源可供我们借鉴和使用，尤其对于我国当代的文化建设和思想道德建设具有重要意义。如习近平总书记指出："我们要特别重视挖掘中华五千年文明中的精华，把弘扬优秀传统文化同马克思主义立场观点方法结合起来，坚定不移走中国特色社会主义道路。"[②]因此，新儒家继承和弘扬儒家优秀的传统精神和思想文化，是值得我们肯定的。

坚守儒学的生命主体化，指的是新儒家接续了儒学挺立生命主体性的学问。儒学是教人"何以成人"之学，本质上是一门生命之学，安身立命之学，而这门安身立命之学问的根本，在于挺立了人及世间万物之生命主体性。儒家之天人合一，天道即人道，人道即天道，这既是一个存在论判

---

① 《习近平谈治国理政》第2卷，外文出版社，2017年版，第313页。
② 《习近平谈治国理政》第4卷，外文出版社，2022年版，第315页。

断,也是一个价值论判断。存在论上肯定了人及万物本身具有一种不假外求的、能够使自身圆满的潜能,价值论上肯定了人及万物本身是第一价值。

其次,新儒家推动了儒学的现代化。新儒家中除了部分政治儒学的"大陆新儒家",绝大部分新儒家或多或少都是认同、发展儒学的现代化的。科学与民主等现代价值,都是他们所追求和期待的。在绝大多数新儒家那里,儒学传统与现代化并不是对立关系。或者说,新儒家"跳出传统文化与现代化二元对峙的模式"[①]。甚至,在某种程度上,新儒家是要反思、超越现代化的。现代化在促进人类社会向前发展的同时,也引发了不少问题:一者,现代化屡屡变成了西化,比如要民主,变成了不顾国情走向完全西式的民主;二者,现代化本身也存有异化人的问题,比如把人变成了单向度的非全面发展的人。再比如,滥用科学技术造成的生态破坏问题等等。新儒家认清了现代化只是社会发展的手段或者过程,而人的最终目的或终极旨归仍是使人实现安身立命。

最后,新儒家推进了儒学的世界化。新儒家一直致力于儒学的世界化,寻求"文明对话"。第二代新儒家宣示了儒学具有世界性的意义,第三代新儒家以及新儒学回归大陆后成长起来的新儒家,为儒学跨文化的对话、比较以及融通做了许多努力,从而将儒学推广到了全世界。这种推广有利于世界各国人民加深对中华民族的认识和认同。而当世界对儒学理念有了某种认同之后,自然也能理解我国的价值理念,从而也有助于进一步强化我国的国际话语权和国际地位的提升。

(2)新儒家的缺失

新儒家的缺失,大而言之,我们可以从以下两个方面加以阐明。

一是形式上对"一本"地位的执着。"一本"地位的执着表现在新儒

[①] 郭齐勇:《综论现当代新儒学思潮、人物及其问题意识与学术贡献——兼谈我的开放的儒学观(下)》,《探索》2010年第4期。

家执着于政治地位和文化地位的主导性上。"大陆新儒家"属于政治儒学派，自形成以来就一直固执于儒学儒教作为"国本"道统地位的思想，试图去主导意识形态；一直固守于儒学儒教作为政统地位的思想，尝试去引领中国的发展模式。这是由于"大陆新儒家"面对西方文化的强势传播和西式民主政治的缺陷，所产生的文化和政治上的危机感。但是我们必须承认，并不是拒斥当下、回到过去，走复古主义的道路，就可以让中国发展得更好，而对于"大陆新儒家"所偏执执着的"一本"地位，是更加值得怀疑的。

对比"大陆新儒家"，心性儒学派的新儒家几乎没有主导政治地位的诉求，但这一派新儒家对主导中国文化方面的地位仍心存偏执，甚至大部分心性儒学派的新儒家或多或少都有这种倾向。第二代新儒家要以儒家之"内圣"精神开拓出"新外王"的民主、科学等价值思想，可以说是执着于儒家思想"一本"性的最大表现。当然，心性儒学派的这种执着是可以理解的，毕竟儒学曾在历史上创造过中华文明的巨大辉煌。心性儒学派对文化主体地位心存执着，但并不是说，他们的这种执着就一成不变。随着心性儒学回归大陆，也随着大陆发展日趋稳定，心性儒家对儒学主导中国文化地位的执着事实上也在慢慢减弱。刘述先以为："我们在今日无须证明儒家传统凌驾一切，而只需阐明儒家所教乃是可以选择的合情合理的终极关怀的一个，便已经很足够了。"[1]儒学作为终极关怀中的一个，的确很有价值，但无须去凌驾一切。

中华文明博大精深、源远流长，而中华文明之美、之大、之深远，毫无疑问离不开儒家的不懈努力，离不开儒学丰富多彩的发展。但近现代以来，我们遭遇"三千年未有之大变局"，时变势移，如果只固守一种传统，可能难以促进中国的持续发展。其实，儒学之所以有强大的生命力，千年以来绵延不绝、历久弥新，除了其本身有极大的价值，也在于它内在的包

---

[1] 刘述先：《刘述先自选集》，山东教育出版社，2007，导言第7页。

容特性，在历史上能够融合他家之所长。

二是内容上的实现方法不足。毋庸置疑，儒家的价值理念是很好的，但却没有与之适应的价值实现方法，甚至到了今天的新儒家这里，也没有从根源处解决这个问题。事实上，儒学与马克思主义都是强调"实践"的，但儒学强调的是一种向内的、"境界式"的道德修养的"实践"，而缺少向外的、"生存式"的和物质性的生产与革命性的"实践"。历史上，儒家都是道统直转政统，主张政教合一，提倡以道德直接治国，而无具体的治国方略。儒家虽不是泛道德主义者，但却往往容易被误解为泛道德主义，原因也正在于此。儒家更多的是提出一个美好的价值理想，而缺少现实的和科学的实现方法。

新儒学继承了儒学，但新儒学如何将这种向内的实践转化成向外的实践，一直以来也是个理论难题。牟宗三以良知"自我坎陷"的方式由内而转为外，即内圣开创出"新外王"，纯粹是一种意念上的转换，而非现实的转换。当然，我们也不该苛责儒学缺少民主、科学这些现代价值，因为"儒学其实是教养，是文明"[①]，它的确没有形成民主、科学这类现代化的价值体系。所以，只要儒学能够容纳消化这些现代价值，就说明儒学具有其存在的价值，且有不断发展和延续下去的生命力。

儒学能否实现其当代价值，关键在于能在多大程度上将思想理念转化成实践效能。马克思主义本身是一种"价值"哲学，同时还是一种"实践"哲学。它应该引导并融通儒学，这将有利于促成儒学自身的创造性转化和创新性发展。

（3）融通和引导

毋庸置疑，在当代，我们是需要儒学的。摆在人们面前、需要人们思考的一个重要课题，是究竟如何应用好儒学这一丰富的思想文化资源。也

---

① 郭齐勇：《综论现当代新儒学思潮、人物及其问题意识与学术贡献——兼谈我的开放的儒学观（下）》，《探索》2010年第4期。

许,我们可以从理念价值之融通、实现方法之引导两个方面入手。

第一,理念价值之融通。马克思主义与儒学的融通是马克思主义中国化的应有之义,也是儒学得以守正创新的必然要求。正如孙伟平指出,我们的社会主义核心价值观再造,要诉诸"以'我'为主的'创建论'"[①],以"我"为主,就是不能走向复古主义和虚无主义的道路,凡属中华优秀的传统文化资源我们必须充分利用起来,赋予其当代价值和新的生命力。江畅也以为:"中国特色社会主义从思想文化上看理应是科学社会主义与儒家道德主义的融合……这种融合不仅必要,而且事关重大,因为只有实现了这种融合,才能形成中国特色社会主义。"[②]马克思主义中国化,不只是马克思主义理论与中国的实际相结合,更不只是"马克思主义在中国",还应该包括马克思主义对儒学的创造性转化与创新性发展。

首先讨论马克思主义到底能不能容纳、融通儒学新儒学的问题。我们从马克思主义哲学和儒家哲学的思想根源处来寻找答案。但在回答这个问题之前,我们不得不先回答另一个问题,即我们以前一直以为儒学新儒学是西方式的唯心主义,事实上是否真的如此?马克思主义哲学是唯物主义,若儒学新儒学是与唯物主义直接对立的唯心主义,那么,想要真正融通二者,其难度是可想而知的。

为了充分对比中西哲学之间存在的本质差异,我们有必要扼要回顾一下西方的唯心主义思想。西方哲学一直有一个传统,就是"idealism",一般我们翻译为"唯心主义",或者"唯心论",这也就是说,我们一直以为西方哲学有一个传统,即以心为本体。但实际上,西方并没有以心为本体的唯心论(唯心主义),所谓西方哲学以心为本体,是指以从心或者说从意识、精神所出的 idea 为本体,idea 是客观的概念、知识、范畴、理念或

---

① 孙伟平:《价值差异与社会和谐——全球化与东亚价值观》,湖南师范大学出版社,2008,第216—234页。
② 江畅:《儒家道德与中国社会主义精神》,《思想理论教育》2017年第2期。

理想之类。故将 idealism 翻译成唯心论是非常不恰当的，当翻译成"观念论（观念主义）""理想论（理想主义）"等相类之词。

儒学新儒学的良知本心本体并不是西方哲学上的唯心主义，儒学新儒学之"心"与西方哲学之"心"，只是同词而异义，同文而异指。西方哲学上所谓唯心主义的心本体，实际上是从认识心所出的理念本体，这个心本体的实际作用只是认识万物的本质。而儒学新儒学所谓的良知本心本体并不是用来认识万物的本质的，良知本心本体是能够"起现万物"的，或者说，能够创生、实现和呈现万物，使万物如是如此地存在。这样说，似乎儒家的心本体倒有点类似于西方宗教的神，如是如此地创造万物。儒家的心本体的确是与西方宗教的神处在同一个层次的存在，但却不是同一个本质的存在。如果儒家的心本体与西方宗教的神归属于同一个本质，那我们就可以说，儒家的心本体是西方唯心主义式的，但事实上两者并不一样。

西方宗教上的神，作为一种精神实体，具有绝对的超越性，绝对超越于万物之上，神与人是决然二分的，人神二分的二元论正是西方宗教的根源思想。而儒学新儒学的根源思想是天人合一，天道与人道的合一，天道虽然超越于人，但又表现为人道而内在于人。西方宗教的神，是超验而不可经验的，故人只可仰而信之，这种认识心的意念之信，根本上是不能证明神是真的存在的，即可信而不可实证之；而儒学新儒学的道，固是超验的，却也是可经验的，因内在于人而人能体证之，故而能实证其真实存在，即可体证而实证之。总而言之，儒学新儒学是有道论而无神论，这种无神论立场与唯物主义的马克思主义是一致的。

那么，如何来融通二者呢？或者我们追问另外一个问题：唯物主义的马克思主义固然与西方的唯心主义相对立，但是不是也与儒学新儒学的良知本心本体相对立？仔细分析二者，可以发现，二者非但不是相对立而存在的，反而是可以相通相融的。江畅指出："马克思主义与儒家道德主义有着内在的一致性，正是这种一致性为两者已有的融合和进一步的融合提供了可能。"①可见，在他看来，马克思主义与儒家儒学是有"内在的一致性"的。

关于这种"内在的一致性"到底是什么，江畅给出了一种答案："儒家道德主义重视的是人的道德人格完善的问题，而科学社会主义关注的焦点是人从资本的奴役下解放出来而获得自由而全面的发展，人的完善、发展是两者的共同轴心，从这种意义上看，它们都是人本主义或人道主义的。其次，两者都认为人的完善和发展不是一种自然而然的过程，而是自我建构或造就的结果。儒家道德主义特别强调修身对于人格完善的意义，把修身作为成人之本；而马克思主义认为人的自由而全面发展是摆脱资本的奴役等的结果。"②江畅首先从二者的目的，或者说"境界"，即"人的完善、发展是两者的共同轴心"，来说明二者"内在的一致性"的。然后他又从达到这个目的的过程，或者说"工夫"，即都需要"自我建构或造就"，来说明二者"内在的一致性"的。

这里，我们再结合一种"本体"的视域，来说明这二者可能存在的一致性或相通性。"本体"的视域其实就是回到上文所提及的那个问题：马克思主义的唯物主义是否与儒学新儒学的良知本心本体或者说道本体论相对立。前面我们已经说明，道本体的儒学新儒学与唯物主义的马克思主义都是无神论。我们知道，马克思主义的唯物主义是基于对西方哲学史上物质与意识关系问题的回答所阐发的，即物质的客观实在性是不由意识活动，也就是认识心的活动而发生转移的。同样，儒学新儒学的道本体也是具有客观实在性的，其客观实在性也是不由人的意识活动而转移的，而是由道、由事物运动的规律来推动事物的变化和发展。这一点就足以说明，儒学新儒学在一定程度上是符合西方哲学意义上的唯物主义基本义理的。

---

① 江畅：《儒家道德与中国社会主义精神》，《思想理论教育》2017年2期。
② 江畅：《儒家道德与中国社会主义精神》，《思想理论教育》2017年2期。

不过，我们清楚地知道，儒学新儒学的道本体，肯定不只是西方哲学意义上唯物主义的具有客观实在性这一层意涵的。甚至儒学新儒学对这一层唯物主义意涵并不么在意，如果只关心这一层意涵，在儒学看来，反而并没有达到真实目的或效果。事实上，儒学新儒学所说的道本体是直指向"存在"的，它们所提及的"道"是具有普遍性的和超越性的。而西方哲学意义上的唯物主义固然有普遍性，但并不具有超越性。那这是不是说明，儒学新儒学的道本体又不是西方哲学意义上的唯物主义？如果只注意到其道本体的超越性，的确可以这样说。

从道本体之超越性角度上来说，儒学新儒学之道的确也不是西方哲学意义上的唯物主义，但却是超越这种哲学的唯物主义。不过，马克思主义哲学本体论还有一个基础概念，即"实践"。正是"实践"范畴，让马克思主义本身超越了西方哲学意义上的唯物主义。因为"实践"，让马克思主义的"本体"，或者我们循旧所言的"物质"本体，也具有了"存在"性。"存在"就是使一物如是如此地存在。而关于人的"存在"是马克思主义哲学所本有的意涵，也是儒学新儒学所本有的意涵。这也是儒学与马克思主义哲学真正能融通的最深层原因，是本体层面上的原因。

总之，在哲学意义上，儒学新儒学与马克思主义有两层意涵：第一层，二者都具有客观实在性，物质第一性，意识第二性，都是西方哲学意义上的唯物主义；第二层，二者都具有"存在"性，这种"存在"性，其实就是超越性。故而，都超越了西方哲学意义上的唯物主义，而成为马克思主义的唯物主义。这是一种本体意义上的融通，也只有通过这种融通，儒学新儒学的资源才能真正为我所用；也正是通过这种融通，儒学新儒学的资源才能变成中国特色社会主义的思想理论资源，从而能够大大推进中国特色社会主义理论体系的建设和完善。

第二，实现方法之引导。一如前文所说，儒家的理念和价值是美好且远大的，但却总是缺乏科学、系统的实现方法。例如，儒家讲良知良心，但如何使它具备在当下社会呈现出来的条件，儒家是没有一个准确答案的。再比如，儒家讲大同社会，但如何具体建设成这样一个社会，儒家是缺乏现实的、系统的制度安排的。而在这些方面，毋庸置疑，马克思主义提供了一系列完整的方法，马克思主义可以在这些方法上引导儒家，从而使儒学新儒学成为建设中国特色社会主义理论体系的有力补充。

要"把我国建设成为富强民主文明和谐美丽的社会主义现代化强国，实现中华民族伟大复兴"，其中的关键是"推动物质文明、政治文明、精神文明、社会文明、生态文明协调发展"（《中华人民共和国宪法修正案》）。关于马克思主义对儒学新儒学在实现方法论上的引导，我们大致可以从以下五个方面进行论述。

首先，物质文明建设方面的引导。儒家其实并不轻视物质，《礼记·礼运》里说"饮食男女，人之大欲存焉"。儒家承认人的生存需要，至于怎么发展物质生活，提高人们的生活水平，儒家似乎没有那么在意。孔子说："不患寡而患不均，不患贫而患不安。"（《论语·季氏》）这表明儒家更关心的是道德与人性的问题，更关心的是怎么处理好物质与精神的关系问题。儒家更多的是把人视作一种生命主体来理解和把握，而缺少把人作为一种主体对象化去理解和把握。这样，儒家就缺少一种改造自然界、发展生产力的思想资源。林安梧说，儒家要克服自己的缺失，"最重要的在于面对物质性，并且培养一种物质性的面对方式"[①]。马克思主义切切实实注重物质性实践，强调物质性的生产与发展，儒学在物质性方面建构的缺陷，正是马克思主义之所擅长。

其次，政治文明建设方面的引导。儒家向来有着很高的政治理想，欲"为万世开太平"，共进大同。儒家政治理想虽高，却没有民主政治与政治平等这些基本理念，更没有实现这个理想的相应的制度设计。儒家一直存在的主张是修身以齐家，齐家以治国，治国以平天下。其前提或者根本在于修身，儒家政治的根本在于以道德治国。即使到了现当代新儒家，一定

---

① 林安梧：《儒学革命论——后新儒学的问题向度》，台湾学生书局，1998，第53页。

程度上容纳了民主、自由等一系列现代价值，但却并没有遵循中国政治的现实，从而也在某种程度上，呈现出政治上的西化。中国政治制度虽有待改革和完善，但其各项制度制定必须适应现实国情。中国是社会主义国家，正处于社会主义初级阶段，只有实行社会主义市场经济体制，不断解放和发展生产力，才能提高人民的生活水平。在这一点上，儒家的政治理想和马克思主义的政治理念有相似性，儒家主张"为生民立命"，马克思主义则秉承"为人民服务"的宗旨。因此，儒家的道德理想和我国的政治制度安排是可以有机结合的，这有利于持续推进中国特色社会主义的政治文明建设。

再次，精神文明方面的引导。尽管儒家非常注重精神，但简单地以为儒家重精神轻物质，固然是对儒家的曲解；同样，以为儒家在精神方面的建设能近乎完美的看法，也是以偏概全。当前，社会主义精神文明主要包括两个方面：一者，科学文化方面；二者，思想道德方面。而儒家在这两方面的发展或多或少存在一些问题。在科学文化方面的问题：一者，没有产生真正意义上的科学；二者，虽也有些自然知识，但更多的学问是修身之学。在思想道德方面的问题：一者，容易走上泛道德主义路线；二者，在社会实践中容易出现道德绑架问题。因此，在这些方面，就需要马克思主义对儒学进行引导。在科学文化方面，既重视产生科学，也重视引导技术发展；在思想道德方面，必须加强法律法规建设，以公共理性引导个人道德情感，既要分清道德与法律界线，也要分清最高的道德理想与最基本的现实道德修养之间的差异。

再其次，社会文明方面的引导。儒学本质上是一种安身立命之学，有一定的类似于西方宗教之功能。宗教是教化和规制人的，附带一定的禁欲倾向。儒学虽是即圣即凡之学，不等同于宗教，但其教化之用有时也难免陷入僵化。如何在保持儒学安身立命功能的同时，让其随时代发展而足够开化和进步，马克思主义在这个方面是可以引导儒学的。马克思主义不仅肯定人的现实需要，同时也意在打破资本的束缚，实现每一个人自由而全面的发展。很明显，马克思主义作为建立在生产力解放、社会物质财富极大丰富之上的共同富裕社会理想，可以解除儒学中因物质生活的匮乏而产生的束缚感。

最后，生态文明方面的引导。儒学讲求天人合一，注重人与自然的和谐共生，可以说，生态文明建设本是其长处，但儒学意义上的人与自然的和谐，更多的是一种静态和谐，即不开发、不运用、不改造自然的机械式的和谐。但人类历史是人类不断向自然界求生存的过程，为了生存，人不得不向外界探索、向外界发展。在这个过程中，对如何保持人与自然和谐统一的现实难题，马克思主义的人与自然是一个有机共同体的生态思想可以引导儒学。相反，儒学那种静态的、和谐的自然观可以辅助和充实当代马克思主义，使人类在开发自然的过程中，减少对自然破坏的同时又能够求得人类社会的长足发展。

不得不承认，儒学是我们传统文化中极为重要的一环，其中不乏许多优秀的资源。新儒学继承和弘扬了儒学，创造了许多积极的、优秀的思想理论成果，是我们应该予以肯定的。认清儒学的思想地位及其本土的价值，把马克思主义与其结合融通、中国化正是我们当前要做的工作。但儒学与新儒学作为一种本土性的安身立命之学，内在地具有不可避免的问题和缺陷。另外，儒学新儒学自身生长不出而只能容纳和吸收民主、科学等现代价值，故以马克思主义引领儒学进行现代化的转化和创新，也是其题中之义。我们应该以马克思主义为指导，在马克思主义与儒学新儒学的结合融通过程中守正创新，真正传承中国优秀传统文化，在新时代推进马克思主义的时代化和中国化，创新中国特色、中国风格、中国气派的哲学社会科学理论体系。

结　语

　　21世纪以来，人类社会正以前所未有的速度卷入一场由资本主义掀起的现代化、全球化和数字化的巨大洪流。在人们享受生产力解放带来的物质财富生活、接受来自资本主义的新事物和新文化背后，暗含着资本主义发达国家对发展中国家进行疯狂的自然资源和经济利益剥削、政治干预，以及思想渗透和文化殖民的事实。而这对于发展中国家来说，通常是致命的。在20世纪中下叶，在以美国为首推行的"和平演变"政策下，新自由主义思潮侵蚀了整个欧洲乃至全世界，成为20世纪末苏联解体、东欧剧变的重要因素之一。事实证明，偌大一个社会主义国家、一个社会主义阵营，一旦被不良社会思潮蚕食、"洗脑"，也会在顷刻间发生翻天覆地的变化。

　　历史已然不容逆转，但深刻地启示人们要以史为镜，未雨绸缪，防微杜渐。何况，当今世界正处于百年未有之大变局中，"世界每天都是新的"。一方面，新一轮科技革命、产业革命以及社会和文化变革不断深化，互联网、数字平台和人工智能等新科技颠覆了人们生产、接收和处理信息的方式及途径，在数字场域和网络生活中，信息的爆炸式增长使人们无法避免触及各种社会思潮并深受其影响。另一方面，在时代变迁、社会转型和全球秩序重建的复杂历史时期，社会思潮也处于不断变化、自我调整的状态中。许多社会思潮的生命力仍然比较旺盛，其正在竭力重塑每一个人、每一个社会乃至每一个国家。因此，对于社会思潮的关注和重视是不能有丝毫懈怠的。

　　本书立足近年来社会思潮的演变趋势和国内外理论界的研究成果，"抽象"出主要的社会思潮类型，然后进行了具体分析。从宏观上讲，我们将社会思潮作为一个有机整体进行了考察，充分考虑这些思潮与人们的多方面关系，分析了社会思潮对个人、社会和国家发展的多方面影响，以及它们彼此之间的相互联系、相互作用，进而把握社会思潮发生作用的传播机制和运行规律。从微观上说，我们梳理了当代较为重要和活跃的社会思潮之源流，阐明了这些思潮的内涵及特点，总结了这些思潮的新变化及引发的新问题，并在此基础上探索了应对社会思潮风险的针对性策略。

　　但是，作为"支流"或"旁流"的社会思潮往往历史源远流长、种类繁多、受众结构复杂，每一种社会思潮的内容又极为丰富、形式多样，有时，几种社会思潮甚至相互交织、纠缠，这无疑为我们的研究带来了相当大的困难。因此，我们无法在一本书中，涵盖和穷尽阐明所有的社会思潮。而且，时代发展总是有浮有沉、有缓有急、有进步有倒退，社会思潮也必然有涨有落、有保守有激进、有先进有落后。所以，开展社会思潮研究从来都不是过去式和完成时，而只能是一个循序渐进的、"永远在路上"的动态过程。

　　无论社会思潮的内容如何丰富、形式如何复杂、传播途径如何多样，我们都不能听之任之，而必须坚定文化自信，有所作为。

　　第一，坚定"以我为主"、弘扬主旋律的基本政治立场。如前所述，在众多的社会思潮中，一部分社会思潮能够在一定程度上真实反映人们的物质精神需要，能够顺应历史和时代发展的主趋势，只是它们的表达方式或实现方法可能存在难以克服的内生性弊端；而另外一部分则完全是逆潮流的、扭曲的反动性社会思潮，其中，不乏在我国引发诸多社会问题的社会思潮，例如历史虚无主义、民族分裂主义等。这要求我们对于任何一种社会思潮，都要坚定"以我为主"的基本政治立场和政治底线，弘扬爱国主义主旋律来增强民族凝聚力，紧紧围绕中国特色社会主义理论体系这一"主心骨"，加快构建新时代中国特色社会主义的学术体系、理论体系、话语体系和传播体系，为坚定"四个自信"提供强大的理论支撑。

第二，坚持辩证唯物主义、历史唯物主义的世界观和方法论。对于社会思潮反映的真实社会问题（无论是思想上的还是现实中的），我们不可置之不理，要时刻保持谨慎，严肃对待，不能"一刀切"和全盘否认，更不能不加甄别地接受、引用和效仿其理论观点，应立足于国际国内视野认识社会思潮的两面性，辩证地看待各种社会思潮，视其为一种观念意识形态，并寻求导致这些社会思潮的物质上和经济上的根源。只有这样，对于社会思潮，我们方能知其然，并知其所以然。尽管一些社会思潮总是表现为非主流的形式、非理性的态度、反科学的方法，但不得不承认，它们又在一定程度上反映了特定社会中特定历史时期特定人群的物质精神需要。因此，辩证地看待社会思潮之利弊，将有利于我们兼收并蓄，准确把握时代脉搏，勇立时代潮头。与此同时，以历史的眼光，用整体的历史的观点对待社会思潮尤为重要。唯其如此，我们才能在人类历史发展的长河之中，看到社会思潮的普遍性和必然性，才能深入到确切的社会历史条件，把握社会思潮存在的历史性和特殊性，进而找到科学合理的方法，不断扬弃社会思潮。

第三，秉承与时俱进、在实践中检验和发展真理的实践观点。"实践是检验真理的唯一标准。"有些社会思潮自诩合理、科学，以自我宣称的真理性来掩盖其本身的局限性，到处非难马克思主义，攻击马克思主义政党，并企图分化社会主义中国。对此，我们更加要秉承马克思主义的实践观点，在客观的、现实的、历史的社会实践中打破错误社会思潮的呓语，揭露其虚伪性和乌托邦式的空想性，不断发展马克思主义，建设21世纪中国的马克思主义，用马克思主义的真理光芒照亮社会主义建设的前进道路。

第四，永葆自我反思、自我批判和自我革新的理论态度。"智者虑事，虽处利地，必思所以害；虽处害地，必思所以利"。（南宋张预注《孙子兵法·九变篇》）事实上，研究社会思潮的根本目的，一方面是要防止和抵御西方资本主义意识形态的渗透；另一方面，是为了敦促我们反观自身的缺陷和不足，不断自我完善，跳出"历史周期率"和打破"历史终结论"的窠臼。"行有不得，反求诸己"说的就是这个意思。只有我们认真、谨慎、科学、严肃地对待社会思潮，从中不断积累经验、吸取教训，不断自我反思和自我批判，勇于自我革新，才能更好地培育和弘扬社会主义核心价值观，引导各种社会思潮。

总之，对于当下流行的各种社会思潮，套用黑格尔的话来说，我们绝不能满足和停留于"熟知"状态，而应向着"真知"①的目标不断接近。这同时也要求我们在了解、认识、批判各种社会思潮的过程中，时刻谨防思想僵化、故步自封。邓小平指出："世界天天发生变化，新的事物不断出现，新的问题不断出现，我们关起门来不行，不动脑筋永远陷于落后不行。"②孙中山先生指出："世界潮流，浩浩荡荡，顺之则昌，逆之则亡。"我们唯有更加积极、主动、灵活地应对来自世界范围内的思想文化冲击，培养化解危机的能力、形成引领思潮的魄力、凝聚维护自身利益的定力，才能不断地在危机中育新机，在变局中创新局，将新时代中国特色社会主义思想文化建设推向新的高度。

---

① "熟知非真知"即"一般说来，熟知的东西所以不是真正知道了的东西，正因为它是熟知的。有一种最习以为常的自欺欺人的事情，就是在认识的时候先假定某种东西是已经熟知了的，因而就这样地不去管它了。这样的知识，既不知道它是怎么来的，因而无论怎样说来说去，都不能离开原地而前进一步"。（参见 [德] 黑格尔：《精神现象学》上卷，贺麟、王玖兴译，上海人民出版社，2013，第70页。）

② 《邓小平文选》第2卷，人民出版社，1994，第128页。

附录　构建社会思潮预警指标体系

社会思潮的预警指标体系是深度监测社会思潮变化的重要方式。应从社会思潮的权威调查机构、民间调查机构、社会思潮反馈机制和媒体晴雨表作用等方面建构社会思潮的调查体系，再在这个基础之上建立社会思潮预警指标体系。主要分三级指标：一级指标分为政治风险指标、价值风险指标、思想文化风险指标、舆论风险指标和群众风险指标。二级指标是对一级指标的细化，政治风险指标分为腐败指标、群体事件指标、权力运行矛盾指标、群众认同危机指标、民族冲突指标，价值风险指标分为多元价值冲突指标、个体价值危机指标、群体价值危机指标、社会核心价值危机指标、核心价值与主流价值张力指标，思想文化风险指标分为思想冲突指标、文化冲突指标、文化疏离感指标、文化危机指标、文化抗拒指标，舆论风险指标分为舆论精神懈怠指标、舆论危机指标、虚假报道指标、谣言扩张指标、网络屏蔽指标，群众风险指标分为群众幸福指标、群众焦虑指标、群众痛苦指标、群体怨恨指标、群体信仰危机指标。三级指标是二级指标的细化和具体化，通过设置每个指标的警级来全方位监控社会思潮的动向。

建立社会思潮预警机构是人们认识和把握社会思潮发展动向的坐标系。凡事预则立，通过建立预警机构，建构预警系统才能有效地对社会思潮进行预警，"能就其危险程度向人们发出警告，通过各种'显示器'、

'指示灯'显示出各种危险信号,从而引起人们的注意"[①]。从而避免出现有利于推动社会进步的社会思潮的积极因素没有及时汲取,有害于社会文明的社会思潮的消极因素没有得到及时反馈和跟踪,导致社会最终坠入社会思潮的裂谷。

(1)社会思潮调查的基本机构

社会思潮调查机构从理论层面上看可以分权威调查机构、民间调查机构等。它们之间协调运作,共同加强对社会思潮的跟踪和预测。

一是社会思潮调查的权威机构。权威机构"处在一个有形社会群体组织结构的最高位置,一般是职位体系金字塔的塔尖或顶端,从而也就处于权威系统的中心。对内,它体现着社会群体的意志,具有最高的权力,也具有最高权威;对外,它代表着社会群体的意志,它是社会群体的法人机构,具有权利能力和行为能力"[②]。这里体现了以下几层含义:其一是权威机构是社会组织中的最高机构,是社会组织结构的核心地带,体现社会群体的意志;其二是权威机构是体现统治阶级意志的最高机构,具有官方性质,具有巩固统治阶级意志和地位的功能,因而它总是以各种方式来表达统治阶级的核心价值观和行动取向;其三是权威机构具有两重性,即对内具有维护统治和体现民意的一面,对外具有捍卫主流意识形态安全,传播统治阶级价值观念的功能;其四是权威机构具有了解社会群体意志的内在要求,只有这样才能体现社会群体的意志。这就要求权威机构必须建立专门的社会调查机构和机制,及时把握社会群众的意见表达。而对社会思潮的调查是其中的一个核心要素。

从宏观层面上看,建立社会思潮调查的权威机构可以分为三个级别,即一级调查机构、二级调查机构和三级调查机构,从而构建起社会思潮的垂直调查体系。

---

① 陈新汉:《民众评价论》,上海人民出版社,2004,第396页。
② 陈新汉:《权威评价论》,上海人民出版社,2006,第34页。

一级调查机构主要是中央国家机关专门设立的社会思潮调查机构，直属于国家最高决策层。国家一级调查机构通过将二级机构或三级机构反馈的调查信息经过加工和整理后直接上送国家最高决策层。或者国家一级机构将自身的调查数据分析之后直接上送国家最高决策层。这两种方式要有机结合起来。它需要整合城市、乡村之间的数据和资料，为国家最高决策层提供社会思潮变化的最新信息。

二级调查机构主要是在各个省、自治区、直辖市建立的调查机构，隶属于国家一级调查机构。二级调查机构专门为一级调查机构提供社会思潮的信息数据。二级调查机构是调查社会思潮的关键机构。在城市化、全球化的过程中，把握城市社会思潮发展的动向是极为关键的。当代中国，城市越来越成为大多数青年人工作和生活的场域，也是价值观念多元化、利益取向多元化、行为方式多样化、社会心理最复杂的地方。这些因素必定会成为社会思潮发展的推动因素，因此，城市也就成为社会思潮最活跃的地带。二级调查机构就是以城市为中心，针对不同城市发展的特点、群众的生活方式、心理诉求等设定不同的社会思潮调查指标，跟踪其发展动态并及时将信息反馈到一级调查机构。同时，肩负起三级调查机构反馈信息的加工和处理工作，并将其反馈到一级调查机构。

三级调查机构主要是基层调查机构，面对广大乡村的调查机构，隶属于二级调查机构。尽管城市逐渐成为社会思潮活跃的中心地带，但是乡村的社会思潮动向也是不能忽视的。建立基层调查机构，及时将乡村存在和滋长的思潮反馈到二级调查机构，这将为二级调查机构的调查研究提供新的线索和资料。毋庸讳言，当前在推进乡村振兴过程中，农民的负担减轻了，而且还有补贴，生活越过越好。但是，我们必须看到，一些农民也没有以前那么勤劳了，不像以前那样吃苦耐劳，且逐渐养成一种惰性。这为社会思潮的生根发芽提供了肥厚的土壤。因此，基层调查机构就成为洞察乡村社会思潮发生、发展的跟踪机构，建立好基层调查机构，对二级、一级调查机构来说至关重要。

从微观层面上看，建立社会思潮调查的权威机构可以分专题调查，如专门调查新自由主义思潮、民族主义思潮等，通过分门别类，更加系统地调查研究社会思潮。毕竟社会思潮存在多元化，在一个特定的社会形态里总是存在多种社会思潮的风云激荡。但是不同的社会思潮的发展有着自身的特性，这就要求权威机构要对不同的社会思潮有系统的把握，建立各种社会思潮的数据库和资料库。

二是社会思潮调查的民间机构。与权威调查机构相对应，民间调查机构也是社会思潮调查的重要机构。民间调查机构，顾名思义，就是民间自发形成的社会思潮调查机构，它以学术研究为核心，较少正面直指政治目的，对社会思潮的调查研究更多是一种"旁观者清"的角色，因而具有很大的自由度。民间调查机构从横切面上看，主要集中在高校、研究机构和非政府组织设立的调查机构。

一系列以学术研究为主的社会思潮调查机构主要集中在高校和研究院，如大学自行设立社会思潮调查机构诸如舆论研究所、社会思潮跟踪中心、社会思潮调查所、社会心理研究所、民意调查研究中心等。社会思潮的调查要以理论研究为基础。从社会思潮发源的特殊性来看，社会思潮与社会思想家的思想有着密切的联系，也就是说，社会思潮的"潮头"本身就是理论性的产物。一方面，只有通过系统研究社会思潮的理论问题，才能从各种社会思潮现象中把握本质性的东西，从而不被各种形式所迷惑。另一方面，加强对社会思潮的理论研究有利于更加深入地开展调查研究，做到有的放矢。再者，民间调查机构有利于拓展社会思潮研究的国际视野，参加境外相关机构的学术交流和合作。这样既可以避免政治敏感，又可以增加互通信息，增强学术交流，甚至可以展开合作，共同研究一些社会思潮问题——毕竟当代中国出现的许多社会思潮都与国外的社会思潮有很深的渊源，从而可以极大地拓展社会思潮研究的视野。关起门来研究社会思潮不利于对社会思潮本身的把握，因此，以学术为核心的社会思潮调查机构能够凸显其优势。新时期，要大力倡导有条件的高校和研究机构设立专门的社会思潮调查与研究中心，使社会思潮的调查和研究百花齐放、百家争鸣，从而有利于权威机构借鉴其研究成果，增强分析社会思潮的客观性。

非政府组织设立的社会思潮调查机构也是社会思潮调查研究的有力补充。当前，社会上出现形形色色的非政府组织，成为社会团体活动的重要组成部分。非政府组织是沟通群体与政府的桥梁和纽带，发挥着政府难以起到的效果。一般而言，非政府组织应该是与群众联系极为密切的组织，它们成为群体意见的代言人。基于这一点，可以说，非政府组织更加有机会真实了解群众的想法、意见和心理状况。鼓励非政府组织设立社会思潮调查机构，就是想利用非政府组织这个重要角色，及时把社会思潮的信息反馈给权威机构或相关社会思潮的研究机构。诚然，我们也必须谨慎，一些非政府组织逐渐异化为营利性组织，如果这样，社会思潮调查研究的质量也就大打折扣。

三是社会思潮调查反馈机制。社会思潮调查机构的数据和结果如何及时、有效地反馈到国家决策机构，即是说，如何整合那么多的社会思潮调查机构的成果，形成合力，有效地反馈给国家最高决策层，这一点不容忽视。这就要求必须建立相应的反馈机制，使社会思潮的各级调查机构能够及时传达信息。首先要定期报告机制和紧急报告机制相结合。定期报告机制就是各级社会思潮调查机构定期向上一级调查机构汇报调查报告，反映相关跟踪数据和案例。紧急报告机制是针对社会思潮出现急剧变化的情况，基层调查机构可以越级直接向一级调查机构报告。其次要建立健全社会思潮内参机制。建立内参制度，就是要最真实、最真切地将社会思潮状况及时反馈到一级调查机构上来。这样既可以避免引起社会恐慌，又可以反馈真实信息，提高国家最高决策层的决策科学性。

（2）大众传媒在预测社会思潮中的作用

大众传媒是传播统治阶级意识形态的窗口，也是了解民众意愿的窗口，它具有双重功能。大众传媒一方面是社会思潮传播的重要载体，另一方面又是洞察社会思潮的重要载体。因此要重视大众传媒在推进社会发展、了解社会思潮中的作用。

马克思指出:"凡是报刊年轻的地方,人民的精神也就年轻。"①报刊的时代性深深地抓住了时代的精神和特征,从而也就能够体现人民的精神风貌。报刊年轻就意味着包括敢于直面社会现实,敢于刊登民众的社会意愿和情绪,敢于体现群众的社会心理倾向,真实地反映人们的现实生活世界。这样的报刊就是人民的报刊,是人民精神的栖息之地,也是人民精神活跃的舞台。当今的精神和时代的精神是当今这个时代的精华的体现,年轻的报刊能够及时反映出当今的精神和时代的精神,从而为人民提供精神食粮,也能够及时反映人民的精神面貌,这是一个双向互动的过程。因而,报刊能够与时俱进、体现时代精神就能够使人民的精神也变得年轻,同样,人民的精神年轻也是推动报刊年轻的重要力量。

这就是说,重视报刊在现实世界中的作用,要发挥报刊"货币流通"的作用②,关键是报刊能够体现当今的精神和时代的精神,即能够体现社会思潮变化的新特征、新动向。社会思潮与当今的精神和时代的精神紧密联系在一起,它们之间甚至交织在一起。正确的、先进的、积极的社会思潮能够体现时代性,能够站在时代的前沿阵地上发声。因而正确的、先进的、积极的社会思潮总是与人民的精神紧密联系在一起,甚至成为群众意志的表征者。所以,对于积极向上的、真实客观反映社情民意的社会思潮,报刊媒体应该对其进行合理的宣传和报道,这样也有利于报刊等大众传媒更加科学地预测社会思潮的发展方向。

报刊要正面宣传主流价值观,弘扬主旋律,要真实地体现人民的精神和群众的意志。进言之,媒体要发挥社会思潮晴雨表作用。有学者指出:"大众传媒不仅要当好党和人民的'喉舌',同时要强化、提升'耳目'功能,将社会预警视为应尽的职责和一项战略任务。"③大众传媒要真实表达

---

① 《马克思恩格斯全集》第1卷,人民出版社,1995,第352—353页。
② 参见《马克思恩格斯全集》第10卷,人民出版社,1998,第232页。
③ 陈新汉:《民众评价论》,上海人民出版社,2004,第411页。

群众的意见和看法，包括重视对负面问题和现象的报道。如果大众传媒只报道正面的信息，那它就永远不可能"年轻"。当然，关于负面的社会问题和现象，必须在实事求是的马克思主义基本立场上加以谨慎、合理地报道，警惕社会思潮打着"言论自由""新闻自由"的幌子对其大肆传播。如习近平总书记指出："任何新闻舆论都有鲜明的意识形态属性，没有什么抽象的绝对的自由。我们要认清西方所谓'新闻自由'的本质，自觉抵制西方新闻观等错误观点的影响。"①

重视负面报道可以分为两个层面：一是权力运行过程中出现的各种矛盾；二是社会发展离人民的期待有较大的差距。在权力运行过程中出现的各种矛盾导致社会出现一些不和谐的现象，如官员腐败、"官商学"相互勾结等现象，这些都是"年轻"的报刊必须关注的现象。及时报道这些现象尽管容易被人解读为负面报道，但它能警示权力运行过程中出现的矛盾应尽早解决，防止出现损害群众利益的情况。的确，在权力运行过程中存在着损害群众利益的情况，官商勾结作为一种传统的腐败行为逐渐演化为官商学三者之间的合流，从而使得社会的腐败行为更加复杂化，大众媒体有义务揭露这些负面现象。"国家的目的在谋公民的幸福"②，当有些官员不为民谋幸福而只为自己或小部分人谋幸福的时候，就应该受到社会的谴责和批评，媒体应该发出正义之声。

在一定的社会形态里，社会发展与人民的期待很难完全吻合，当出现社会发展与人民的期待有较大差距的情况，群众的不满情绪就会表露出来。大众媒体及时反映群众的不满情绪能够及时反馈给权威机构，以供决策参考。此外，大众传媒反映群众心声可以使得群众的意见、诉求有表达的渠道，防止越堵积怨就越深的情况。即是说，大众传媒可以发挥及时疏导群众不满情绪的功能。因而，重视负面报道不能简单地认为是在传达负

---

① 习近平：《论党的宣传思想工作》，中央文献出版社，2020，第185页。
② [德] 黑格尔：《法哲学原理》，范扬、张企泰译，商务印书馆，2009，第302页。

面信息，影响社会稳定。要看到这种负面报道给社会带来的积极效应，起到有利于促进社会进步的一面。

诚然，重视负面报道并不是说要恶意攻击权威机构，并不是说不要坚持舆论导向，不是要从一个极端走向另外一个极端，而是要坚持辩证的新闻观，从辩证法的高度来审视大众传媒的报道。"舆论导向正确，是党和人民之福；舆论导向错误，是党和人民之祸。"[1]坚持正确的舆论导向，就是要坚持辩证法，发挥报刊的时代精神，体现人民群众的时代意愿，这对深入了解社会思潮的变化有着极大的帮助。

此外，要健全媒体机构与国家舆情机构直通机制，发挥媒体机构探源"潮头"作用。大众传媒的信息如何有效地传达给国家舆情机构，使得群众的观点和意见及时反馈到国家舆情机构，就必须建立一种直通机制，即建立一种大众媒体机构与国家舆情机构直接连通的互动机制，使媒体机构在探寻社会思潮的过程中及时把"潮头"的动向反馈到国家舆情机构。即是说，要建立信息共享机制，通过媒体机构与国家舆情机构信息共享，共同关注社会思潮的动向；建立国家舆情机构挂职机制、人员互动机制，通过国家机构人员定期到媒体机构挂职从而更好地掌握媒体的舆论动向；建立媒体机构人员的培训机制，专门培训社会思潮调查中心的人员，从而增加对社会思潮的敏锐度等。在这个基础上，要制定切实可行的社会思潮预警指标体系，从而科学地跟踪与预测社会思潮发展的趋势。

(3) 建构社会思潮预警指标体系的设想

预警指标体系是通过建立一系列的指标动态性显示事物发展的情况，当达到一定的标准或极限数据时就会出现预警，以及显示预警的级别。在20世纪中叶，西方社会学家就开始探索预警指标，至今在社会发展等领域做出了许多有价值的研究。关于预警指标体系，目前学术界大多数是基于社会学层面上的设置和研究，诸如社会发展预警指标体系、社会

---

[1] 《江泽民文选》第1卷，人民出版社，2006，第564页。

风险预警指标体系、社会稳定预警指标体系等，但是至今仍然没有形成一个比较系统的社会思潮预警指标体系。比较有代表性的是社会风险预警指标体系，有学者指出，社会风险预警指标体系主要包括经济风险领域、社会风险领域、政治风险领域、价值观念风险领域等，其中的政治风险和价值观念风险领域的预警指标对进一步深入探索社会思潮预警指标体系具有很大的启示。有学者认为，政治风险领域主要包括"重大贪污腐败案件立案率、经济犯罪案件涉案人数中国家机关干部占的比重、群体事件发生率、集体游行示威发生率"；价值观念风险领域主要包括"市民对国家政治的满意率、市民对经济发展的满意率、市民对社会发展的满意率"[①]。政治风险预警指标和价值观念风险预警指标与社会思潮的预警指标有着密切联系，但是两者不能等同。社会思潮的预警指标体系主要涉及政治风险指标、价值风险指标、思想文化风险指标等，这些风险指标是按照一定社会的发展状况、社会思潮的发展状况而综合制定的。

社会思潮的预警指标体系主要可以分为三个层次：

一级指标：一级指标分为政治风险指标、价值风险指标、思想文化风险指标、舆论风险指标和群众风险指标等，它们构成社会思潮预警指标体系的核心部分。如下表所示：

社会思潮预警指标体系	一级指标	政治风险指标
		价值风险指标
		思想文化风险指标
		舆论风险指标
		群众风险指标

二级指标：二级指标是对一级指标的细化。具体而言，政治风险指标分为腐败指标、群体事件指标、权力运行矛盾指标、群众认同危机指标、民族冲突指标；价值风险指标分为多元价值冲突指标、个体价值危机指标、群体价值危机指标、社会核心价值危机指标、核心价值与主流价值张

[①] 邓伟志：《关于社会风险预警机制问题的思考》，《社会科学》2003年第7期。

力指标；思想文化风险指标分为思想冲突指标、文化冲突指标、文化疏离感指标、文化危机指标、文化抗拒指标；舆论风险指标分为舆论精神懈怠指标、舆论危机指标、虚假报道指标、谣言扩张指标、网络屏蔽指标；群众风险指标分为群众幸福指标、群众焦虑指标、群众痛苦指标、群众怨恨指标、群众信仰危机指标等。如下表所示：

指标体系	一级指标	二级指标
社会思潮预警指标体系	政治风险指标	腐败指标
		群体事件指标
		权力运行矛盾指标
		群众认同危机指标
		民族冲突指标
	价值风险指标	多元价值冲突指标
		个体价值危机指标
		群体价值危机指标
		社会核心价值危机指标
		核心价值与主流价值张力指标
	思想文化风险指标	思想冲突指标
		文化冲突指标
		文化疏离感指标
		文化危机指标
		文化抗拒指标
	舆论风险指标	舆论精神懈怠指标
		舆论危机指标
		虚假报道指标
		谣言扩张指标
		网络屏蔽指标
	群众风险指标	群众幸福指标
		群众焦虑指标
		群众痛苦指标
		群众怨恨指标
		群众信仰危机指标

三级指标：三级指标体系是建立在二级指标的基础上，进一步细化的指标，每一个二级指标都可以内化为几个主要的三级指标，构成体系。三级指标的演变情况又可以分为五个级别，即4、3、2、1、0，每个数字代表一个级别，从无警、轻警、中警、重警到突破临界点（阈值）等，从而构成一个整体的社会思潮预警指标体系。如下表所示：

一级指标	二级指标	三级指标	无警	轻警	中警	重警	阈值
政治风险指标	腐败指标	个体腐败	4	3	2	1	0
		集体腐败	4	3	2	1	0
		政党腐败	4	3	2	1	0
	群体事件指标	大规模干群冲突	4	3	2	1	0
		大规模利益纠纷	4	3	2	1	0
		政治运动	4	3	2	1	0
		民众自发抗法聚集	4	3	2	1	0
		大规模聚合上访	4	3	2	1	0
		大规模游行、静坐、堵塞交通	4	3	2	1	0
	权力运行矛盾指标	个体与个体矛盾	4	3	2	1	0
		个体与群体矛盾	4	3	2	1	0
		中央与地方矛盾	4	3	2	1	0
		官商矛盾	4	3	2	1	0
		官学矛盾	4	3	2	1	0
		"官商学"勾结	4	3	2	1	0
		贫富差距冲突	4	3	2	1	0
	群众认同危机指标	执政党认同	4	3	2	1	0
		宗教认同	4	3	2	1	0
		社会认同	4	3	2	1	0
		自我认同	4	3	2	1	0
		宗族认同	4	3	2	1	0
	民族冲突指标	汉族与少数民族冲突	4	3	2	1	0
		少数民族之间冲突	4	3	2	1	0
		民族独立	4	3	2	1	0
		民族边缘化	4	3	2	1	0
		民族消亡	4	3	2	1	0

续表

一级指标	二级指标	三级指标	无警	轻警	中警	重警	阈值
价值风险指标	多元价值冲突指标	个体价值与群体价值冲突	4	3	2	1	0
		社会价值与统治阶级价值冲突	4	3	2	1	0
		国内外价值冲突	4	3	2	1	0
		传统价值观念与现代价值观念冲突	4	3	2	1	0
	个体价值危机指标	个体价值无法显现	4	3	2	1	0
		个体价值迷失	4	3	2	1	0
		人性恶化	4	3	2	1	0
		个体价值沉沦	4	3	2	1	0
		自残、自杀	4	3	2	1	0
	群体价值危机指标	群体价值弱化	4	3	2	1	0
		群体价值肢解	4	3	2	1	0
		群体价值冲击	4	3	2	1	0
		群氓	4	3	2	1	0
		集体自杀	4	3	2	1	0
	社会核心价值危机指标	群众认同减弱	4	3	2	1	0
		官员认同减弱	4	3	2	1	0
		核心价值体系内容落后	4	3	2	1	0
		核心价值边缘化	4	3	2	1	0
		核心价值被替代	4	3	2	1	0
	核心价值与主流价值张力指标	统一	4	3	2	1	0
		同一	4	3	2	1	0
		分离	4	3	2	1	0
		敌对	4	3	2	1	0
		相互吞噬	4	3	2	1	0

续表

一级指标	二级指标	三级指标	无警	轻警	中警	重警	阈值
思想文化风险指标	思想冲突指标	主流与非主流冲突	4	3	2	1	0
		思想流派冲突	4	3	2	1	0
		传统思想与现代思想冲突	4	3	2	1	0
		统治思想与民间思想冲突	4	3	2	1	0
	文化冲突指标	种族文化冲突	4	3	2	1	0
		阶层文化冲突	4	3	2	1	0
		民族文化冲突	4	3	2	1	0
		宗教文化冲突	4	3	2	1	0
		信仰冲突	4	3	2	1	0
	文化疏离感指标	人际关系疏离	4	3	2	1	0
		家庭感疏离	4	3	2	1	0
		道德感疏离	4	3	2	1	0
		情感疏离	4	3	2	1	0
		归宿感疏离	4	3	2	1	0
	文化危机指标	文化精华消解	4	3	2	1	0
		文化多样较少	4	3	2	1	0
		民族文化变异	4	3	2	1	0
		濒危文化增多	4	3	2	1	0
		民族文化消亡	4	3	2	1	0
	文化抗拒指标	亚文化彰显程度	4	3	2	1	0
		反文化力量扩张	4	3	2	1	0
		西方文化入侵	4	3	2	1	0
		文化拒绝增加	4	3	2	1	0
		解构性文化增加	4	3	2	1	0

续表

一级指标	二级指标	三级指标	无警	轻警	中警	重警	阈值
舆论风险指标	舆论精神懈怠指标	意识形态操控程度	4	3	2	1	0
		庸俗、低俗、媚俗程度	4	3	2	1	0
		政治化程度	4	3	2	1	0
		单一化程度	4	3	2	1	0
		群众精神阻碍程度	4	3	2	1	0
	舆论危机指标	群众声音弱化	4	3	2	1	0
		反对声音弱化	4	3	2	1	0
		群众兴趣减退	4	3	2	1	0
		舆论平台萎缩	4	3	2	1	0
		舆论攻击增强	4	3	2	1	0
	虚假报道指标	官方虚假信息	4	3	2	1	0
		商业虚假信息	4	3	2	1	0
		隐瞒实情	4	3	2	1	0
		捏造信息	4	3	2	1	0
		扩大报道	4	3	2	1	0
	谣言扩张指标	民间谣言扩张	4	3	2	1	0
		政府辟谣频率	4	3	2	1	0
		顺口溜扩张	4	3	2	1	0
		谣言传播广度	4	3	2	1	0
		谣言传播深度	4	3	2	1	0
	网络屏蔽指标	境外信息屏蔽	4	3	2	1	0
		政治信息屏蔽	4	3	2	1	0
		民众意见屏蔽	4	3	2	1	0
		负面新闻屏蔽	4	3	2	1	0
		网贴、虚拟社区屏蔽	4	3	2	1	0

续表

一级指标	二级指标	三级指标	无警	轻警	中警	重警	阈值
群众风险指标	群众幸福指标	劳动幸福	4	3	2	1	0
		生活幸福	4	3	2	1	0
		家庭幸福	4	3	2	1	0
		娱乐幸福	4	3	2	1	0
		精神空虚	4	3	2	1	0
	群众焦虑指标	客观焦虑	4	3	2	1	0
		神经性焦虑	4	3	2	1	0
		道德的焦虑	4	3	2	1	0
		未来的焦虑	4	3	2	1	0
		社会焦虑	4	3	2	1	0
	群众痛苦指标	劳动痛苦	4	3	2	1	0
		生活痛苦	4	3	2	1	0
		情感痛苦	4	3	2	1	0
		家庭痛苦	4	3	2	1	0
		鳏寡孤独	4	3	2	1	0
	群众怨恨指标	对有关政策的怨恨	4	3	2	1	0
		对党员干部的怨恨	4	3	2	1	0
		对暴力机构的怨恨	4	3	2	1	0
		对垄断机构的怨恨	4	3	2	1	0
		对高物价、高房价、高污染怨恨	4	3	2	1	0
	群众信仰危机指标	就业危机	4	3	2	1	0
		户籍危机	4	3	2	1	0
		生育危机	4	3	2	1	0
		住房危机	4	3	2	1	0
		生存危机	4	3	2	1	0

社会思潮预警指标体系的建构必须遵循客观性、真实性原则。即是说，不是社会上所有与社会思潮有一定关系的领域都要纳入社会思潮预警指标体系中去，而是要抓住核心，即对社会思潮影响最大、滋长社会思潮最肥沃的领地。因此，把政治风险指标、价值风险指标、思想文化风险指标、舆论风险指标和群众风险指标作为一级指标来建构。

　　政治风险指标是社会思潮预警的核心指标。由于社会思潮的意识形态特征总是与一定时期统治阶级的政治意志有着某种关系，不管是一致还是对立，它们之间都存在千丝万缕的联系。一定的社会思潮能够造成政治冲击，甚至使得社会产生政治危机，直接影响到统治阶级的生存。苏联的解体与社会思潮之间的渊源给予我们很深刻的启示。当前，民主社会主义思潮对中国特色社会主义建设就产生了极大的影响，它们之间的角逐在现阶段逐渐成为社会思潮碰撞和交流的主角。政治风险的要害是腐败问题。如果个体腐败的风险指标为4，则就表明，这个社会是一个清明、和谐的社会；如果风险指标达到0，则就表明，社会成员中的腐败现象已经到了影响整个社会运作的底线了。政党腐败上，如果政党腐败的风险指标为4，则说明执政党是清正廉明的；如果风险指标为3，则反映党内部出现了少数腐败分子；如果风险指标为2、1，则表明党内存在的腐败现象比较严重，必须要高度重视和根除；如果风险指标为0，则表明党的腐败现象已经达到了人民忍受的底线，一旦突破这个底线，人民对党内的腐败现象也就无法承受了，此时必将产生执政党的政治危机，即导致执政党的合理性危机（Rationaliätskrise）和合法性危机（Legitimationskrise）[①]。如果这两个危机叠加则会给执政党的统治地位带来毁灭性的冲击。因此，必须要重视政治风险指标，因为这对我国巩固社会主义意识形态、巩固社会主义核心价值体系与培养社会主义核心价值观具有极为重要的意义。

---

① 参见［德］尤尔根·哈贝马斯：《合法化危机》，刘北成、曹卫东译，上海人民出版社，2009，第53页。

价值风险指标是社会思潮预警的重要指标之一。社会思潮本身蕴含丰富的价值取向，在一个价值多元化的社会形态里，个体价值、群体价值和社会价值之间的变化在一定意义上能够管窥社会思潮的镜像。价值的变化直接影响到社会思潮的变化，从社会思潮系统之外的价值观念变化可以更清楚地洞察社会思潮的新动向。

思想文化风险指标是社会思潮预警的关键指标。社会思潮的传播和发展需要文化交锋和舆论塑造。在文化全球化背景下，民族文化的边界被突破，其逐渐成为一种世界范围传播的文化，这就给西方强势文化的渗透提供了机遇，也为社会思潮的传播提供了机遇。一般而言，社会思潮首先在思想文化领域传播，然后再扩散到其他各个领域。因而，社会思潮预警指标体系必须要高度关注思想文化领域的发展动态。

舆论风险指标可以比较直接地监测到社会思潮的航向。舆论是社会思潮的风向标。社会思潮的传播和发展必须以舆论为主要路径。社会舆论和社会思潮在一定意义上说，它们之间的关系是形式和内容的关系。即是说，社会思潮预警指标体系必须要体现在舆论风险指标上来，通过对社会舆论的报道分析、指标测定，准确把握社会舆论的发展脉络，从而深层次地洞察社会思潮的变化。当前，随着网络媒体的快速发展，社会舆论从现实世界走向虚拟世界，从地方性社会走向全球性社会。社会舆论的发展空间是无限的，在深邃的网络世界里能够更好地体现社会思潮的发展。换言之，偏激地说，只有在网络世界里，社会舆论才彻底地呈现社会思潮的各种形式和本质。因此，舆论一旦陷入危机，则表明社会思潮必将发生新的变化。在网络化、信息化时代，舆论危机关乎社会的各个领域。所谓舆论危机，有学者指出，"是指某人或社会组织受到舆论攻击和谴责，陷入声名狼藉的境地，社会声誉暂时或长期低落。无论正确舆论还是错误舆论，一旦对客体形成围攻态势，参与的人数众多，舆论危机就会出现"[1]。一

---

[1] 刘建明等：《舆论学概论》，中国传媒大学出版社，2009，第176页。

旦舆论对社会组织进行攻击和谴责，必将导致群众的不信任，会给社会组织带来毁灭性的打击。如果一定的舆论对执政党进行围攻，则容易导致执政党的政治危机。因此，加强舆论风险指标的设置，准确把握舆论发展的动向十分重要。

群众风险指标作为社会思潮预警指标体系的一级指标来建构，主要是因为群众是社会思潮的创造者和传播者，是社会思潮的主体之一，是推动社会思潮的生力军。社会思潮的潮流涌现最关键的一个环节在于掌握群众。

群众是社会价值判断主体，表现在三个层次：一是对执政党的满意与否的评价，二是对社会现实状况的评价，三是群众的自我评价。群众是否满意执政党的政绩直接关系到执政党的合法性问题和执政根基。卢卡奇指出："一个阶级能胜任统治意味着，它的阶级利益，它的阶级意识使它有可能根据这些利益来组织整个社会。"[①]执政党作为代表广大群众根本利益的政党，必须要体现群众的现实利益和长远利益。而执政党是否代表群众的利益直接影响到群众对它的评价，这个评价对社会思潮发展起到了"催化剂"的作用。如果社会良性运行、和谐发展，群众对社会认同的程度就高，说明群众风险指标下降。如果社会恶性膨胀、官僚腐败、民不聊生，群众对社会的满意度就降低，群众风险指标就上升。前两个层次决定了第三个层次，即群众的自我评价。当群众的自我评价是肯定的，群众的幸福指标就高；当群众的自我评价是否定的，则表明群众的幸福指标不高，群众焦虑指标、痛苦指标、怨恨指标就高了。焦虑是一种情感状态，"某种苦乐的情感及其相应的外行神经的冲动的混合和关于这种情感及冲动的知觉"[②]弗洛伊德把焦虑分为三个层次，即"客观焦虑、神经性焦虑和道

---

① [匈]卢卡奇：《历史与阶级意识》，杜章智等译，商务印书馆，2009，第111页。
② [奥]西格蒙德·弗洛伊德：《精神分析引论新编》，高觉敷译，商务印书馆，2009，第113页。

德的焦虑"①。群众焦虑是对现实和未来的某种忧虑，尤其是在风险社会里，在一系列不确定的因素影响下，群众的焦虑指标不断增加。群众的痛苦指标和怨恨指标是在焦虑的基础上形成的。当群众的痛苦无法得到解决时，长期积累的怨恨就会显现出来。群众事件频发在一定意义上说是群众怨恨指标高攀升的表征。历史表明，历代的农民运动都是民怨激发的表现，它为社会思潮的涌动提供了动力。

总之，社会思潮可以预测，通过建构社会思潮预警指标体系，可以真实反映社会存在的涉及思潮的主要领域的指标，从而有利于监控和预警社会思潮的动向。随着时代的发展，社会思潮必将更加复杂化、多样化，社会思潮预警指标体系也必须与时俱进、不断创新发展。

---

① ［奥］西格蒙德·弗洛伊德：《精神分析引论新编》，高觉敷译，商务印书馆，2009，第119页。

参考文献

[1] 中共中央马克思恩格斯列宁斯大林著作编译局. 马克思恩格斯选集：第1-4卷 [M]. 北京：人民出版社，2012.

[2] 中共中央马克思恩格斯列宁斯大林著作编译局. 马克思恩格斯文集：第4卷 [M]. 北京：人民出版社，2009.

[3] 中共中央马克思恩格斯列宁斯大林著作编译局. 马克思恩格斯文集：第9卷 [M]. 北京：人民出版社，2009.

[4] 中共中央马克思恩格斯列宁斯大林著作编译局. 马克思恩格斯全集：第3卷 [M]. 北京：人民出版社，2002.

[5] 中共中央马克思恩格斯列宁斯大林著作编译局. 列宁选集：第1-4卷 [M]. 北京：人民出版社，2012.

[6] 中共中央马克思恩格斯列宁斯大林著作编译局. 列宁全集：第3卷 [M]. 北京：人民出版社，1984.

[7] 中共中央马克思恩格斯列宁斯大林著作编译局. 列宁专题文集·论马克思主义 [M]. 北京：人民出版社，2009.

[8] 毛泽东选集：第1-4卷 [M]. 北京：人民出版社，1991.

[9] 毛泽东年谱（1949—1976）：第6卷 [M]. 北京：中央文献出版社，2013.

[10] 毛泽东在七大的报告和讲话集 [M]. 北京：中央文献出版社，1995.

[11] 邓小平文选：第1-2卷 [M]. 北京：人民出版社，1994.

[12] 邓小平文选：第3卷[M]．北京：人民出版社，1993．

[13] 习近平谈治国理政：第1卷[M]．北京：外文出版社，2018．

[14] 习近平谈治国理政：第2卷[M]．北京：外文出版社，2017．

[15] 习近平谈治国理政：第3卷[M]．北京：外文出版社，2020．

[16] 习近平谈治国理政：第4卷[M]．北京：外文出版社，2022．

[17] 习近平关于全面深化改革论述摘编[M]．北京：中央文献出版社，2014．

[18] 习近平总书记系列重要讲话读本[M]．北京：人民出版社，2016．

[19] 中共中央文献研究室．十八大以来重要文献选编：上[M]．北京：中央文献出版社，2014．

[20] 中共中央文献研究室．十八大以来重要文献选编：中[M]．北京：中央文献出版社，2016．

[21] 中共中央文献研究室．十八大以来重要文献选编：下[M]．北京：中央文献出版社，2018．

[22] 孙中山全集：第5卷[M]．北京：中华书局，1985．

[23] 汤志钧．康有为政论集[M]．北京：中华书局，1981．

[24] 陈独秀著作选：第2卷[M]．上海：上海人民出版社，1993．

[25] 刘述先自选集[M]．青岛：山东教育出版社，2007．

[26] 黄克剑，钟小霖．唐君毅集[M]．北京：群言出版社，1993．

[27] 岑国桢．青少年主流价值观：心理学的探索[M]．上海：上海教育出版社，2007．

[28] 陈立思．社会思潮与青年教育[M]．北京：北京大学出版社，2011．

[29] 陈伟军．社会思潮传播与核心价值引领[M]．北京：人民出版社，2015．

[30] 陈新汉．民众评价论[M]．上海：上海人民出版社，2004．

[31] 陈新汉．权威评价论[M]．上海：上海人民出版社，2006．

[32] 陈学明，吴松．痛苦中的安乐：马尔库塞、弗洛姆论消费主义[M]．昆明：云南人民出版社，1998．

[33] 程霞．马克思主义与当代社会思潮[M]．西安：西安电子科技大学出版社，2016．

[34] 丁祥艳．社会思潮评价论研究[M]．北京：中国书籍出版社，2012．

[35] 杜维明.儒学第三期发展的前景问题[M].台北:台湾联经出版事业公司,1989.

[36] 杜维明.儒教[M].陈静,译.上海:上海古籍出版社,2008.

[37] 段忠桥.当代国外社会思潮:第2版[M].北京:中国人民大学出版社,2004.

[38] 方克立.现代新儒学与中国现代化[M].天津:天津人民出版社,1997.

[39] 房宁.民族主义思潮[M].北京:高等教育出版社,2004.

[40] 公羊.思潮:中国"新左派"及其影响[M].北京:中国社会科学出版社,2003.

[41] 郭齐勇.现当代新儒学思潮研究[M].北京:人民出版社,2017.

[42] 郭中军.台湾地区民主转型中的民粹主义:1987-2008[M].北京:学林出版社,2015.

[43] 何秉孟.新自由主义评析[M].北京:社会科学文献出版社,2004.

[44] 侯惠勤.马克思的意识形态批判与当代中国[M].北京:中国社会科学出版社,2010.

[45] 洪晓楠.当代西方社会思潮及其影响[M].北京:人民出版社,2009.

[46] 孔华润.剑桥美国对外关系史:上[M].北京:新华出版社,2004.

[47] 赖风.新自由主义与国际金融危机[M].南京:南京大学出版社,2015.

[48] 李泉.新自由主义研究与批判[M].上海:格致出版社,2019.

[49] 李慎明,李捷.还历史的本原[M].北京:中国社会科学出版社,2014.

[50] 李世涛.知识分子立场:自由主义之争与中国思想界的分化[M].长春:时代文艺出版社,2000.

[51] 李肇忠.近代西欧民族主义[M].北京:人民出版社,2011.

[52] 林安梧.儒学革命论:后新儒家哲学的问题向度[M].台北:台湾学生书局,1998.

[53] 林伯海.当代西方思潮与青年教育[M].成都:西南交通大学出版社,2011.

[54] 梁启超.清代学术概论:第1卷[M].北京:中华书局,1954.

[55] 刘建军.当代中国政治思潮[M].上海:复旦大学出版社,2012.

[56] 刘述先.理想与现实的纠结[M].台北:台湾学生书局,1993.

[57] 刘述先.儒家思想开拓的尝试[M].北京:中国社会科学出版社,2001.

[58] 刘述先.论儒家哲学的三个大时代[M].香港:香港中文大学出版社,2008.

[59] 马立诚.当代中国八种社会思潮[M].北京:社会科学文献出版社,2012.

[60] 马立诚.最近四十年中国社会思潮[M].北京:东方出版社,2015.

[61] 马龙,刘建国.俄国民粹主义及其跨世纪影响[M].桂林:广西师范大学出版社,2013.

[62] 梅荣政,张晓红.论新自由主义思潮[M].北京:高等教育出版社,2004.

[63] 牟宗三.圆善论[M].台北:台湾学生书局,1985.

[64] 牟宗三.道德理想主义的重建:牟宗三新儒学论著辑要[M].北京:中国广播电视出版社,1992.

[65] 黄克剑.牟宗三集[M].北京:群言出版社,1993.

[66] 宁骚.民族与国家:民族关系与民族的国际比较[M].北京:北京大学出版社,1995.

[67] 孙伟平.价值差异与社会和谐:全球化与东亚价值观[M].长沙:湖南师范大学出版社,2008.

[68] 孙伟平,等.最大公约数:社会主义核心价值观研究[M].南宁:广西人民出版社,2020.

[69] 唐君毅.中国文化之精神价值[M].台北:正中书局,1974.

[70] 唐文权.觉醒与迷误:中国近代民族主义思潮研究[M].上海:上海人民出版社,1993.

[71] 唐正东.从斯密到马克思:经济哲学方法的历史性诠释[M].南京:江苏人民出版社,2009.

[72] 魏小萍.当代主要社会思潮的动态研究与批判:上集[M].北京:中国社会科学出版社,2018.

[73] 万俊人.寻求普世伦理[M].北京:北京大学出版社,2009.

[74] 汪晖.去政治化的政治：短20世纪的终结与90年代［M］.北京：生活·读书·新知三联书店，2008.

[75] 王联.世界民族主义论［M］.北京：北京大学出版社，2002.

[76] 王淼洋，张华金.当代西方思潮词典［M］.上海：华东师范大学出版社，1995.

[77] 吴易风，丁冰，等.经济全球化与新自由主义思潮［M］.北京：中国经济出版社，2005.

[78] 夏伟东，李颖.论个人主义思潮［M］.北京：高等教育出版社，2006.

[79] 熊十力.新唯识论［M］.北京：中华书局，1999.

[80] 徐大同.当代西方政治思潮［M］.天津：天津人民出版社，2012.

[81] 徐复观.儒家思想与现代社会［M］.北京：九州出版社，2014.

[82] 许纪霖，罗岗.启蒙的自我瓦解：1990年代以来中国思想文化界重大论争研究［M］.长春：吉林出版集团有限责任公司，2007.

[83] 徐建勇.现代性与新儒家［M］.北京：人民出版社，2019.

[84] 杨思信.文化民族主义与近代中国［M］.北京：人民出版社，2003.

[85] 余建华.民族主义：历史遗产与时代风云的交汇［M］.上海：学林出版社，1994.

[86] 张才国.新自由主义意识形态［M］.北京：中央编译出版社，2007.

[87] 张灏.新儒家与当代中国的思想危机，近代中国思想人物论：保守主义［M］.香港：时报文化出版公司，1980.

[88] 张亮.英国新左派思想家［M］.南京：江苏人民出版社，2010.

[89] 张亮，熊婴.伦理、文化与社会主义：英国新左派早期思想读本［M］.南京：江苏人民出版社，2013.

[90] 张一兵.当代国外马克思主义哲学思潮中西方马克思主义的科学主义思潮、法兰克福学派和英国"新左派"［M］.南京：江苏人民出版社，2011.

[91] 邹诗鹏.虚无主义研究［M］.北京：人民出版社，2016.

[92] 邹诗鹏.三十年社会与文化思潮［M］.上海：复旦大学出版社，2012.

[93] 埃里克·霍布斯鲍姆.民族与民族主义［M］.李金梅，译.上海：上海人民出版社，2020.

[94] 埃里希·弗罗姆. 占有还是生存 [M]. 关山, 译. 北京: 生活·读书·新知三联书店, 1989.

[95] 安德鲁·海伍德. 政治学核心概念 [M]. 吴勇, 译. 北京: 中国人民大学出版社, 2014.

[96] 安东尼·D.史密斯. 全球化时代的民族与民族主义 [M]. 维斌, 良警宇, 译. 北京: 中央编译出版社, 2002.

[97] 安东尼·吉登斯. 民族-国家与暴力 [M]. 胡宗泽, 赵力涛, 等, 译. 北京: 生活·读书·新知三联书店, 1998.

[98] 保罗·塔格特. 民粹主义 [M]. 袁明旭, 译. 长春: 吉林人民出版社, 2005.

[99] 本尼迪克特·安德森. 想象的共同体: 民族主义的起源与散布 [M]. 吴叡人, 译. 上海: 上海人民出版社, 2016.

[100] 彼得·N.斯特恩斯. 世界历史上的消费主义 [M]. 邓超, 译. 北京: 商务印书馆, 2015.

[101] 陈荣捷. 中国哲学文献选编 [M]. 杨儒宾, 等, 译. 南京: 江苏教育出版社, 2006.

[102] 大卫·A.鲍德温. 新现实主义和新自由主义 [M]. 肖欢容, 译. 杭州: 浙江人民出版社, 2001.

[103] 大卫·贝尔. 发明民族主义: 法国的民族崇拜: 1680-1800 [M]. 成沅一, 译. 杭州: 浙江大学出版社, 2020.

[104] 大卫·哈维. 新自由主义简史 [M]. 王钦, 译. 上海: 上海译文出版社, 2010.

[105] 大卫·麦克里兰. 意识形态 [M]. 孔兆政, 蒋龙翔, 译. 长春: 吉林人民出版社, 2005.

[106] 道格拉斯·凯尔纳. 媒体文化: 介于现代与后现代之间的文化研究、认同性与政治 [M]. 丁宁, 译. 北京: 商务印书馆, 2013.

[107] 多米尼克·戴泽. 消费 [M]. 邓芸, 译. 北京: 商务印书馆, 2015.

[108] 凡·戈斯. 反思新左派: 一部阐释性的历史 [M]. 侯艳, 李燕, 译. 北京: 首都师范大学出版社, 2015.

[109] 弗朗索瓦·沙奈. 资本全球化 [M]. 齐建华, 译. 北京: 中央编译出版社, 2001.

[110] 黑格尔. 法哲学原理 [M]. 范扬, 张企泰, 译. 北京: 商务印书馆, 1979.

[111] 黑格尔. 精神现象学: 上卷 [M]. 贺麟, 王玖兴, 译. 上海: 上海人民出版社, 2013.

[112] 赫伯特·马尔库塞. 单向度的人: 发达工业社会意识形态研究 [M]. 刘继, 译. 上海: 上海译文出版社, 2008.

[113] 赫伯特·马尔库塞. 新左派与20世纪60年代 [M]. 陶锋, 高海青, 译. 北京: 人民出版社, 2020.

[114] 吉米·卡特. 我们濒危的价值观: 美国道德危机 [M]. 汤玉明, 译. 西安: 西北大学出版社, 2007.

[115] 卡尔·曼海姆. 意识形态与乌托邦 [M]. 李步楼, 等, 译. 北京: 商务印书馆, 2014.

[116] 吉姆·麦克盖根. 文化民粹主义 [M]. 林方先, 译. 南京: 南京大学出版社, 2002.

[117] 孔汉思. 世界伦理手册 [M]. 邓建华, 廖恒, 译. 北京: 生活·读书·新知三联书店, 2012.

[118] 勒帕日. 美国新自由主义经济学 [M]. 李燕生, 王文融, 译. 北京: 北京大学出版社, 1985.

[119] 卢梭. 论人类不平等的起源和基础 [M]. 李平沤, 译. 北京: 商务印书馆, 2007.

[120] 约翰·穆勒. 功用主义 [M]. 唐钺, 译. 北京: 商务印书馆, 1957.

[121] 米歇尔·瓦卡卢利斯. 后现代资本主义: 社会学批判纲要 [M]. 贺慧玲, 马胜利, 译. 北京: 社会科学文献出版社, 2012.

[122] 尼克·库尔德里. 告别沉默: 新自由主义之后的文化与政治 [M]. 北京: 中国传媒大学出版社, 2017.

[123] 诺姆·乔姆斯基. 新自由主义和全球秩序 [M]. 徐海铭, 季海宏, 译. 南京: 江苏人民出版社, 2000.

[124] 琼斯.宇宙的主宰:哈耶克、弗里德曼与新自由主义的诞生[M].贾拥民,译.北京:华夏出版社,2014.

[125] 乔弗鲁瓦·德·拉加斯纳里.福柯的最后一课:关于新自由主义理论和政治[M].潘培庆,译.重庆:重庆大学出版社,2016.

[126] 让·鲍德里亚.消费社会[M].刘成富,译.南京:南京大学出版社,2014.

[127] 让·鲍德里亚.物体系[M].林志明,译.上海:上海人民出版社,2019.

[128] 热拉尔·迪梅尼尔,多米尼克·莱维.新自由主义的危机[M].魏怡,译.北京:商务印书馆,2015.

[129] 热拉尔·迪梅尼尔,多米尼克·莱维.大分化:正在走向终结的新自由主义[M].陈杰,译.北京:商务印书馆,2015.

[130] 塞缪尔·亨廷顿.文明的冲突与世界秩序的重建[M].周琪,刘绯,等,译.北京:新华出版社,2010.

[131] 三浦展.第4消费时代[M].马奈,译.北京:东方出版社,2014.

[132] 斯蒂芬·格罗斯比.民族主义[M].陈蕾蕾,译.上海:译林出版社,2017.

[133] 萨米尔·阿明.资本主义的危机[M].彭姝祎,译.北京:社科文献出版社,2003.

[134] 斯拉沃热·齐泽克.图绘意识形态[M].方杰,译.南京:南京大学出版社,2002.

[135] 特奥托尼奥·多斯桑托斯.新自由主义的兴衰[M].赫名玮,译.北京:社会科学文献出版社,2018.

[136] 托克维尔.论美国的民主[M].张晓明,译.北京:北京出版社,2007.

[137] 维尔纳·米勒.什么是民粹主义?[M].钱静远,译.上海:译林出版社,2020.

[138] 西格蒙德·弗洛伊德.梦的解析[M].孙名之,译.北京:国际文化出版公司,2013.

[139] 亚当·斯密.国民财富的性质和原因的研究:下卷[M].郭大力,王亚

南，译. 北京：商务印书馆，2009.

[140] 以赛亚·伯林. 自由论 [M]. 胡传胜，译. 南京：译林出版社，2003.

[141] 约翰·罗尔斯. 政治自由主义 [M]. 万俊人，译. 南京：译林出版社，2000版。

[142] 约瑟夫·E. 斯蒂格利茨. 全球化逆潮 [M]. 李杨，唐克，等，译. 北京：机械工业出版社，2019.

[143] 陈金龙. 近代中国民族主义与马克思主义中国化 [J]. 华南师范大学学报（社会科学版），2010：4.

[144] 白天伟. 中国新左派思潮的历程与新变 [J]. 新课程研究，2019：26.

[145] 布成良. 当代中国民粹主义的表现、实质与应对 [J]. 山东师范大学学报（社会科学版），2020：3.

[146] 程同顺，史猛. 当前中国大众民粹程度测量研究 [J]. 理论与改革，2020：1.

[147] 崔聪，张励仁."网络民粹主义"思潮影响下爱国主义价值观培育的挑战与应对 [J]. 理论导刊，2020：1.

[148] 范丽丽，林伯海. 当前国内网络民粹主义的基本样态及纠治进路 [J]. 思想教育研究，2020：12.

[149] 方克立. 关于现代新儒家研究的几个问题 [J]. 天津社会科学，1988：4.

[150] 甘阳. 中国道路：三十年与六十年 [J]. 读书，2007：6.

[151] 巩瑞贤，王天民. 网络民粹主义：反话语表征与治理路径 [J]. 理论导刊，2020：12.

[152] 龚书铎. 历史虚无主义二题 [J]. 高校理论战线，2005：5.

[153] 龚云. 在批判历史虚无主义中坚持历史唯物主义 [J]. 马克思主义研究，2016：4.

[154] 郭齐勇. 综论现当代新儒学思潮、人物及其问题意识与学术贡献：兼谈我的开放的儒学观 [J]. 探索，2010：3.

[155] 郝立新. 历史唯物主义的理论本质和发展形态 [J]. 中国社会科学，2012：3.

[156] 贺东航. 警惕疫情大考中网络民粹主义反向冲击 [J]. 人民论坛，2020：8.

[157] 贺东航. 挑战与应对：全民抗疫时期的中国社会思潮研究 [J]. 四川大学学报（哲学社会科学版），2020：4.

[158] 何光顺. 孔子"中庸"的"时中"境域：兼评当代新儒家心性儒学和政治儒学两条路径 [J]. 哲学研究，2019：9.

[159] 侯海文. 当代中国网络民粹主义思潮探析 [J]. 声屏世界，2020：6.

[160] 侯惠勤. 我们为什么必须批判抵制"普世价值观" [J]. 马克思主义研究，2009：3.

[161] 侯耀文. 马克思需要理论视域下新时代社会主要矛盾转化 [J]. 大连理工大学学报（社会科学版），2019：5.

[162] 黄楚新. 网络民粹思潮的动态、趋势及对策 [J]. 人民论坛，2021：3.

[163] 贾立政，王慧等. 全民抗疫时期主要社会思潮的动向及特征 [J]. 人民论坛，2020：8.

[164] 江畅. 儒家道德与中国社会主义精神 [J]. 思想理论教育，2017：2.

[165] 蒋建国. 网络消费主义、网络成瘾与日常生活的异化 [J]. 贵州社会科学，2014：5.

[166] 竟辉. 中国新左派思潮的当代解析 [J]. 探索，2018：1.

[167] 孔明安. 贪婪与恐惧：当代资本主义金融危机的新阐释 [J]. 国外理论动态，2019：6.

[168] 雷安定，金平. 消费主义批判 [J]. 西北师范大学学报，1994：5.

[169] 李崇富. 关于"普世价值"的追问和思考 [J]. 重庆邮电大学学报（社会科学版），2011：4.

[170] 李德顺. 普遍价值及其客观基础 [J]. 中国社会科学，1998：6.

[171] 李德顺. 怎样看"普世价值"？[J]. 哲学研究，2011：1

[172] 李德顺，孙伟平. 哲学的价值新论 [J]. 哲学研究，2009：6.

[173] 李良荣，徐晓东. 互联网与民粹主义流行：新传播革命系列研究之三 [J]. 现代传播（中国传媒大学学报），2012：5.

[174] 梁孝. 抽象人性论、"普世价值"和美国的文化战 [J]. 马克思主义研究，2009：7.

[175] 林德山. 欧美民粹主义盛行的根源、影响及应对 [J]. 人民论坛·学术

前沿, 2019: 17.

[176] 林红. 当代民粹主义的两极化趋势及其制度根源 [J]. 国际政治研究, 2017: 1.

[177] 林泰, 蒋耘中. 社会思潮概念辨析 [J]. 思想教育研究, 2016: 5.

[178] 娄成武, 刘力锐. 论网络政治动员: 一种非对称态势 [J]. 政治学研究, 2010: 2.

[179] 路晓锋, 刘鹏茹. 网络民粹主义对意识形态安全的挑战及应对策略 [J]. 河北学刊, 2020: 1.

[180] 雒有谋. 也谈Web2.0时代"草根传播"的民粹主义倾向: 兼与陈龙教授商榷 [J]. 新闻爱好者, 2010: 1.

[181] 刘怀玉. 简论马克思主义思想史的发展性、多样性与边界性: 兼议后现代思想史学的挑战与启示 [J]. 北方论丛, 2017: 2.

[182] 刘练军. 民粹主义司法 [J]. 法律科学 (西北政法大学学报), 2013: 1.

[183] 刘迎秋. 国际金融危机与新自由主义的理论反思 [J]. 经济研究, 2009: 11.

[184] 马立诚. 大陆新儒家的政治诉求: 新儒家思潮 [J]. 文史月刊, 2013: 1.

[185] 毛世英. 走出消费主义陷阱, 建设和谐型消费文化 [J]. 济南大学学报, 2003: 4.

[186] 潘祥辉, 杨鹏. "马云爸爸": 数字时代的英雄崇拜与粉丝加冕: 一种传播社会学分析 [J]. 探索与争鸣, 2018: 9.

[187] 乔瑞. 儒学激进主义的歧途与儒学发展的当代思考: 大陆新儒家思潮最新动向研判 [J]. 学术论坛, 2016: 12.

[188] 任剑涛. 解读"新左派" [J]. 天涯, 1999: 2.

[189] 孙邦金. 略论现代新儒家的马克思主义观 [J]. 中共杭州市委党校学报, 2011: 4.

[190] 孙玮. 媒介化生存: 文明转型与新型人类的诞生 [J]. 探索与争鸣, 2020: 6.

[191] 孙伟平. 论传统及其在价值生活实践中的作用 [J]. 学习与探索, 2011: 3.

[192] 孙伟平. 论数字资本主义时代的消费异化 [J]. 马克思主义研究, 2022: 1.

[193] 陶文昭.互联网上的民粹主义思潮[J].探索与争鸣,2009:5.

[194] 佟德志.解读民粹主义[J].国际政治研究,2017:2.

[195] 王炳权.新左派的表现、趋势及应对[J].人民论坛,2019:2.

[196] 汪晖.当代中国的思想状况与现代性问题[J].文艺争鸣,1998:6.

[197] 王继平.现代儒学思潮与中国的现代化[J].湘潭大学社会科学学报,2002:5.

[198] 王娟,刘文雅.网络社会思潮研究的缘起、论域与展望[J].社会科学动态,2019:12.

[199] 王琳琳.当前中国社会的民粹主义倾向及有效规制[J].齐齐哈尔大学学报（哲学社会科学版）,2020:8.

[200] 王璐,方晓强.网络民粹主义的潜流：2000~2010年中国网民行为意识的个案分析[J].内蒙古社会科学（汉文版）,2011:1.

[201] 王绍光.有效的政府与民主[J].战略与管理,2002:6.

[202] 王兴国.当代新儒学的新近发展及其面相[J].中国人民大学学报,2015:5.

[203] 王兴国."全球化"与"在地化"的当代新儒家：以刘述先和蔡仁厚为例[J].社会科学,2016:3.

[204] 王雨辰.论生态学马克思主义对消费主义生存方式的当代反思[J].社会科学战线,2020:3.

[205] 王妍卓,潘丽莉.2019年度重大社会思潮研判[J].人民论坛,2019:35.

[206] 萧功秦.困境之礁上的思想水花：当代中国六大社会思潮析论[J].社会科学论坛,2010:8.

[207] 肖强.当代大陆新儒家批判：以蒋庆、康晓光、余东海、陈明、秋风为例[J].文史哲,2017:1.

[208] 徐曼,刘博.当前社会思潮传播的新特点及有效引领进路[J].思想教育研究,2019:2.

[209] 杨思基.驳历史虚无主义者否定马克思主义的七种谬说[J].黑龙江社会科学,2016:4.

[210] 尹保云.要警惕什么样的历史虚无主义[J].炎黄春秋,2014:5.

[211] 殷文贵. 文化消费主义的存在样态及其意识形态批判 [J]. 思想理论教育, 2019：10.

[212] 俞祖华. 近代中国民族主义的类型、格局及主导价值 [J]. 齐鲁学刊, 2001：2.

[213] 袁婷婷. 民粹主义的中国境遇 [J]. 探索, 2018：1.

[214] 杨春晓. 解读《良友》画报的封面 [J]. 新闻大学, 2004：4.

[215] 杨魁. 消费主义文化的符号化特征与大众传播 [J]. 兰州大学学报, 2003：1.

[216] 张爱军, 王富田. 网络民粹主义：反话语表征与消解策略 [J]. 理论与改革, 2020：1.

[217] 张世保. "大陆新儒家"与马克思主义关系探论 [J]. 马克思主义研究, 2008：6.

[218] 张一兵. 消费意识形态：符码操控中的真实之死：鲍德里亚的《消费社会》解读 [J]. 江汉论坛, 2008：9.

[219] 张一兵. 心灵无产阶级化及其解放途径：斯蒂格勒对当代数字化资本主义的批判 [J]. 探索与争鸣, 2018：1.

[220] 赵丰. 新左派五大发展态势 [J]. 人民论坛, 2016：3.

[221] 中国社会科学院"新自由主义研究"课题组. 新自由主义研究 [J]. 马克思主义研究, 2003：6.

[222] 周新城. 改革没有"普世价值"[J]. 党建, 2014：5.

[223] 周新城. 论"普世价值"是否存在及"普世价值"鼓吹者们的政治目的 [J]. 政治学研究, 2008：5.

[224] 江玉凯. 准确把握利益格局 突破利益固化藩篱 [N]. 北京日报, 2013-2-18.

[225] 卫兴华. 掀开西方"普世价值"的面纱 [N]. 人民日报, 2015-11-30.

[226] 谢胜君. 新儒家思潮：中国文化保守主义的主要代表 [N]. 中国民族报, 2013-5-24.

[227] 甄言. 关于"普世价值"的几个认识问题 [N]. 北京日报, 2008-6-16.

[228] 钟声. 民主竟然由钱主 [N]. 人民日报, 2021-5-16.

后　记

　　改革开放以来，各种社会思潮不断涌现，相关的反思和研究早已成为众说纷纭的话题。从概念来看，"思"之所以能成为"潮"，在于其观照世界、流变不居的基本特性。在这个意义上，对社会思潮的反思和研究实质是一个历久弥新、愈演愈新的时代性课题。当前，中国的社会思潮多样并存，互相竞争，颇为热闹。学术界置身其中，一方面是各种社会思潮研究的主力军，肩负着将关于社会之"思"理论化、系统化的重任；另一方面，又开展相对"超脱"的反思和批判，为社会提供比较理性、客观的理论成果。不过，由于研究的文化背景、学术立场、观察视角、知识结构、研究方法等的差异，学者们对于各种社会思潮的态度迥异，关于各种社会思潮研究的成果在内容和风格上往往相去甚远。我们深知，我们自己也挣脱不了上述立场、观点、方法之类因素的纠缠，但还是自我警醒、自我要求，尽量客观地进行观察，冷静地进行反思，努力得出具有说服力的结论。

　　此外，在本书研究和写作之际，恰逢百年未有之大变局、新冠疫情加剧变局的演变、各种社会思潮处于空前活跃状态的时代背景，这导致许多问题的观察和讨论有了新的视角，有了新的实践的印证。因此，我们努力融合国际国内的研究视域，采用历史与逻辑相统一的研究方法，筛选近年来比较有影响的社会思潮，结合基本理论、史实史料、现实案例进行扼要剖析，使全书尽可能地兼具学理性、批判性和现实针对性。

　　本书是课题组各位同仁精诚合作、集体智慧的结晶，主要由孙伟平、尹帮文等合作完成。各章的具体分工如下：

导言、第一章、结语：尹帮文（重庆邮电大学）、孙伟平（上海大学）；第二章：温泉（北方工业大学）；第三章：张响娜（上海大学）、孙伟平；第四章：马振江（上海师范大学）；第五章、第八章：尹帮文；第六章、第七章：杨丽（上海大学）；第九章：周俊勇（重庆工商大学）；附录：邱仁富（中央财经大学）。

全书的初稿完成之后，孙伟平对各章进行审阅，提出修改意见，各章作者分别完成了修改稿；然后，尹帮文、孙伟平分别对各章进行了2—3次统稿、修改和补充。全书最终由孙伟平定稿。尹帮文核对引文、编制参考文献，并与刘宇飞、贺敏等承担书稿的校对工作。

邱仁富教授、杨丽副教授、伏志强博士、尹帮文博士在项目申报、提纲设计以及具体的研究、写作、出版过程中，协助孙伟平做了大量工作，并贡献了不少思想智慧。邱仁富教授、高立伟教授等主持撰写、提交了相关的智库报告。上海市委宣传部、上海市社会科学规划办公室，特别是李明灿先生，促成了项目立项，对项目的研究提供了直接指导。在此，我们一并表示衷心的感谢！

由于时代和社会加剧变迁，各种文化传统、政治体制、地缘政治力量的竞争和博弈加剧，各种社会思潮争相"表现"、不断变化，加上我们学力不逮，因而本书的梳理、反思和剖析难免存在这样那样的错谬。我们真诚地欢迎读者诸君不吝赐教，共同推进社会思潮问题的研究以及智能时代"中国思想"的形成。

本书系上海市哲学社会科学规划智库课题"近年来社会思潮动向及对策研究"（2020TCT009）的结项成果。本书的研究、写作和出版还得到了"上海市高校马克思主义理论高峰学科建设计划"项目的支持。特此致谢！

孙伟平

2023年5月

图书在版编目（CIP）数据

当代社会思潮批判 / 孙伟平等著 . — 南宁：广西人民出版社，2023.9
ISBN 978-7-219-11584-8

Ⅰ．①当… Ⅱ．①孙… Ⅲ．①社会思潮—研究—中国—现代 Ⅳ．① D092.7

中国国家版本馆 CIP 数据核字（2023）第 110887 号

出 版 人　韦鸿学
策　　划　白竹林
执行策划　吴小龙
责任编辑　唐柳娜
责任校对　梁小琪　周月华
封面设计　刘瑞锋（广大迅风艺术）

出版发行　广西人民出版社
社　　址　广西南宁市桂春路 6 号
邮　　编　530021
印　　刷　广西民族印刷包装集团有限公司
开　　本　787mm×1092mm　1/16
印　　张　17.5
字　　数　251 千字
版　　次　2023 年 9 月　第 1 版
印　　次　2023 年 9 月　第 1 次印刷
书　　号　ISBN 978-7-219-11584-8
定　　价　59.80 元

版权所有　翻印必究